정치윤리학

Politische Ethik

아르투어 프리돌린 우쯔 지음

박종대 옮김

정치윤리학

초판 1쇄 발행 | 2016년 5월 31일

지 은 이 | 아르투어 프리돌린 우쯔
옮 긴 이 | 박종대
발 행 인 | 유기풍
편 집 인 | 우찬제
발 행 처 | 서강대학교출판부

주 소 | 서울특별시 마포구 백범로 35
전 화 | (02)705-8212
팩 스 | (02)705-8612
등 록 | 제313-2002-170호(1978년 9월 28일)

ISBN 978-89-7273-310-2 93190

값 15,000원

* 잘못된 책은 구입하신 곳에서 바꿔드립니다.

정치윤리학

Politische Ethik

아르투어 프리돌린 우쯔 지음

박종대 옮김

서강대학교출판부

머리말

고유한 법칙에 의해 조절된 정치질서의 구상으로 이끈 정치적인 것에 대한 정치학적 정의(定義)는 정치윤리학이 떠맡을 수 없다. 사람들이 오늘날 인간의 행위를 사회적, 경제적 혹은 정치적이라고 부른다면, 윤리학자는 오직 전체적 의미로만 그것에 관하여 언급할 수 있다. 그러므로 윤리학자에게는 이러한 행위들을 다시 전체적 사유만으로 통합시키는 것 이외의 다른 과제는 없다. 이제 이 책에서는 정치적이라고 불려진 행위에 관하여 이것이 이루어져야 한다. 이러한 비판적 관점으로부터 개별적 주제가 선정되었다. 중심에는 자연스럽게 가치중립적인, 오직 기술적 절차규칙에 의해 일률적으로 규정된 민주주의가 자리잡고 있다. 이 규칙은 경험적 정치학에서 모든 시민적 권리와 의무에 대한 정의를 지배한다. 윤리학자가 이 정의를 따른다면, 그에게는 이 행위규칙을 준수하도록 사람을 고무하는 덕목들을 가르칠 과제만이 남을 것이다. 특히 지적해야 할 것은, 나의 사회윤리학 전반에서처럼 여기에서도 제도윤리학이 문제가 된다는 점이다. 제도에 있어서 주체의 윤리학은 오직 민주주의의 범위 안에서만 고려되었다.

문헌목록에 관하여 나는 거기에 만들어진 표시를 참조하도록 권고한다. 조사한 (여러 언어의) 충만한 문헌으로서 규칙적으로 반복되는 텍스트에 부담을 주지 않기 위하여 나는 문헌목록에 있는 개별 대상에 속하는 출판물을 참조하도록 권고한다. 이미 경제윤리학에 관한 책에서처럼 여기에서도 유능한 공동연구와 색인 작성을 수행한 다년간 나의 학술담당 조교였던 브리기타 그레핀 폰 갈렌 박사에게 충심으로 감사드린다.

아르투어 F. 우츠

차 례

2 국가의 구조화를 위한 원칙

4 시민권

5 전쟁

6 정치적 위기

들어가는 말

정치윤리학과 경험적 정치학

얼마 전부터 학제적 대화가 시작되었다. 거기에서는 다양한 실천적 학문의 대표자들이 의견을 교환하고 실천 방향을 공동으로 정식화하기 위하여 모여들었다. 이러한 대화는 한 지식 분과의 개별적 대표자들이 자신들의 인식론적인 근본적 입장을 표명하는 경우에만 쓸모 있는 성과를 거둘 수 있다. 예를 들면, 발전도상국에 민주주의가 도입되어야 한다는 점에서 정치학자와 윤리학자가 일치한다고 해도 상이한 인식의 기초로부터 출발하여 자신들의 인간상을 도출한다면 무슨 소용이 있겠는가. 정치학자는 경험주의자로서 인식론적으로 감각주의자이므로 주관주의의 입장에서 인간을 오직 자신의 열망(갈망)을 가진 개인으로서만 파악할 수 있다. 경험주의자에게 민주주의는 인간에게 매력이 있는 유일한 정치적 모델이지만, 모든 경우에 오직 전적으로 실현되거나 혹은 전적으로 실현될 수 없는 것이다(정치의 미국 모델). 아리스토텔레스주의자에게 민주주의는 인간의 본성(본질)에 근거를 둔 정치제도가 아니고 오직 수많은 국가형태 중의 가능한 모델이다. 그 중의 어느 것이 구체적인 경우에 방향(방침)을 지시하는지에 관하여 아리스토텔레스주의자는 오직 구체적 생활 조건과 국민의 의견을 연구한 뒤에만 결정할 수 있다. 아리스토텔레스주의자가 국민의 구체적인 도덕적 태도와 타협하는 것은 오직 상위질서의 자연본성적 규범에 모순되지 않는다는 조건 아래서만 허용되는 반면, 경험주의자, 예를 들면 사회학자는 거리낌이 없이 존재하는 상황에 적응할 수 있다.

그런데 경험주의자는 뒤에 생기는 참담한 결과들, 즉 자연적 원리들을 부정하는 것은 나쁜 결과를 가져온다는 것을 스스로 인식하게 된다. 그리고 나서 아리스토텔레스적 형이상학의 인식론에 의해서만 발견될 수 있는 정치적 행위의 자연본성적 규범들이 실제적 타당성을 갖는다는 것을 확인하게 된다.

경험주의자는 자신이 정치적 현실을 파악한다고 자만하는 반면, 윤리학자는 오직 도덕적 규범들만을 제공하거나 가치를 제공한다고 한다. 자연법은 별들 가운데서나 발견되어야 한다고 말하는, 법률가들 사이에서도 널리 퍼져 있는 이러한 오해에 대하여 아리스토텔레스주의자는 항변한다. 아리스토텔레스의 윤리학을 현상학적으로 근거가 세워진(정당화된) 쉘러(Scheler)의 가치론과 혼동해서는 안 된다. 엄밀하게 보면, 아리스토텔레스의 윤리학은 원래 가치론이 아니라 인간존재의 목적론이다. 이 윤리학에서 중심이 되는 문제는 인간의 본성과 그것의 능력이 목표로 삼는 목적들이다. 이러한 소질 중에서 우리가 아무것도 변경할 수 없는 것은, 인간의 위를 생명력을 유지하기 위하여 음식을 취하는 것 이외의 어떤 다른 것을 위해 사용할 수 없는 것과 마찬가지이다. 우리가 악한 결과를 피하기 위하여 인간의 자연적 소질을 존중해야 한다는 원리의 외적 정식화에서는 경험주의자와 윤리학자는 모두 일치한다. 그러나 이러한 원리의 일반적 타당성을 근거 짓는 것은 양자에 있어서 다르다. 경험주의자는 다양한 개별적 경험을 전체적 판단에 통합하므로 사정에 따라서는 특별한 경우에, 어쨌든 그가 기대한 시기에서 나쁜(악한) 결과들을 경험할 수 없게 된다. 그는 사정에 따라서는 그의 일반적 판단을 수정하지 않으면 안 된다. 이와 반대로 철학자는 그의 원리를 개별적 경험이 아니라 인간적 소질의 본질에 기초하고 있다. 그는 자연적 소질을 오용하는 경우에 나쁜 결과들이 생기는 기간을 제시할 수 없다. 그런데 철학자에게는 본성의 오용이 논리적 결과로써, 이렇게 필연적으로, 어떻게든 그리고 언젠가는 보복을 초래한다는 인식이 중요하다. 특히 도덕적 영역에서는 비행의 결과들이 아주 늦게서야 경험으로 감지된다. 도덕적 명령들도 인간적 본성의 목적질서 안에 심어져 있다. 이러한 질서를 경시하는 자는 자신의 완성과 행복을 놓치는 셈이다. 그래서 예를 들면 혼인이라는 자연본성적 제도를 경시하는 것은 장기적으로 보면 진정한 인간적 사회성의 상실(사회의 황폐화)이라는 결과를 초래한다. 그러므로 우리는 목적적인 연관에 의거하여 혼인이라는 자연본성적인 제도를 사회적인 가치라고 지칭해야만 한다.

이와 같이 가치는 우리의 가치감정에 의해 얻을 수 없고, 인간적 소질의 목적들에 대한 형이상학적이며 실재적인 본질의 추상을 통하여 얻을 수 있다. 이제 난관은, 최초에 추상적이며 일반적으로 인식된 이러한 목적질서를 각기 다양한 상황에 맞추어 실천이성에 의하여 구체적으로 정의(定義)하는 일이다. 여기에서 정치적 현명이 영향을 미친다. 물론 우리는 이것을 정치적 행위에 있어서의 술책과 혼동해서

는 안 된다.[1]

아리스토텔레스 인식론의 기초인 제도 개념

아리스토텔레스의 인식론은 제도 개념을 포함하고, 이 개념은 모든 형태의 관념론과 대립하며 인과원리를 따르는 사유에서 유래한다. 즉 우리 지성이 보여주는 구조는 그것 스스로가 만들어 낸 것이 아니고 오히려 자연적 본성에 의한 제도이므로, 이 제도의 창설자를 찾아내지 않으면 안 된다. 아리스토텔레스는, 그리스도교의 창조설이 위격적인 영원한 존재를 통하여 가능하듯이, 분명하게 정의할 수 없었을지라도, 창조자의 존재에 관하여 확신하였다. 이러한 연관에 의거하여, 토마스 아퀴나스에게는 현실을 설명하기 위하여 아리스토텔레스의 사유만이 알맞다는 것을 이해할 수 있다.

이성이라는 원리(Institution)의 본질적 요소는 다음의 사실이다. 즉 우리는 개념들을 현실로부터 획득할 수밖에 없는데, 모든 파악이 경험뿐이라는 의미에서가 아니라, 우리가 본질과 구체적인 존재의 방식

1 아프리카에서 유럽 상인들에 의해 강제로 아메리카로 끌려온 흑인 노예들은 노예제도에 무조건 순응하지 않았다. 이들 중 일부는 백인들에게 저항하였으며 노예제의 힘이 미치지 않은 지역으로 '탈주'해 독립된 거주 공간을 만들었다. 아메리카에서 노예제에 저항하여 독립된 지역에서 살았던 아프리카인들을 마룬 - 스페인어로는 시마론(cimarrón) - 이라고 부른다. 스페인이 아메리카를 식민화하기 시작했던 16세기 초부터 마룬은 존재했다. 네덜란드, 프랑스, 영국 등이 식민화했던 아메리카의 전 지역에서 마룬은 다양한 방식으로 자신들의 독립된 사회를 만들어갔다. 놀라운 사실은 마룬이 지금도 존재하고 있다는 것이다. 사라마카 - 수리남의 여섯 마룬 집단 중의 하나다 - 는 1980년대에 정부군과 격렬한 전쟁을 벌였을 정도로 강력한 조직을 갖추었다.

을 구별하기 위하여 경험 가능한 사물들 안에서 원리적인 것을 찾아야만 한다는 의미에서 그런 것이다. 원리적인 것은 자연법론이 '자연본성적 소질'이라고 부르는 것과 동일한 것이다.

이것이 내가 정치적 행위의 윤리학에서 아리스토텔레스의 인식론을 따르는 이유인데, 이것은 토마스 아퀴나스에 의하여 계속하여 완성되었다. 그러나 내가 정치적 학문들에 의하여 확인된 경험의 사실들을 무시한다는 것은 아니다. 경험적 사실들은 원리들을 구체화하는 데에 도움이 되는 한에서 평가에 수용된다. 우리는 토마스 아퀴나스의 고전적 자연법론을 신스콜라학자들의 자연법과 동일시해서는 안 된다. 주관주의적 정향(定向)을 가진 신스콜라학은 토마스 아퀴나스에게보다는 후고 그로티우스(Hugo Grotius, 1583–1645), 크리스티안 토마지우스(Christian Thomasius, 1655–1728), 특히 크리스티안 볼프(Christian Wolff, 1679–1754) 쪽에 더 가깝게 있다. 토마스 아퀴나스에게 자연법은 이성법이다. 이성이 구체적으로 타당한 법을 정식화하기까지 계속되는 과정은 특별한 주의를 요구한다. 이 논리적 과정은 형이상학적 추상을 통하여 획득된 인간의 본성이라는 개념과 함께 시작한다. 이 과정은 '올바른 이성'(recta ratio)[2], 즉 구체적 사태(사정)에 직면하는 질서정연한 실천이성에서 계속된다. 올바른 이성은, 정치적인 것을 실천적으로 가능한 것과 동일시 한다는 의미에서 마키아벨리적 목적윤리학(Zweckethik)과 혼동해서는 안 된다. 모든 권리를 인간의 보편적인 사회적 본성과 동시에 인류의 공동선에 환원하는 토마

---

2 올바른 이성의 개념에 관하여는 29쪽 참조.

스 아퀴나스는 인권을 무매개적으로 개별적 주체에 연관시키지 않았다. 이러한 연관지음은 1948년의 인권의 보편적 선언에서 있었고, 그 결과로 정치가에게는 마키아벨리(Machiavelli)에 대한 도덕적 대안으로서 칸트의 의미에서 오직 동등한 주체적 권리들의 균형 유지만이 있게 되었다.[3]

경험적 정치학의 기본원리인 관용

주체적 권리들의 균형을 유지하는 이러한 모델은 현대 정치학의 전형적인 특징이다. 정치윤리학도 적지 않게 이 모델의 영향을 받고 있다. 사람들이 경제와 관련하여 유리학의 과제를 경제활동을 하는 주체, 즉 기업인, 노동자와 소비자의 도덕교육만을 생각하는 것처럼, 그 밖에 정의로운 경제제도에 대한 질문이 시장경제에서 답변된 것으로서 간주한다. 이와 마찬가지로 사람들은 정치영역에 있어서는 덕 윤리학으로서 민주주의의 개별적 주체들을 향하는 윤리학으로 충분하다고 믿는다. 마치 그로부터 만족스럽고 행복한 사회가 자동적으로 생길 것처럼, 사람들은 개별 주체를 위한 행동규칙으로 충분하다고 믿는다. 그러므로 이러한 경험주의적 관점에 있어서 윤리학은 오직 사람들에게 정의의 감정, 예의범절, 동료인간에 대한 친절과 호의적 이해를 가르치라는 위임을 받고 있다. 각 개인에게 자신의 의견을 가질 권리와 의사표명의 권리를 승인하는 규칙을 동료 인간들이 지키도록 정

3 Heinz-Gerd Schmitz, Moral oder Klugheit? 칸트의 시각에서 정치적인 것의 자율의 형성에 대한 숙고, Kant-Studien 81, 4(1990) 413-434 참조.

신적으로 준비되어 있게 하는 것이 그 목표이다. 엄밀하게 생각하면, 이것이 특수한 민주적 관용의 정의(定義)이다. 관용은 예를 들면 이렇게 표현된다. "나는 너의 견해에 동의하지는 않지만, 네가 나에게 동일한 권리를 인정하는 유보조건 아래 자유로운 의사표현에 대한 너의 권리를 인정한다."[4]

그래서 사람들이 세계관 사이의 투쟁을 마침내 정치에서 배제했다고 우리는 믿는다. 하지만 이런 규칙도 시민들의 마음 안으로 밀고 들어오지는 않는다. 여기에서는 각자가 자신의 믿음의 주인이다. 어쨌든 이제 신앙은 인간에게 토의의 대상이 아닌 절대적인 것이다. 이제 각각의 인간은 자신의 모든 결정에 있어서, 특히 자신의 정치적 결정에 있어서 자신의 세계관에 의해 좌우되므로, 세계관은 배제되지 않는다. 최소한 시민이 투표함에 투표를 하는 경우에는 배제되지 않는다. 그러나 좀 더 넓은 범위에서는 그에게 표현의 자유가 남아 있다. 이제 우리는 민주주의의 관용 공식에 의해 무엇을 얻을 수 있는가를 묻게 된다. 확실히 헌법상으로 명기된 세계관의 국가는 더 이상 존재하지 않는다. 그러나 어떤 민주주의도 민주적으로 성립하고 최소한 일정기간 동안 유권자들에 의해 보장된 세계관의 국가를 배제할 수 없다.[5] 그런데 이로써 주장되듯이, 자유민주주의는 어떤 가치합의를 더 이상 필요로 하

4 이러한 의미로 설명하는 다음과 같은 문헌이 있다. Manfred Haettich, in Das Toleranzproblem in der Demokratie, in ders. Freiheit als Ordnung, Bd. I , Gefaehrdete Demokratie, Muenchen 1988, 130-145 und Christoph Schefold, Die Moderne: Toleranz und Gewalt? In : J.U.Hagen, P. Mader, Hrsg, Gewalt und Recht, Frankfurt, Berlin, Bern 1997, 59-94.

5 이에 대해 상세한 것은 in : "Die Religionsfreiheit".

지 않는다는 견해가 옳다고 해야 하는가. 이 질문은 다음의 언급으로써 해결되었다. 즉 모든 인간의 행위가 목적지향적이듯이, 모든 사회는 정식화하든 않든 간에 하나의 목표를 추구한다. 이런 이유에서 모든 인간적 원의 안에는 인생관이 작용하고 있다. 법제도인 국가의 모든 세계관적 중립성에도 불구하고 민주주의 국가의 시민은 세계관에 의거하여 행동하고, 그것은 아마도 단지 허무주의의 세계관일 것이다.

윤리적으로 완전히 중립적인 사회의 구상은 자연스럽게 인간 관계에 대한 정의(定義)에 영향을 미친다. 이런 새로운 해석은 관용의 개념에서 매우 명백하게 드러난다. 유일하게 인간적인 국가 형태는 가치중립적인 민주주의라는 견해에 따르면, 그것에 의해 민주주의적 관용이 오직 하나의 종(種)일 뿐인 관용의 일반적이며 유(類)적인 개념은 존재하지 않는다. 여기에서는 특수 민주주의적 관용 개념과 결과적으로 민주주의의 전적인 가치 중립성이라고 하는 사상의 가치와 무가치를 서술하기 위해 이 관용개념의 정의를 간략하게 다룰 것이다.

우리는 각기 다른 종교적 확신을 가진 두 사람으로부터 각자가 타인에 대한 사랑에서 자신의 확신을 중요하지 않다고 말하는 것을 기대할 수 없다. 그렇게 하는 것은 비인간적이며 자기 확신의 부정일 것이다. 우리는 각자로부터 다음의 것만을 기대할 수 있다. 즉 각자는 다른 의견을 받아들이려고 자신을 강제함이 없이 그것을 존재하게 내버려 둔다. 그의 관용은 이렇게 표현된다. "나는 너의 견해에 동의하지는 않지만 그것을 묵인하고 존재하게 내버려 둔다."[6] 이런 정의에서는 다른

---

6 이런 의미에서 교황 비오12세가 가톨릭 법률가 단체를 향한 연설에서 언급한 것이 이해되어야 한다(1953. 12. 6). 비오12세가 이 연설에서 취한 입장에서 보면, 관용의

진술의 평등한 권리는 아직 언급되지 않고 다른 의견에 대한 인간적 이해와 인내만이 언급되어 있다. 그럼에도 이 정의는 평등권을 국법에서 인정하는 방향으로 특수하게 규정될 수 있을 것이다. 이미 언급되었듯이, 그것에 의해 얻어진 것은 아무것도 없다. 그 이유는 그것이 종적으로(generisch) 정의된 민주주의에서 스스로 특수화하기 때문이다. 그리고 민주주의는 또한 다수결 원리와 결부되어 있다. 이에 따르면 세계관 국가의 성립을 배제하기는 불가능하다. 그것은 예컨대 혼인에 대한 가톨릭교회의 입장은 자유로운 연대관계(내연관계, 동성의 결합)를 법적으로 혼인과 동격인 것으로 삼고자 하는 이들에게 참아내기 힘든 것일지도 모른다. 그런데 그것은 결국 자유민주주의의 결과인 셈이다. 자유민주주의는, 자유가 다수결 원리를 폐기하지 않는 한, 모든 시민에게 자유를 보장한다.

정치의 정의에 대한 결과들

이것은 정치가 정의되는 정신적 상황이다. 합의에 대한 관심사는 더 이상 존재하지 않는다. 마찬가지로 정치목표의 윤리적 정의는 배제되어 있다. 사람들이 아직도 윤리학에 기대하는 유일한 것은, 그것에 의해 정치적 과정이 인간적으로 처리할 수 있는 태도를 갖도록 시민들을 교육하는 일이다. 정치적으로 조직된 사회가 방향을 잃어 길을 잘

유적인 정의는 다음과 같이 특징지어질 것이다: "나는 너의 견해에 동의하지는 않는다. 그 이유는 그것이 신법에서 볼 때 영속하지 않기 때문이다. 그러나 나는 그것이 존재하게 내버려 둔다." 뒤의 「종교의 자유」를 참조.

못 드는 경우에, 사회는 자체의 경험을 수집하고, 가능한 한 자체를 구제하려고 시도할 수 있다. 인식론적으로 정치윤리학은, 우리가 그것에 관해 말해도 좋다면, 포퍼(Popper)와 롤즈(Rawls)가 자신들의 정치적 자유주의에서[7] 의거하고 있는 반증주의이다.

정치적, 윤리적 탐구의 경과

국가는 정치적 행위의 직접적 대상이 아니고 목표이기 때문에, 여기에서 국가에 관한 논고가 없는 것은 아마 이상하게 보일지 모른다. 국가는 자연법적 제도로서 미리 주어져 있다. 국가는, 인간의 공동생활의 포괄적 조직으로서 인간의 사회적 성향에 포함되어 있는 최종 목표이다. 이러한 이유에서 나는 국가를 사회윤리학의 제 3권(사회질서)에서 다루었다. 여기에서는 그것이 이미 자연법적 제도에 의해 일률적으로 규정되어 있지 않는 한, 중요한 문제는 역동성, 즉 국가 안에서의 행위이다. 최고 규범은 이미 자연법적 제도에서 정의되어 있다. 그것은 평등한 이성적 존재인 모든 사람의 선(善)으로서 공동선이라는 개념에 총괄된다.[8] 이 목표는 이성적으로 접근할 수 있으므로, 이성적 정치윤리학과 함께 정치신학이 아직도 존재하며 그것이 어떤 권한을 갖는가 하는 문제가 제기된다. 우리는 정치적 행위와 연결하여 이 문제

7 John Rawls, Die Idee des politischen Liberalismus, Aufsaetze 1978-1989, hrsg.von Wilfried Hinsch, Frankfurt 1992.

8 A. F. Utz, Sozialethik, Teil I: Die Prinzipien der Gesellschaftslehre, Heidelberg 1964, Sechstes Kapitel 참조.

를 집중적으로 다룰 것이다.

그 후에 우리는 국가의 주권에 몰두할 것이다. 더욱이 주권은 국가의 자연법적 제도에 속한다. 그러나 자연법은 오직 보편적 인간 공동체의 범위에서만 표현된다. 이런 수준에서 우리는, 국가가 인간의 사회적 본성의 전체적 관심사를 충족시키는 완전한 사회라고 정당하게 말할 수 있다. 그러나 정치적 현실에서는 여러 국가가 존재하는데, 그 중에서 어느 국가도 대외적으로 완전하고 완결된 국가라고 억지 주장을 할 수 없다. 그러므로 주권은 새롭게 정의되어야 한다.

그 다음에 공권력의 유래(라고 하는 논제가), 즉 군주제나 민주제에 있어서 마찬가지로, 그 자체로 국가의 자연법적 제도에 속하지만 국가들의 다원성과 관련하여 특별한 주목을 요구하는 논제가 설명되어야 한다.

이 권력의 행사는 피치자의 복종에서 그 상관개념을 발견하기 때문에 정통성 개념에 대한 질문이 이와 관계된다. 국가라고 하는 형성물 안에서 결합하기를 원하는 인간들은 그들이 원하는 국가를 창안해야만 하며, 그것은 헌법에서 시행된다. 이 경우에 그들은 윤리적 요구를 무시할 수 없다. 이와 함께 우선적으로 국가헌법의 윤리적 요소에 대한 질문이 생긴다.

물론 헌법을 명확히 표현하는 것은 국가 형태의 정의 없이는 생각할 수 없다.

근대에는 민주주의가 '인간 존엄성에 합당한' 유일한 국가형태라는 의견이 견고하게 되었으므로, 우리는 민주주의의 윤리적 정당화라는 문제를 다루어야 할 것이다.

근대 국가에서는 개인적 권리가 중심이 되어 있어서, 마치 국가존재의 발전에 있어서 각 개인이 자신의 희망에 따라 살 수 있도록, 만인과 각 개인을 국가로부터 보호하는 것이 중요했을 것이므로, 정치윤리학은 인권이란 이름을 갖게 된 증가하는 개인적 권리의 정의에 의해 점점 더 확장되었다. 실제로 오늘날 아리스토텔레스주의자에게는 대체로 정치적 행위의 윤리적 규범에 대한 파수꾼의 직분만이 남아 있다. 그의 목적은 공동선의 보장을 고려하여 주관주의적으로 정식화한 시민권을 비판적으로 수정하려는 것이다.

물론 우리가 다양한 형태의 전체주의에서 경험한 것을 고려할 때, 불가피하게 특히 개인의 권리에 주목하지 않을 수 없다. 정치윤리학은, 유비적으로 볼 때 바로 경제정책이 사유재산을 옹호하듯이, 어쩔 수 없이 정치적 역동성의 출발점으로서 개인을 선택할 수밖에 없다. 다른 한편으로 정치는 공동선으로의 정향(定向)이 늘 목표로 있어야 한다는 것을 의식하고 있어야 한다. 경제는 경쟁 규칙을 고수함으로써 한계에 부딪쳤다. 경제는 대량의 실업을 제거하는 데 성공하지 못했다. 결과적으로 실적을 촉진하는 수단인 시장경제가 수많은 개인적 요구권이 강조된 상황에서 파멸에 내맡겨졌다. 국가 전체를 고려하지 않는 '한 사람 한 표'라는 민주주의의 개인주의적 규칙은 이와 동일하거나 더 나쁜 재앙을 불러온다. 그와 같은 민주주의는 전체주의적 경향에 대비하고 있지 않다. 경제는 늘 국가권위의 간섭을 고려할 수 있는 반면, 국가의 권위는 정치적 차원에서는 그 정당성을 잃어버렸다. 그래도 윤리학자는 정치적 규범의 변호자로서 활동하기를 멈추지 않는다.

1 윤리학의 대상인 정치

1 윤리학의 대상인 정치

Ⅰ. 정치의 본질
– 최고의 권한을 가진 학문인 윤리학

근대과학의 인식론

들어가는 말에서 언급된 것처럼, 인식론에 관해서 나는 아리스토텔레스와 토마스 아퀴나스를 따른다. 이런 이유에서 나는 무엇보다도 한스 켈젠이나 칼 슈미트처럼 정치적인 것이 정치적인 행위로부터 분리되어 존재하는 것처럼 정의할 수 없다. 신칸트주의의 영향을 받아 두드러지게 강조된 추상(抽象)은 경제적인 것, 사회적인 것, 정치적인 것을 경제적, 사회적, 정치적 행위의 대표자로서 실체화한다. 반면에 실제로 행위하는 인간은 경제적, 사회적 혹은 정치적으로 행위할지라도 결코 경제적, 사회적 혹은 정치적으로만 행위하는 것은 아니다. 순수법학의 형태에서 법적인 것을 실체화하는 것이 어떤 불행을 초래했는지를 순수법학의 저자인 한스 켈젠은 제 3제국에 의해 처음으로 경험하였다. 그리고 순수하게 정치적인 것에 관한 이론의 재앙은 제 3 제국의 멸망 이후에야 비로소 이 이론의 열렬한 주창자(칼 슈미트)에게 분명해졌다.

이런 진술은 그 내용이 끝부분에서 다시 취급될 것이며, 처음부터 즉시 독자에게 인식론적으로 방향을 제시해야 한다. 정치는, 이하의 서술에서 명확해지듯이 무엇보다도 국가(폴리스)에 있어서 공동선을 위한 구체적 결정을 목표로 삼는 행위이다. 물론 우리는 국가에 있는 이런 전략적 행위를 다른 공동체에 있는 유사한 행위에 유비적인 적용 방식으로 전용할 수 있다. 그런데 이 다양한 적용을 포괄하는 것, 즉 E.W. 뵈켄푀르데[9]가 생각하듯이, 정치적인 것을 그것의 목적으로부터 추상하여 여러 목적을 관철하기 위한 전략으로서 일반적으로 정의하는 것은 문제가 되지 않는다. 아리스토텔레스와 토마스주의의 인식론에 의하면 어떤 특정한(!) 목표 없이 윤리학은 존재하지 않는다. 칸트의 영향을 받은 근대의 인식론은 제 1유비항(Primum analogatum)을 포기할 수 있었다. 그 이유는 이 인식론이 관념론적이기 때문이다. 즉 실재적 추상을 알지 못하고 형식적 추상만을 알 뿐인데, 이는 또한 "정곡을 찔러 강조된 추상"이라고 지칭된다.[10]

---

9 E.W. Böckenförde, Was heißt heute eigentlich "politisch"? in: J. Manemann, Hrsg. Demokratiefähigkeit, Jahrbuch Politische Theologie, 1 (1996) 2-5

10 W.Eucken, Die Grundlagen der Nationalökonomie, 5, veränderte Auflage, Godesberg 1947, 396 이하 참조. 실로 우리는 행위, 예컨대 법적인 것 혹은 정치적인 것(전략적인 것)의 성질을 정의할 수 있다. 그러나 그것은 단순한 유명론적(唯名論的) 정의일 뿐이다. 만약에 그것을 현실에 투사한다면, 예컨대 모든 실정적으로 법적인 것은 "법"이어야만 할 것이다. 그렇다면 소련의 법도, 우리가 그것을 법이라고 부르기 때문에, 현실적으로 법일 것이다. 반면 그것은 현실적으로 불법이고 모순된 법이다. 켈젠은 법에 관한 자신의 형식적인 정의를 존재의 현실에 적용하는 것을 분명히 강력하게 항의했다.

사회과학과 정치과학의 발전사는 인식론 전체의 역사와 깊게 연관되어 있다. 데카르트(Descartes, 1596–1650)가 모든 학문을 정확성과 확실성의 기준으로 측정하고, 수학적 엄밀성과 확실성에 도달하지 않는 모든 인식을 학문영역에서 제외시킨 이후, 지식의 모든 분야에서, 최소한 이론에 있어서 자연과학의 방법을 응용하려는 노력이 있었다. 정신과학자들은 자연과학에서 이해할 수 있는 뚜렷한 엄밀성을 자신들의 영역에서 실현하려고 애썼다. 동시에 그들은 인간의 행위가 그 아래서 관찰될 수 있는 다양한 관점들을 말하자면 실체화하고, 경제적인 것을 경제적 행위로부터 분리하고 정치적인 것을 정치적 행위에서 분리함으로써 주관화하였다. 경제적 행위와 관련하여 이런 사정은 다음과 같다. 즉 이런 행위는, 실제에서는 인간의 행위인 경제행위와 본질적으로 연결되어 있는 것을 살피지 않은 채, 일정한 법칙성에 따라, 즉 경쟁 규칙에 따라 진행된다. 동일한 것을 정치적 행위에서도 볼 수 있는데, 정치적 행위는 법률에 따라, 즉 민주주의의 규칙에 따라 진행되는 권력 투쟁의 과정에서 한 요소로서 고찰된다.

아리스토텔레스는 모든 인간이 착한 삶을 추구하는 것을 인간행위

그는 관념화한 질서에 머물기를 원했고 최고 규범을 실재적으로 정의하지 않기 위해 가정이라고 지칭했다. 이와 반대로 슈미트는 순수하게 형식적인 규범을 직접 현실로 옮겨 놓아 그것을 사실적인 것과 동일시했다. 행위의 질적인 것은 사리적으로 행위에서 분리될 수 없다. 정의가 실제로 타당해야 한다면, 질적인 것이 속하는 사태로부터 정의되어야 한다. 분리는 순수하게 이론적, 즉 유명론적이다. 우리는 이런 분리를 이른바 명목적 정의(언어 사용의 분석에 있어서)의 영역에서만 시행할 수 있다. 실제로 정치적인 것은 늘 정치적이라고 불리는 기체(基體, Substrat)와 함께 정의되어야 할 것이다. 그렇지 않으면 우리는 현실들의 혼란 속에서 길을 잃게 된다. 언어영역에서 예컨대 사유와 죄를 범하는 것은 인간적이다. 사유는 인간의 본성에 속하므로 현실적이며 본질적으로 인간적이다. 이와 반대로 범죄하는 것은 현실적으로 인간의 타락이다.

의 규칙성이라고 인식했다. 그런데 그것은 목적적 규칙성, 즉 자유의지에 대한 요구이다. 이것은 목적성이 유래하는 인간의 본성이라는 의미 안에서 구체적 행위를 조정하라는 요구이다. 물론 착한 삶이란 개념은 더 구체적으로 정의되어야 한다. 각 개인은 개인적인, 스스로 선택한 관점에 따라 착한 삶을 다른 것으로 이해한다. 착한 삶으로서 무엇이 추구되어야 하느냐의 윤리적 문제는 일반적인 행위규칙에 의해 규정될 수 없다. 우리가 그 안에서 각 개인들이 자신의 실적에 상응하는 물질적 행복을 발견하는 행위의 체제를 발견할 수 있다면, 동시에 사회 전체에 도움이 될 수 있을 것이다. 실제로 경험주의자들은 그런 체제를 세우려고 했다. 그들은 경제적 행위와 관련하여 시장경제 혹은 경쟁경제의 법칙들을 규범으로 선언했다. 이를 통하여 개별적 선택 혹은 결정은, 마치 자연법칙에 의한 것처럼 특정한 행태양식에 이르도록 강요되고, 이 양식은 개인과 더불어 여타의 사회 구성원들에게도 쓸모있는 것이다. 그러므로 윤리학이 언급하는 공동선이란 개념은 더 이상 필요하지 않게 되었다. 공동선의 관심은, 외견상으로는 모든 사람이 자유경쟁을 함에 있어 각자가 자신의 능력에 따라 자신들의 행복에 기여하는 재화들을 획득하기 위하여 노력할 수 있다는 요청에 있다. 이러한 자연과학적 관점으로부터 하이예크(Fr.v.Hayek)의 공동선 개념에 대한 반감이 설명된다. 그의 견해에 의하면, 이 개념은 인간이 아직 무리를 지어 살고 다른 이들과 공동으로 사냥을 하여 얻은 것을 공정하게 나누었던 시대에서 유래한다. 유사한 방식으로 정치학자는 경쟁원리를 민주주의의 다수결 원리의 형태로 정치에 응용한다. 그 결과는 구체적 공동선이어야 한다.

우리는 경쟁의 지배를 받고 있는 행위를 정확히 관찰해야만 한다. 이런 행위는 이기적 이윤추구에서 생겨나며 이런 이윤추구는 경쟁의 차원에서 관찰하면 늘 경쟁자의 배제를 의도하고, 말하자면 전투적인 요소를 드러낸다. 이기주의의 부정적 결과는 경쟁규칙을 통하여만 지양된다. 시장경제의 대표자들, 예컨대 슘페터가 설명하듯이, 개별적 시장 참여자가 자신의 성공을 더 나은 실적으로서만, 특히 혁신으로서 강제하고자 하는 것은 그의 일차적 의도에 의한 것이 아니다. 경쟁질서가 가하는 강제의 결과이다.

이런 인식은 중요하다. 그 이유는 이 인식이 인간행위의 활동공간이 얼마나 좁으며 따라서 유일하게 규칙과정에 의존하는 결정에서 인간적인 것이 얼마나 희박한 지를 명백하게 하기 때문이다. 실제로 우리는 다음의 경우를 매일 경험한다. 예컨대 경제의 대표자들은 군비경쟁, 환경파괴나 거대한 기업합병의 과정에서 일자리가 크게 줄어든다고 반대하는 사람들에 대하여 국제적 경쟁이 어떤 다른 조치를 허용하지 않는다고 응수한다. 동일한 것이 정치에도 해당된다. 민주적인 규칙원리를 정확히 따르는 것과 결코 다르지 않은 방식으로 아돌프 히틀러(Adolf Hitler)는 집권하였다.

이러한 생각은 여기에서는 더 이상 추구되지 않아야 한다. 나의 유일한 의도는 인문과학이 자체의 방법을 자연과학으로부터 차용할 경우에 그것이 작업하면서 취하는 독특한 추상을 묘사하려는 것이다. 인문과학은 자연과학자가 자신의 대상을 실험에서 해부하듯이 인간의 행동을 정확히 해부해야만 한다.

근대적 과학 개념에 의한 정치적 행위의 정의

정치적 행위가 국가와 연관된다는 것은 이론의 여지가 없다. 여기에서 맨 처음 제기되는 질문은 국가를 어떻게 정의해야 하는가이다. 다음과 같이 매우 다양한 방법들이 제시된다. 사회학적으로 가장 포괄적인 사회적 조직, 법률적으로 최고의 입법 심급 혹은 정치적으로 자체 위에 더 이상의 권위를 알지 못하는 주권적이며, 자체로 강력한 사회, 규범적으로는 공동선 개념 안에 총괄된 총체적인 인간적 관심사를 돌보고 해결해야 하는 완전한 사회를 말한다. 모든 정의에는 다음의 공통점이 있다. 즉 전체 질서의 규제원리인 사회적 조직이 중시된다는 점이다. 정치에 관한 질문(문제)에서는 직접적으로 국가와 연관된 행위가 중요하고 이런 행위는 경험에서 명백하게 제어하기 위하여 자연과학에 의해 각인된 근대적 과학 개념에 상응하여 전적으로 중립적이고, 즉 가치평가로부터 자유롭고 그 대상에 의거하여 엄밀하게 제한되어야 하므로, 막스 베버에 의해 정치질서를 위해 재가된 것처럼 권력을 둘러싼 투쟁의 개념이 문제가 된다.

실제로 이 개념은 사회, 경제와 정치라는 세 개의 질서가 이론을 넘어 사회적 삶 안에 이르기까지 엄밀하게 구별되어야 한다는 확신을 가진 사람에게만 사용이 가능하다. 우리가 베버를 따른다면, 권력은 "사회관계 안에서 저항에 대하여도 자신의 의지를 관철해 내는 모든 기회이다. 이 기회가 무엇에 기인하든 간에."[11] 그 안에서 국가 내의 제도

11 Wirtschaft und Gesellschaft, Tübingen 1972, 28.

와 집단들의 수많은 개별 결정들이 최고 결정 심급에서 합류하는 정치적 차원에서 정치적 권력은 최고의 국가적 결정에 직접적으로나 간접적으로 미치는 영향력의 행사라고 이해된다. 이 경우에 이 과정의 결과가 윤리적으로 정당화되는지의 여부, 그리고 어떻게 그렇게 되는지는 중요하지 않다.

우리가 이런 방식으로 정치적 질서를 실현한다면, 선거에서 정당들이 공적으로 제시하여 로비스트들이 은밀하게 따르는 상(像)을 얻게 된다. 윤리학자는 그것에 대하여 격분할지도 모른다. 그러나 정치가는 그것이 현실이라는 것을 윤리학자에게 설명한다. 칼 슈미트(Carl Schmitt)[12]는 정치를 적을 규정하는 것으로서 정의하면서 모든 사회적 성분으로부터 분리된 막스 베버의 정치적인 것의 정의를 극단으로 몰고 갔다. 개별 국가가 다른 국가에 대립되어 있다는 사실에 의하여 다른 국가를 최소한 잠재적 적으로서 간주할 필요성이 생긴다. 그러므로 국가의 지배권력은 적을 결정한다. 즉 그것은 전쟁이나 평화에 대하여 결정한다. 그것이 본래의 정치적 행위이다. 이 적이 선언되어 있다는 전제 아래, 칼 슈미트에 의하면 이 외적인 적에 의한 협박에서 국가공동체 안의 평온과 평화가 생기며 결과적으로 이 공동체 안에 본래적으로 정치적인 행위가 존재하지 않는다. 왜냐하면 어떤 시민이 그의 동

12 Der Begrift des Politischen. Text von 1932 mit einem Vorwort und drei Corollarien. 3. Aufl. der Ausgabe von 1963, Berlin 1991. Zur Definition der Politik bei Carl Schmitt siehe die bibliographischen Angaben in "Die Politische Theologie", eben so in der Bibliographie dieses Buches unter Nr. 2.1; 2.2; 3.4.1:3.6; und 6.2.1.

료 시민을 적으로서 간주할 더 이상의 이유를 갖지 않기 때문이다. 이런 결단주의(Dezisionismus)는 신칸트학파적 형식주의의 최종적으로 가능한 결과이다!

윤리학의 시야로부터의 비판

윤리학자는 정치에 관한 이런 견해를 인간의 타락이라고 간주하는 경향이 있다. 정치가는 이에 대하여, 모든 다른 인간상은 정치적 현실을 간과한다고 대응한다. 사회질서가 문제가 되는 경우에, 각 개인은 다른 질서체제와 비교하여 자신에게 가장 적합한 그런 질서를 좋은 질서라고 생각할 것이다. 모든 사람이 그렇게 생각한다면, 우리는 그 안에서 각자에게 동일한 결정권이 부여되는 어떤 체제를 고안해야만 한다. 이런 결정은 전체와 관계된다. 말하자면 자연본성적으로 이기적인 인간을 본성 그대로 놓아주지만, 도덕법에 복종함이 없이 인간이 고안한 법의 차원에서 공동선을 이룩하도록 하는 메카니즘과 관계된다. 이런 방식으로 칸트는 영원한 평화에 이르는 방법을 생각해 내었다.[13]

이미 지적된 상(像)은 정확히 완전한 자유경쟁경제에 상응한다. 경제영역에서 이기적 개인들 사이의 경쟁규칙이 사회적 평화를 실현할 수 없다는 것이 경험적으로 증명되었으므로, 우리는 그것의 유일한 작

---

13 Immanuel Kant, Zum ewigen Frieden, Ein philosophischer Entwurf, Königsberg 1795, 59-61(3.Definitivartikel, 1. Zusatz). Kant Werke Bd. 9, Erster Teil, Darmstadt 1983, 221ff. 이 사고의 과정은 후에 재론할 것이다.

용이 이기적 이해관심의 균형이어야 하는 그런 정치적 질서의 운명을 예언할 수 있을 것이다. 정치적 질서에 대하여 윤리학자는 물론 자신의 비판으로서 경제질서와 관련 하에서는 존재하지 않는 문제에 직면한다. 경제적 과정이 자칫 봉쇄되는 경우에 사람들은 그것을 시정하기 위하여 항상 자유경쟁질서의 완전한 실패를 저지할 수 있는 국가적 권위를 개입시킬 수 있다. 정치적 차원에서 우리는 종점에 도달해 있다. 국가의 저편에는 오직 혼란, 즉 조절되지 않은 만인에 대한 만인의 투쟁이 있을 뿐이다. 이 좁은 길에서 어떻게 벗어날 수 있을까? 아마 정치적 행위의 다른 규정, 더 이상 자연과학적 학문개념의 영향 아래 있지 않은 그런 규정이 필요한 것일까? 정치학의 시작을 간략하게 상기하는 것이 유용할 수 있을 것이다.

그리스인들은 모든 인간의 행위가 이 행위에 의해 얻고자 애쓰는 대상으로부터 매우 강하게 규정된다 할지라도, 늘 행위자의 생동하는 관계 안에 있다는 것을 확신했다. 그들은, 인간이 기본적으로 자신의 행복을 추구하고 이런 일반적인 소원으로부터 개별적 결정을 내린다는 것을 삶에서 추론했다. 그들은, 사람들이 일반적으로 인간의 행복을 정의할 수 있어서 그것을 위해 일반적으로 유효한 규범이 있다는 견해를 가졌었다. 그들은 인간의 자연적 본성과 일치하는 규범으로부터 개별적인 상이함을 폐기하지 않고 공동선을 규정할 수 있어야 한다고 생각했다.

이제 권위 있게 공동선을 규정할 이 과제를 누가 떠맡을 수 있는가 하는 문제가 저절로 제기된다. 왜냐하면 경험에 의하면 인간들은 서로 다르기 때문이다. 우리는 고도의 통찰력을 갖춘 사람들에게만 이 과제를 위탁할 수 있다. 그리고 이런 인간들은 플라톤에 있어서는 '현자들,' 즉 철학자들이라고 불린다. 여기에서 플라톤은 그의 스승인 소크라테스를 따른다. 소크라테스에게 덕은 지식에서 성립한다. 아리스토텔레스는 이런 지식을 이론과의 얽혀듦에서 해방시켰고 공동선을 발견하기 위해 그것의 완성을 현명의 덕을 통하여 경험하는 실천이성을 투입했다. 실천에서 유래하고 실천을 위한 이 지식은 이제 더 이상 철인왕을 필요로 하지 않는다. 지혜로운 인간만으로 충분하다. 토마스 아퀴나스는 실천이성에 대한 좀 더 상세한 묘사를 제시했다. 토마스는 규범형성의 과정(절차)을 추적하고 특히 이론적 지식과 실천적 지식의 연관성을 제시하려고 했다. 이론적 이성의 존재인식이 실천적 이성에 선행한다. 선의 인식은 존재의 보편적 개념과 연결된다. 실천적 이성은 이제 이런 인식을 "(존재에 상응하는)선이 행해져야 하고 악은 피해져야 한다"는 명령으로 변형시킨다. 이런 이성의 명령은 의지가 그 본성에 따라 존재를 목표로 하기 때문에만 가능하다. 그러므로 실천적 이성은 그것이 의지의 추진력 아래 있는 한 이성이다. 그렇다면 일반적 명령의 구체화는 의지의 개별적 태도 여하에 달려 있다. 의지가 존재로, 즉 진리로 향한 자체의 정향을 (어떤 무질서한 격정 때문에) 잃어버리게 한다면, 실천적 명령은 참되지 않게 된다. 그런데 실천적 명령은 의지가 본성에 의해 자체에 주어진 존재를 향한 성향을 생생하게 유지하는 동안에는 참되다. 이론적 영역에서 이성의 오류가 있다고 해도 그렇다. 그러므로 토마스는 실천적 진리가 이론적 진리와 동일하지 않다고 설명했다. 이로써 확실성이나 명증이라는 주제가 거론되었다. 실천적 진리는 이론적 진리처럼 명증을 갖고 있지는 않다. 그러나 그것은 확실한 인식이다. 예컨대, "너는 살인을 해서는 안 된다"는 명령은 확실한 실천적 인식이다. 이 명령은, 모든 인간이 실존 유지에 대한 권리를 갖는다는 이론적 인식을 실천적으로 간명하게 표현한 것이다. 그런데 이 명령은 엄격하게 명령으로서 연역(Deduktion)의 결과가 아니라 두말할 것도 없이 이론적 이성에 의존하는 실천적 이성의 창조물이다.[14] 이론 이성은 그것으로부터 구체적 사례가 판단되어야 하는 인식에 적당한 전제들을 표현(기술)할 뿐이다. 실천이성은 구체적 사례에서 대개 더 이상 일반적인 이론적 인식에 의지할 수 없으므로, 다양한 경험에 의지하고 있다. 그러나 다양한 경험은 단독으로 사실의 진술에 대한 보증을 제공하지 않는다. 경험주의자(경험론자)처럼 추상에 의해 획득된 이론적 이성의(본질의-) 인식을 받아들이지 않는 자는, 비판적 합리주의(K.Popper, H.Albert)의 반증이론에 빠져 버린다. 더구나 비판적 합리주의에 의하면 실천이성은 더 이상 진리와 어떤 관계도 갖지 않는다.

그러므로 정치적 행위는 실천이성에 속하고, 실천이성은 자체의 대상을 이론적 이성의 존재인식으로부터 획득한다. 실천이성의 대상은 인간의 존재 안에 기초해 있는 선이다. 인간은 사회적 존재로서 자신의 물질적 및 정신적 발전에 필요한 재화를 오직 모든 동료 인간과의 결합에서만 발견하므로 그는 포괄적인, 이른바 '완전한' 사회에 의존해 있다. 이 사회는 국가라고 지칭된다. 그러므로 국가 안에서 결합한 모든 인간의 최종 목표는 정치적 행위의 대상이다.

---

14 이로부터 도덕적 평가의 상이함이 설명되는데, 이 평가는 사정에 따라서는 매우 일반적이며 실천적인 원리들에까지 미친다. 동시에 실천적 명령은 이론적 판단에 영향을 미칠 수 있다는 것이 분명해진다.

이런 관점으로부터 아리스토텔레스가 정치학을 윤리학의 정점이라고 본 것이 이해된다. 여기에서는 사회적 삶이나 체제 형성의 분할에 관한 어떤 언급이 있을 수 없다. 주관적으로 규정된 개인선들의 총계가 아니라 비교하여 평가된 개인선들의 포괄적 일치인 공동선이란 개념은 공동생활의 부분을 편협하게 바라보는 것을 금지한다.

이미 언급한 바에 따라서, 정치적 행위는 실천이성에 의하여 지시된 행위라고 정의되는데, 이 행위는 도덕적으로 책임질 수 있는 공동선 개념으로부터 국가적인 결정의 심급에 영향을 미치려고 애쓴다.

정치적 행위의 이런 아리스토텔레스적 개념은 규범적 정치이론의 범주에 속한다.[15] 정치적 행위의 규정은, 우리가 보듯이, 정치적 정체

15 여기에서 서술하는 전체 정치철학을 위하여 아리스토텔레스적으로 근거를 밝힌 정치적 행위의 파악(이해)이 선택되었다는 것이 지적되었다. 참고문헌에서는, 언급되었듯이 아리스토텔레스의 학설은 매우 다양한 규범적 이론들에 속한다. 아리스토텔레스적 정향은 목적론적으로 정당화되고, 즉 인간 본성의 목적성으로부터 도출된 것이다. 그런 한 우리는 이런 정향을 또한 존재론적 이론이라고 지칭할 수 있다. 인간의 본성과 그 목적 방향은 존재적 실상이다. 그렇지만 본성이나 인간성이란 개념은 여러 상이한 저자들에 있어서 정확히 정의되어 있지는 않다. 자연 본성은 고전적인 아리스토텔레스의 전통에 있어서 보편적이며 실제적 가치(효력)를 갖는 추상적 개념이다. 그러나 그것은, 우리가 예컨대, 동료 인간의 특정한 처신이 그의 본성이라고 말하는 경우에, 우리가 구체적으로, 즉 자연과의 일상적 경험의 영역에서 지칭하는 것과 동일시되지는 않는다. 물론 토마스 아퀴나스에 있어서도 구체적 경험의 인식이 보편적(추상적) 개념인 자연과 혼합된다. 그러나 이 개별적 경험들은 오직 보편적 개념과 동일시 되어서는 안 된다는 예들일 뿐이다. 자연이라는 보편적 개념은 바로 이제 경험으로부터 추상될 수 있다. 그런데 인식 과정에서 하나의 계기가 있는데, 거기에서 이성은 추상에 의하여 구체적 경험으로부터 본질의 인식으로 옮겨간다. 그러므로 각각 개별적인 규범적 이론들의 기초가 되어 있는 인식론이 탐구 되어야 할 것이다. 물론 이것은 상이한 저자들에 있어서 매우 어려운 일이다: 비교 할 것. 예컨대, E.Barker, Principles of Social and Political Theory, Oxford 1961; M. Cowling, The Nature and Limits of Political Science, Cambridge/ Mass. 1963; W.Hennis, Politik als praktische Philosophie. Eine Studie zur Rekonstruktion der politischen Wissenschaft, Neuwied/ Berlin 1963; ders. Politik und praktische Philosophie, Schriften zur politischen Theorie,

(政體)에 관한 질문과는 아무 관계가 없다. 정치적 행위는 오직 공동선과의 관계에 의해서만 규정된다. 공동선은 수많은 개별 행위의 결과일 수 없고 초개인적으로 공동적인 것의 성격이 상실되었기 때문에 공동선을 구체적으로 정의하는 상위질서의 권한이 필요하다. 이런 권한을 우리는 정치적 권력이라고 부른다.

현대 정치학은 이 권력에 집중했다. 정치적 행위의 규범적 개념은 정치학으로부터, 모든 정치적 행위는 형식적 의미에서 그것이 공동선을 지향하는 행위로서 동시에 권력을 향한 운동이라는 사실에 의해 정치적인 것의 성격을 얻는다는 것을 배울 수 있다. 왜냐하면 공동선의 명령은 비로소 권위적인 결정에 의해서 효력이 있기 때문이다.

우리는 이 권력의 소유자이어야 하는 인물의 결정을 원하는 순간에, 정체에 관한 질문이 토의되는 차원으로 나아가는 것이다.

경험주의와 합리주의가 과학이론(학문이론)에 침입한 이래 정치학

Stuttgart 1977; E. Voegelin, Die neue Wissenschaft der Politik. Eine Einführung, München 1965, A.Bergstraesser, Politik in Wissenschaft und Bildung. Schriften und Reden. Freiburg i.Br. 1966; M.Hättich, Einführung in die Politikwissenschaft, Mainz 1967 [Bd. 1], 1969 [Bd. 2], 1971 [Bd. 3]; M. Oakeshott, Rationalismus in der Politik, Neuwied 1966; L. Strauss, What is political Philosophy, in: J.A.Gould v. Thursby Eds, Contemporary Political Thought, New York 1969, 46-69; H. Maier, Politische wissenschaft in Deutschland, München 1969; H.J.Spiro, Politics as the Master Science, From Platon to Mao, New York/London 1970; Volker Gerhardt, Hrsg., Der Begriff der Politik, Bedingungen und Gründe politischen Handelns, Stuttgart 1999. 우리가 극히 상이한 설명에서 만나는 인간의 초월과 관련된 언급은 규범적 이론을 설명하기 위하여 충분하지 않다. '자연 본성'은 그 의무를 지우거나 규범적 성격을 그것의 초월적 창조주의 의도로부터 얻기 때문에만, 인간의 초월과의 관계는 필요하며 불가결하다. 그러나 우리는 내용을 초월에서 찾을 수 없다. 내용은 본질적 실상으로서 현실로부터 이성에 의하여 발견되어야 할 것이다. 여기에서 근본적인, 말하자면 인식론적 문제, 즉 보편적으로 타당한 규범에 대한 추구가 있다.

에서는 오직 개별적 행위자만이 있게 되었다. 이로써 정체에 관한 질문은, 개인의 자유가 가능한 대로 침해되지 않게 하기 위하여 권력을 제한하는 노력과 본질적으로 연결되어 있다. 다른 말로 하면 다음과 같다. 이로써 모든 이들의 인간적 행복이 실현되도록 국가가 사회를 질서 있게 만들어야 한다는 아리스토텔레스의 관점은 포기되었다. 정치학은 윤리학과 결별했고, 정체에 관한 학문, 정치권력의 분배에 관한 학문으로 되어 버렸다. 아리스토텔레스도 권력 분배의 연구에 몰두했다. 그러나 권력을 개인의 주체적 자유를 위하여 분배하려는 것이 그의 근본적 의도가 아니라 오직 가장 확실하게 공동선을 규정할 수 있는 통치형태를 발견하려는 것이 그의 의도였다. 토마스 아퀴나스에게도 똑같이 이런 의도가 있었다.

물론 윤리적인 기본 태도는 아직 몇몇의 실천적 난제를 해결해야 한다. 이것은 특히 현대정치학에 있어서 거의 온전히 상실된 가치에 대한 합의를 고려할 때 그렇다. 중립적 사회질서의 안정화, 즉 매우 지나치게 경험적으로 조정할 수 있는 정치체제의 완성이 중요한 문제인 경우에 이런 난제들이 언급된다.

프란시스 베이컨(1561–1626)과 함께 벌써 사회과학의 분할이 시작되었고 따라서 정치학의 영역에서 권력과 그것의 분배를 독립적으로 다루기 시작했다. 그에 의하면 국가에 관한 학설은 정부나 공화국에 대한 학설이다. 그 다음에 경험주의적이고 합리주의적인 정향은 토마스 홉스(Thomas Hobbes, 1588–1679), 바루흐 데 스피노자(Baruch de Spinoza, 1632–1677), 존 로크(John Locke, 1632–1704), 샤를

몽테스키외(Charles Montesquieu, 1689–1755), 데이빗 흄(David Hume, 1711–1776) 등에 의하여 확장되었다.

아리스토텔레스적 정치학의 구상이 정치적 실천을 위한 더욱 포괄적인 정향을 제공한다 할지라도, 우리는 어떤 요소들이 현대 세계에서도 아리스토텔레스적 방향을 기능할 수 있게 만들 수 있는지를 알기 위하여 근대의 견해를 상세하게 연구하지 않으면 안 된다.[16]

결과: 정치적 행위와 인간적 행위의 정치적 국면의 구별

국가 안에서 권력을 추구하는 인간이, 그와 동시에 정치적 행위를 한다는 것은 의심할 수 없다. 물질주의자가 경제적 부유만을 원하듯이, 자신의 이익 추구에서 진정한 경제적 행위를 실현하듯이 권력을 탐하는 인간은 실제로 권력만을 원한다. 어떻든 모든 인간은 이제 자신들의 본성적 경향에 따라 이익만 추구하는 자는 아니지만 이기주의자이므로, 경쟁을 통하여 조절된 이기주의가 개인에게뿐만 아니라 모든 이에게 이익을 주는 행위 질서를 우리가 만들지 않을 이유가 있는가? 그리고 모든 인간은 본성에 따라 복종하는 대신에 명령하기를 더 좋아하므로, 권력의 분배가 중요한 문제가 되는 경우에, 우리가 모든 이가 함께 발언하는 질서를 만들지 않을 이유가 있는가? 왜 경제, 사회, 정치의 3개 분할을 유지하는 정치질서를 언급하지 않는가? 대답은 단순하

16 그러므로 좀 더 후에 윤리학의 체계형성 이론으로의 전향의 발전이, 여기에는 정치적 권력이 순수히 사회적 권력으로 해체한다는 이론을 가진 마르크스주의 저자들도 속하는데, 취급되어야 한다. 모든 사람은 공통적으로 소망한 당위적인 정치질서뿐만 아니라 효과적인 정치질서를 세우려고 노력한다.

다. 그것은 제도판(製圖板) 위에서만 가능하고 현실에서는 그렇지 않다는 것이다. 현실에서 인간은 늘 어떤 목표를 향하여 행동한다. 인간은 오직 권력만을 자신의 목표로 삼을지라도, 목적을 지향하는 본성적 소질에 의해 행동한다. 그리고 이 본성적 소질은 존재에 알맞게, 선하고 인간의 본성에 상응하는 행복한 삶이라는 최종목표를 향해 있다. 어떤 사람이 실제로 타인에 대한 권력만을 추구한다면, 그는 의지의 본성적 목적지향성을 비뚤어지게 하는 것이다. 다시 말하면, 그는 자신의 고유한 전 인간적 행복뿐만 아니라 자신의 부하의 행복도 놓친다. 그러므로 현실적으로 고찰하면, 순수히 정치적인 것을 행위의 목표로 삼는 것은 의미를 거스르는 계획(시도)이다. 우리는 기껏해야 (그 안에서) 어떤 행위가 수행되는 일의 범위와 관련하여 정치적 문제에 관하여 언급할 수 있다. 행위 자체가 단지 정치적이기만 한 것은 아니다.[17]

정치적 행위의 다양한 주체

누가 정치적 행위의 주체이며 혹은 주체일 수 있는지 하는 문제는 이미 토마스 아퀴나스가 상세하게 다루었다. 그가 이 문제를 군주

17 나는 질서들의 이런 해체에 대한 정신사적이며 인식론적인 근거(이유)들을 이미 사회윤리학의 3권에서 다루었다: Sozialethik, Ⅲ. Teil, Bonn 1986, 21-54. 또한 다음 문헌을 참조할 것: A.F.Utz, Die Unterscheidung von gesellschaftlicher, wirtschaftlicher und politischer Ordnung, in: Ordnung im sozialen Wandel. Festschrift für Johannes Messner zum 85.Geburtstag, hrsg. von A.Klose, H.Schambeck, R.Weiler, V.Zsifkovics, Berlin 1976, 1′/3-198; 같은 내용 in: A.F.Utz, Ethische und soziale Existenz, Gesammelte Aufsätze(1970-1983), Institut für Gesellschftswissenschaften Walberberg e.v. 1983, 80-104.

제와 관련해서 언급할지라도 그로부터 민주주의의 주체가 추론되지는 않는다.[18] 토마스는 이 주제를 현명에 관한 그의 방대한 논고에서 다루었다.[19]

일반적 자연법 규범의 구체화에 기여하는 지성적인 동시에 도덕적인 덕인 현명(실천적 지혜)

이 기초적인 논고의 체계적 위치를 명시할 수 있기 위하여, 우리는 원리로부터 각각의 구체적 대상에 이르는 자연법적으로 논리적인 과정을 상기하지 않으면 안 된다. 더 정확히 말하면 자연법은, 특히 법률가들이 생각하듯이, 일반적인 원리나 가치요구에서 효력이 없어지는 것은 아니다. 토마스 아퀴나스를 가장 탁월한 대표자로 하는 고전적 자연법론을 따르면, 자연법은 구체적인 대상의 규정에까지 미친다. 물론 그렇기 때문에 자연법은 일반적 타당성을 잃는다.

법률가는 재량이란 개념을 특정한 사례를 위해 일반적 법률을 해석하기 위한 논리적 도구로 알고 있다. 최고의 규칙인 교통법규가 모든 교통관여(참여)자가 교통의 유동적인 진행을 방해하지 않도록 올바르게 행동해야 한다는 것을 명령한다면, 개별적 사례에서는 오직 현명한 재량에 따라 누가 우선권을 갖는지가 규정된다. 현명은 '사태의 본

---

18 S.Theol. Ⅱ.Ⅱ 50, 1-4

19 S.Theol. Ⅰ-Ⅱ 57, 4-6; 58, 3ad1; 58,4 u. 5; 65,1; 66, 5ad1 u. ad2; Ⅱ-Ⅱ 47-56.

성'(die 'Natur der Sache')을 정확하게 분석하여 그것에 따라 개별적인 경우에 결정하는 것이다. 이 경우에 사태의 본성이 자연법을 규정한다. 이것이 바로 고전적 자연법론의 자연법적 방법의 사유과정이다. 재판관의 이런 방법은 합리적이다. 그러므로 그것은 타인에 의해서도 실감나게 이해될 수 있어야 한다. 재판관은 암묵적으로 자신이 일반적으로 타당한 논리에 따라 처리한다는 것을 전제하고 있다. 그와 똑같은 것을 자연법론자도 가정한다. 그 때문에 그는 자연법에 관하여 언급한다. 자연법은 실정에 합치하는 법이다. 자연법론자는 유일한 출발점으로서 실정법을 인정하는 법률가와는 다른 일반적 규범으로부터만 출발한다. 여기에 결코 과소평가해서는 안 되는 차이가 있는 것이다.

자연법의 일반 규범은 인간의 사회적 본성인데, 이것에 의해 예컨대 생존권, 인간의 존엄성에 어울리게 공동선에 통합할 권리 중 어떤 권리들이 개인에게 일반적으로 귀속하는지가 추론된다. 이런 이유에서 어떤 특정한 실정법이 자연법 규범에 저촉한다고 확신하는 개인은 양심의 자유를 원용하여 저항한다.[20]

물론 이제 소수의 자연법 규범만이 무조건적으로 구체적 실정에 적용된다. 예컨대 부부처럼 오직 명백하게 정식화할 수 있는 규범만이 이 이점을 누린다. 반면에 다른 규범들은 오직 공동선과의 관계에서만 구체적 사정에 따라 정의될 수 있다. 생존권(생명권)조차도 공동선과의 관계에서 존재하므로 인간적 재판의 불확실성을 근거로 오늘날 수많은 문명국가에서 사형이 폐지되어 있다고 할지라도 중대한 범죄자

20 아래의 내용을 볼 것: '저항권?'.

는 원래 자신의 사회로의 통합권을 상실한 것이다.

유비적으로 적용되는 그런 규범들은, 어떻게 가장 잘 구체화되는지 철저한 숙고를 요구한다. 그러기 위해서는 구체적이며 경험적인 실정에 관한 정확한 연구가 필요하다. 우리가 논리적으로 확실한 재량의 판단과 자연법의 구체적 정식화에 도달하기 위해서, 이 모든 상세한 연구는 깊은 사려와 선견지명을 요구한다. 여기에서 경험적 정치학은 부분적으로 좋은 기여를 한다.

이런 전체적 지성적 과제는 현명이 떠맡아야 한다. 현명은 지성적이며 도덕적 성격을 갖는 덕목이다. 그 이유는 그것이 공동선을 추구하려는 확고한 의지에 의해 떠받쳐지고 있기 때문이다. 이 도덕적 의지는 구체적 실천을 향해 있는 지성에 기초적인 것이고, 토마스 아퀴나스는 이 지성을 내용이 풍부한 이름인 '올바른 이성'('recta ratio', 구체적 이성)이라고 불렀다. 토마스 아퀴나스는 구체적, 실천적 이성을 설명하는 연관에서 이 개념을 셀 수 없을 만큼 여러 번 사용한다. 최종 목적인 공동선을 향한 지향성 밖에서는 사회적 및 정치적 차원에서 올바른 이성은 없다. 이런 개념 안에 자연법은 이성법으로서 확고한 근거를 갖고 있다.

정치적 현명

토마스 아퀴나스는 이제 아리스토텔레스와 함께 다양한 종류의 현명을 그것의 대상에 따라 구별한다. 우선 모든 인간은 자신의 생활을 현명으로 계획해야 한다(개인적 현명). 국가 원수는 공동선(정치적 현명)을, 가장은 가정의 행복(가정적 현명)을 배려하지 않으면 안 된다.

여기에서 우리가 관심을 갖는 것은 정치적 현명뿐이다. 사람들이 이것과 함께 우선 군주를 생각하고 그가 특별한 신중성 의무를 상기하도록 한 것은 중세에는 당연한 것이었다. 군주의 정치적 현명은 군주의 현명(Prudentia regnativa)이라고 지칭되었다.[21] 그런데 토마스 아퀴나스는 신민에 있어서도 정치적 현명에 대한 참여를 발견했다. 그 이유는 시민이 자신의 복종 의무를 주의 깊게 숙고해야 하기 때문이다.[22]

우리가 이런 사상을 현대 민주주의에 적용한다면, 군주의 현명을 국민의 대표자에 있어서도 찾아야 한다. 그러므로 우리는 이 대표자들을 위해 더욱 대통령제 민주주의에서는 대통령을 위해 일및은 군주의 귀감서를 비치하지 않으면 안 될 것이다. 물론 이 경우에 우리는, 대통령이나 통치에 참여한 국민의 대표들의 사생활이 전체의 통솔과 관련하여 원칙적으로 중요하지 않다는 오늘날의 일반적인 대표적 견해와 결별해야 할 것이다. 왜냐하면 정치적 현명은, 언급되었듯이, 지(성)적 성질의 것일 뿐만 아니라 포괄적 공동선을 위한 에토스를 필요로 하기 때문이다.

마지막으로 시민도 시민의 덕에 따라서 통치에 민주적으로 참여하는 것을 새롭게 숙고하지 않으면 안 된다. 악평을 하는 정치에 대한 짜증은 여기에 들어설 자리가 없다. 유치하게 정당의 슬로건에 맹종하는 것도 더욱 활발한 협력에 양보하지 않으면 안 된다. 특히 우리가 발전

21 S.Theol. Ⅱ-Ⅱ 50, 1.

22 S.Theol. Ⅱ-Ⅱ 50, 2.

도상국가들에게 단순히 민주주의적 국가 헌법을 강요할 수 없다는 것도 고려해야 한다. 민주주의 국가는 모든 시민의 정치적 숙련과 정치적 책임으로 유지된다. 다시 말하면 우선 교육과 에토스가 국민 안에 뿌리를 내려야 한다.

II. 정치신학[23]

'정치신학'이란 개념의 해석에는 두 가지가 있다. 하나는 신학으로서 구체적 정치, 즉 종교적 신앙과 현실 정치의 관계를 다룬다. 다른 하나는 정치학으로서 정치적인 것의 개념을 신앙의 종교적 제도, 즉 교회를 근원으로 하거나 교회와의 유비(Analogie)에서 해석한다. 정치신학의 첫 번째 해석에서는 가톨릭 신학이 정치적 과제라는 의미로 스스로를 이해할 수 있는지의 여부와 그 범위에 대한 질문이 중시된다. 메쯔(J.B.Metz)와 해방신학이 내세우는 이런 해석은 볼프강 오켄펠스(Wolfgang Ockenfels)에 의해 철저히 논구되었다. ('Politisierter Glaube? Zum Spannungsverhältnis zwischen katholischer Soziallehre und politischer Theologie', Sammlung Politeia Bd. XXXIII, Bonn 1987). 두 번째 해석은 정치적인 것에 대한 철학적 정의에서 출발하는 정치윤리학의 대상에 속한다. 그러므로 나는, 아리스토텔레스에 의해 기초가 놓여졌고 토마스 아퀴나스에 의해 완성되었듯이, 정치적인 것을 늘 국가에 대한 자연법적 관점에서 서술했다. 그런 관점에 따라 모든 법 제정의 최종 근거인 영원법과의 관련 이외에는 정치신학에 관하여 언급될 수 없다. 주제를 문화사적 관점에서 다루는 칼 슈미트의 관점은 전혀 다르다. 그럼에도 불구하고 그의 방법은 정치적인 것에 관한 법철학적 정의에 기여한다.[24] "근대 국가론

23 나는 칼 슈미트 저작의 전문가인 Wolfgang Hariolf Spindler(Wien) 씨의 귀중한 지적에 감사를 드린다.

24 슈미트는 정치행위가 아니라 정치적인 것만을 정의하려고 한 것에 주의해야 한다. 그것과 함께 그는 칸트의 인식론에 따라서 정치적인 것을 실제로 그것과 본질적으로

의 모든 중요한 개념들은 세속화한 신학 개념이다. 이 개념들은 예컨대 전능한 신이 전능한 입법자로 되면서, 신학에서 국가론으로 전용되었다고 하는 그 역사적 발전에 따라서 뿐만 아니라 그 체제적 구조에 있어서도 그것에 대한 인식이 이 개념들의 사회학적 고찰을 위해서도 필요하다. 비상사태는 기적이 신학에 대하여 갖는 것처럼 법학에 대하여 유비적 의미를 갖는다. 그런 유비적 위치를 의식하는 데서 비로소 지난 수백 년간 국가헌법의 이념들을 채택한 발전이 인식된다. 그 이유는 근대 법치 국가의 이념이 이신론으로써, 신학과 형이상학으로써 확고한 기반을 열었기 때문이다. 이 신학과 형이상학은 기적을 현세계에서 추방하고 현행 법질서에 통치자가 직접 개입하는 것을 부정하는 것과 마찬가지로 기적 안에 포함된, 직접적 개입에 의해 예외를 허용하는 자연법칙의 파괴를 부정한다. 계몽사상의 합리주의는 모든 형태의 예외 사례를 거부한다. 그런 이유에서 혁명을 반대하는 보수적 저술가들의 유신론적 확신은 유신론적 신학에서 유래하는 유비로써 군주의 개인적

결부된 모든 요소로부터 분리시키려 했다. 켈젠은 이와 비슷하게 순수한 법을 자체로 실제적 법에 속하는 모든 존재적 사실(근거)로부터 분리했다. 참조. Craig L.Carr, Kant's theory of political authority In: History of Political Thought, Exeter 10, 4(1989) 719-731. -Ingomar Kloos, Gibt es eine Ontologie des Politischen? Ein Zugangsversuch zu Carl Schmitts "Begriff des Politischen", In: Prima Philosophia, Cuxhaven 1(1988) 334-343.-Hans-Georg Flickinger, Hrsg., Die Autonomie des Politischen, Carl Schmitts Kampf um einen beschädigten Begriff. Weinheim 1990.-George Schwab, The challenge of the exception, An introduction to the political ideas of Carl Schmitt between 1921 and 1936, 2nd edition. Westport/Conn. 1989.-Michele Nicoletti, Transcendenza e potere. La teologia politica di Carl Schmitt. Brescia 1990. -Gian Paolo Cammarota, Storia e defizione di un concetto. La teoria della sovranità in Carl Schmmitt. In: Storia dei concetti e semantica storica: A Cura di Nicola Auciello et Roberto Racinaro. Napoli 1990, 93-118.

주권을 이데올로기적으로 떠받칠 수 있었다."[25] 이런 관점에 직면하여 윤리학자에게는, 정치의 자연법적 정당화가 아직 신학에 의해 보충되어야 하지 않는가 어떤가 하는 질문이 제기된다. 칼 슈미트는 주요 문제에 있어서는 대체로 근대적 정치개념의 그리스도교적-유럽적 발전에 의지하기는 하지만, 이것과 연결된 신학에 되돌아가 파악하지 않고서는 정치학이 미완성 작품일 뿐이라는 기본적인 진술을 하려고 한다.

그런데 이제 이 경우에 우리가 어떤 신으로부터 출발해야 하느냐는 질문이 제기된다. 자연법적으로 정당화한 정치윤리학은 논리적 통일성을 위해서는 신학을 필요로 한다. 이런 정치윤리학은 최소한 창조주란 개념을 포기할 수 없다. 왜냐하면 신의 개념이 없이는 국가에 앞서 조직된 법의 창조가 설명될 수 없기 때문이다. 국가의 지배력의 유래에 대한 증명이 먼저 제시되어야 한다. 우리가 창조주 신을 최종적인 법의 기초로서 배제하지 않는 한, 그런 증명은 자연법적인 방법으로 가능하다. 그러나 슈미트는 자신이 알지 못하는 자연적, 즉 철학적 혹은 합리적인 신학을 넘어서 유비를 가톨릭교회와 관련시킴으로써 권위주의적, 세계관적인, 즉 인종적으로 동질적인 국가의 이론에 빠져 올바른 길에서 벗어났다.

슈미트는 최소한 가톨릭 신학과 무관하게 자연적 신학과 초자연적(계시의) 신학을 구별하지 않았다.[26] 그 이유는 그가 상이한 인식론적

---

25 Carl Schmitt, Politische Theologie, Vier Kapitel zur Lehre von der Souveränität, Berlin[7]1996,43.

26 참조. Carl Schmitt, Politische Theologie Ⅱ. Die Legende von der Erledigung jeder politischen Theologie, Berlin[4]1966.그의 정치신학은 정치적 그리스도론 안으로 합류한다(11).

기초들을 알지 못했기 때문이다. 세계의 신적인 원인에 대한 합리적 인식은 본질적으로 자연법에 속한다. 이런 인식은 그 자체로는 신앙과 아무런 관계가 없다. 그것은 구원에 대한 신앙의 가톨릭적 이해에 근본적인 것이다. 슈미트는 자연법을 순수한 형이상학으로서, 즉 이미 신학의 세속화로서 간주했다. 그에게 종교는 본질적으로 신앙과 연결되어 있다. 그에게 자연법은 충분하지 않은 것으로 보인다. 그 밖에 자연법에 관한 그의 개념은 혼란스러운 뒤죽박죽이다.[27]

그러므로 우리는 그의 정치신학과 관련하여 그런 정치신학이 정치윤리학을 위해 무엇을 가져오느냐는 질문을 스스로 제기하기 위해 우선 칼 슈미트의 정치신학을 다루어야만 한다. 우리는 정치신학이란 테마의 논구에서 기본적으로 인간 현존재의 영역에서 움직이는 현세적인 정치가 필연적으로 신학에 뿌리내림이 필요한지 어떤지 하는 문제에 전념한다. 아우구스티누스의 두 왕국(설)에 의하면 우리는 현세적(지상적) 왕국의 땅 위에 자리잡고 있다. 이것은 두 번째 해석의 의미이다. 슈미트는 기본적으로 이런 문제 제기를 겨냥하고 있다. 그런데 그는 자연적(이성적) 신학과 신앙의 신학 사이의 인식론적 차이를 보

27 그가 자신의 형이상학적인, 신에 근거하지 않은 자연법의 개념에서 '형이상학적'이라고 이해하는 것이 무엇인지는 알아 맞출 수 없다. 그는 자연법에서 '완전히 반대되는 수십 개의 전제들, 불확정한 형식적 유보조건의 무더기'를 감지한다. 그는 획득한 본질 인식의 추상적 방법으로 실제적 타당성에 관한 어떤 것을 알지 못한다. 어쨌든 그에 따르면 그 밖의 다른 점에서처럼 한스 켈젠에 따라서도 규범은 법률 이전의 의미에서 질서만을 만들며 법질서를 만드는 것은 아니고, '오직 주어진 질서의 토대 위에서만 조절하는 기능을 갖는데(Ueber die drei Arten des rechtswissenschaftlichen Denkens, Berlin21934,13), 따라서 규범의 효력은 유일하게 실정법으로부터 얻는다. 참조. 또한 Tagebucheintrag von 6.8. 1948, in: C.Schmitt, Glossarium, Aufzeichnungen der Jahre 1947-1951, hrsg. von E.V. Medem, Berlin 1991, 187 이하.

지 않거나 충분히 주목하지 않으므로, 첫 번째 해석의 문제 제기에, 즉 가톨릭 신학이 또한 실천적으로 메쯔(J.B.Metz)가 실행한 것과 같은 무대설정인 정치적 현실에 관여하는가 아닌가 하는 문제에 빠져든다. 정치신학의 이런 관점은 특히 에릭 페터슨(Eric Peterson)을 반대하는 슈미트의 논쟁에서 등장한다.[28] 우리는 이 문제를 다루지 않는다. 그 이유는 이 문제가 철학적 윤리학이 아니라 신학에 둥지를 틀고 있기 때문이다. 이와 관련해서는 오켄펠스(W.Ockenfels)의 저작을 참고할 만하다.

1. 칼 슈미트의 정치신학

슈미트의 근본명제: 정치적(Politisch)과 국가적(Staatlich)은 같은 뜻이 아니다

슈미트의 정치신학을 이해하기 위해 기본적인 것은 정치적인 것에 관한 그의 정의이다. 우리는 정치적 행위가 직접 국가권력과 관계를 맺을 경우에 정치적 행위에 관하여 언급하는 데에 익숙해 있다. 아리스토텔레스의 관점에서 국가는 완전한 사회, 즉 사회생활을 완결하고 동시에 일치된 전체를 실현하는 그런 사회이다. 이런 전체 안에서 인간의 전체 관심사가 고려된다. 그러므로 국가는 또한 모든 법의 형성을 완결한다. 국가는 주권을 지닌다.

우리가 정치적 행위를 언급할 경우에만 국가는 이미 주어져 있는 것으로서 전제된다. 이런 의미에서 법학은 '비정치적' 행정행위 등과는

---

28 참조. Politische Theologie Ⅱ 36 이하.

구별하여 '정치적 단체', '정치적 집회', '정치적 법률행위'와 같은 개념을 사용한다. 이와는 반대로 칼 슈미트는 다음과 같이 설명한다. "법 실무의 요구를 승인하는 이와 같은 규정들은 근본적으로 한 국가 안의 법 실무에서 등장하는 다양한 법 구성요건들을 제한하기 위한 실제적 논거를 추구한다. 이들 규정은 정치적인 것 일반에 대한 일반적인 정의를 목적으로 삼지 않는다. 그러므로 이 규정들은, 국가와 국가의 제도들이 자명하고 확고한 것으로서 전제될 수 있는 한, 국가 혹은 국가적인 것과 관련을 가지면서 유지된다. 국가에 계속 돌려주는 것 혹은 다시 돌려주는 것 이외에 어떤 것을 포함하지 않는 정치적인 것에 대한 일반적 개념규정들도 이해하기 쉽고, 국가가 현실적으로 분명하고 명백하게 규정된 단위이며 비국가적인, 바로 그 때문에 (비정치적인)단체와 용건(문제)에 대립하여 있는 한, 국가가 정치적인 것의 독점(권)을 갖는 한, 학문적으로도 근거가 있다. 앞에서 서술한 것은 국가가 (18세기에서처럼) '사회'를 맞수로서 인정하지 않았거나 최소한 (19세기와 20세기 초반에 이르는 동안 독일에서와 같이) '사회' 위에 있는 안정되고 구별할 수 있는 권력으로서 있었던 경우였다. 이와 반대로 국가적=정치적이라는 등식은 민족적으로 조직된 국가에서 필연적으로 일어나는 것처럼 국가와 사회가 상호간 삼투하고 이제까지의 모든 국가적 문제는 사회적으로 되며 거꾸로 이제까지의 모든 '오직' 사회적인 문제는 국가적으로 되는 그만큼 정확하지 않으며 헷갈리게 만든다. 그런 다음에 이제까지 '중립적인' 영역들—종교, 문화, 교육, 경제—은 비국가적 및 비정치적이란 의미에서 '중립적'이기를 멈춘다."[29]

민주주의적으로 철저하게 조직된 사회에서는 모든 개별적인 사회적 행위가 어떤 방법으로든지 국가와 관련되어 있다는 것이 맞는 말이기는 하다. 그럼에도 불구하고 이 경우에 우리는 곧장 전체주의적 국가를 생각할 필요는 없다. 민주주의에서도 우리는 사회적 혹은 경제적 질서와 관계하는 행위들을 확립된 정치적 권력을 의문시하고자 하는 그런 행위와 구별할 수 있다. 민주주의자도 기본적으로 현행 국가의 통치권력을 승인하지만, 권력자를 (법적으로 규정된 방식으로) 투표로 해임할 수 있다. 그러므로 우리는 민주주의에서도 경제적 행위와 정치적 행위를 구별할 수 있다. 예컨대, 정치적 스트라이크와 반대로 비정치적이며 순수하게 경제적인 스트라이크를 언급할 수 있다. 이 경우에 정치적 스트라이크는, 예컨대 전체사회와 관련(자주 사용되는 정치적 스트라이크란 개념)이 있기 때문이 아니라, 국가의 통치권력을 의문시하고 맞서 싸우므로 정치적이라고 불린다. 우리가 어떤 근거에서 민주주의의 시민이 현행 통치권력을 정당하다고 승인하는가 하는 보다 심원한 질문을 스스로 제기한다면, 특정한 관점 아래 슈미트의 사상의 전개를 이해한 게 된다. 여기에서 슈미트는, 통치자는 그의 권력을 신의 은총에 의해 받는다는 국가에 관한 그리스도교적 표상의 유물을 생각하고 있다. 그 밖에 그는 막스 베버(M. Weber)의 카리스마를 인정받은 통치자에 주목하도록 한다. 그런데 통치자의 정당화 문제는 합리적인 방법으로 해결할 수 있어야 한다. 그렇지 않으면 합리적인, 즉 자연법

29 Carl Schmitt , Der Begriff des Politischen, Text von 1932 mit einem Vorwort und drei Corollarien. 3.Auflage der Ausgabe von 1963, Berlin 1991, 23f.

적 기초 위에 서 있어야만 하는 정치윤리학은 가능하지 않을 것이다. 이 문제는 극단적인 경우에야 비로소 폭발력이 있게 된다. 이런 사례에서는 사람들이 저항할 수 없는 통치권력의 소유자인 전제군주가 중시된다. (서양)중세의 시민은 자연적 종교로부터 출발하는 자연법적인 숙고로써 이런 극단적인 사례를 해결할 수 있었다.[30]

정치의 근원현상: 벗과 적의 규정

슈미트에 의하면 국가 안에는 정치가 존재하지 않는다. 이미 언급했듯이, 정치적이라는 개념의 사용은 국가 안에서는 이차적일 뿐이다. 왜냐하면 국가가 전제되기 때문이다. 그러므로 슈미트는 다음의 테제를 첫머리에 둔다: "국가라는 개념은 정치적인 것의 개념을 전제한다."[31] 주권적 단위인 국가개념은 다른 국가에 대립하여 처음으로 다시 말하면 최초로 유럽 공법을 기초로 하여 있다.[32] 다른 주권자와의 만남에 있어서 극단적인 경우(예외 상황)에 벗과 적의 규정이 문제가 된다.

---

30 나는 이 문제의 자연법적인 해결을 다루었다 in: Thomas von Aquin, Recht und Gerechtigkeit, Bonn 1987, 291f. 거기에서 나는 다음의 내용을 지적했다. 즉 여기에서 토론의 대상이 되는 극단적인 사례(시민전쟁, 완전한 혼란)에서 시민은 법실증주의에 의거해서가 아니라, 모든 경우에 질서와 평화가 지배해야만 한다는 자연법적 원리에 의하여 효과가 있는 권력을 인정해야 한다. 이런 지적은, 시민이 자신의 개인적인 도덕적 결정과 관계가 있는 사안에서 자신의 개인적 권한을 국가에 양도해도 좋다는 뜻이 아니다.

31 Der Begriff des Politischen, 13.

32 A.a.O.

국가는 '정치적인 것의 독점권'을 소유한다.[33] 극단적인 경우에 의하여 개념을 정의하는 것은 슈미트에게 특징적이다. 이렇게 함으로써 우리는 확실한 방법으로 개념의 가장 엄격한 정식화에 도달한다. 벗과 적은 정신적인 것, 경제적인 것, 사회적인 것 등의 내용과는 전혀 관계가 없다. 주권자는 타자와 구별되고 그를 잠재적으로 적으로 간주해야만 한다는 의미에서, 벗과 적은 순수한 사실로서 이해되어야 한다. "적은 최소한 사람에 따라서는, 즉 실제적 가능성에 따라서는, 같은 부류의 전체에 대립해 있는 투쟁하는 인간들의 전체일 뿐이다. 적은 공공의 적일 뿐이다. 왜냐하면 그와 같은 인간들의 전체, 특히 전체 민족과 관계를 갖는 모든 것은 그것에 의해 공적으로 되기 때문이다."[34] "정치적 대립은 극심하고 극단적인 대립이고 모든 구체적 대립은 극단적인 것, 즉 벗과 적의 분류에 더 근접하면 할수록 그만큼 더욱 정치적이 된다. 전체로서 그 자체를 위해 벗과 적을 결정하는 조직된 정치적 통일체인 국가 안에서, 그 밖에 1차적인 정치적 결정과 나란히 그리고 '정치적'에 관한 수많은 2차적 개념들이 생겨난다."[35] 슈미트는 "정치적 현존재가 피비린내 나는 전쟁에 지나지 않고, 각 정치행위는 군사적 전투행위이며, 각 국민은 모든 다른 국민에 대하여 끊임없이 벗이냐 친구냐 하는 양자택일의 입장에 처하며, 정치적으로 옳은 것은 반드시 전쟁을 회피하는 데 있다는 것을 부정하는" 비난에 대하여 강하게 항의한다. "여기에서 주어진 정치적인 것의 정의는 호전적이지도

33 Der Begriff des Politischen, 23.

34 A.a.O. 29.

35 A.a.O. 30.

않고 군사주의적이지도 않으며, 제국주의적이지도 평화주의적이지도 않다. 이 정의는 승전이나 성공한 혁명을 '사회적 이상'으로 삼으려는 시도도 아니다. 왜냐하면 전쟁이나 혁명은 '사회적인' 것도 '이상적인' 것도 아니기 때문이다."[36]

우리가 보듯이, 정치적인 것은 서로 대립되어 있는 두 국가 간의 관계에 의해 발생하는 순수한 상태이다. 이런 관점으로부터 규범적 개념들은 비로소 정치적인 개념들이 된다. "각각의 종교적, 도덕적, 경제적, 종속적 혹은 다른 반대관계는, 그것이 인간들을 벗과 적으로 효과 있게 분류하기 위해 충분히 강할 경우에, 정치적 반대관계로 변한다. 정치적인 것은, 다시 자체의 고유한 기술적이고 심리적이며 군사적인 법칙을 갖는 투쟁 자체에 있지 않고, 언급했듯이 이런 실제적 가능성에 의해 규정된 태도에, 그것에 의해 규정된 상황에 대한 명확한 인식에 그리고 벗과 적을 올바로 구별함에 있다."[37]

정치신학에는 이런 순수하게 사리적인, 모든 도덕적 가치평가에서 벗어난 벗과 적의 관계인 정치적인 것의 개념이 중요하다. "다른 종교 공동체의 구성원들에 대한 것이든, 여타의 전쟁이든 간에 그 자체로서 전쟁을 수행하는 종교 공동체는 종교 공동체를 넘어서 있는 정치적 통일체이다. 종교 공동체가 자체의 구성원들을 향한 금지에 의해 전쟁을 저지할 수 있는, 즉 적대자의 적성(敵性, die Feindesqualität)을 결정적으로 부정할 수 있는 처지에 있는 경우에, 오직 소극적인 의미에서 그런 결정적인 사건에 영향을 줄 가능성을 갖는 경우라면, 그것 또

36 A.a.O. 33.

37 A.a.O. 37.

한 정치적 세력이다."[38]

물론 칼 슈미트는 1963년과 1991년 판의 머리말에서 1932년의 본문의 몇 개의 결함을 시인했다. "문제의 주요 결함은 다양한 종류의 적-통상적, 실제적 혹은 절대적 적-이 명료하고 충분히 상세하게 분리되고 구별되지 않는다는 것이다."[39] 그는 예로서 빨치산 전쟁[40], 냉전을 들고 있다. 그러나 이런 불명료성은 우리의 서술에서는 중요하지 않다.

요약: 국가의 내부에서는, 시민의 동질성에 기초하고 이에 더하여 가능한 적에 대한 두려움에 의해 강요된 평화가 지배한다. 그러므로 정치행위는 국가의 내부에 있어서가 아니고 잠재적 적과의 대결에 있어서만 존재한다. 사정에 따라 발생할 수 있는 국내의 모든 싸움은 보다 은유에 견줄 만한 가장 약한 정도의 유비에 있어서만 정치적이라고 지칭될 수 있다. 그런 싸움은 극단적 사례에서는 통치권의 소유자에 의해 결정된다. 이 결정권은 계속하여 보여주는 대로, 논리적으로 1인에게 권한이 집중하는 것을 전제한다. 슈미트는 이런 권한의 배타적 통일성에 대한 정당화를 유럽 국가사상의 역사적 발전에서 발견한다. 이 발전은 다음과 같이 그리스 철학에서 시작하여 신학적으로 영향을 받은 중세를 거친다. 하나의 신, 하나의 민족(국민), 하나의 국왕.

---

38 A.a.O. 37f.

39 A.a.O. 17.

40 Vgl. C. Schmitt, Theorie des Partisanen - Zwischenbemerkung zum Begriff des Politischen, Berlin[4] 1963.

모범인 가톨릭교회

『로마 가톨릭주의와 정치형태』[41]라는 저서에서 슈미트는 로마 가톨릭교회의 구조를 서술한다. 재기 발랄하게 쓰여진 이 저서는 크게 주목을 받을 만 하다. 그 이유는 슈미트의 정치신학과 일반적으로 그의 전체 정치적 구상에 결정적인 로마 가톨릭교회의 법적 구조의 요소들이 눈에 띄게 드러나기 때문이다. 우리는 그의 책을 읽을 때 늘 실제의 본문을 뛰어넘어 배경에 있는 저자의 정치적 의도를 읽어내야만 한다. 정치행위는 외국의 영향에 대하여 자국의 정체성과 주권의 보호를 의도한다(벗과 적의 테제)는 생각에서 출발하여 국가는 (장차 유사한 경우에 교회도) 여타의 사회와 어떻게 좋은 관계를 유지하는가 하는 문제가 제기된다.[42] 그러기 위해서는 국가의 권위에서 법적으로 표현된 포괄적으로 정향된 이성(때때로 슈미트가 진리라는 의미에서 이념이라고도 부른)이 필요하다. 이 이념의 순수성은 당연히 군주인 유일한 인물에 있고 제도 안에서 보장되어 있지 않다.[43] 극단적인 경우에 나타나듯이, 자체에 있어 통일적인 결정이 문제이다. 슈미트는 홉스(Leviathan, Kap.26)를 증인으로 끌어댄다. 진리가 아니라 권위가 법을 만든다.

---

41 초판, Hellerau (Jakob Hegner-Verl.) 1923, 2. Aufl. München (Theatiner-Verl.) 1925, 3.Aufl.Stuttgart (Klett. Cotta) 1984.

42 물론 이런 문제 제기는 이 저술에서는 명백하게 표현되어 있지 않다. 벗과 적의 규정은 '정치적인 것의 개념'이란 저술에서 많이 다루어진다.

43 1930년대 전체적인 정치적 혼란기에 처한 슈미트는 이런 인물로 오직 '총통' (히틀러)만을 실제적으로 생각할 수 있었다.

"홉스는 또한 결정적인 논증을 제시했는데, 이 논증은 이 결단주의와 인격주의의 연관을 포함하고 구체적인 국가의 주권을 대신하여 추상적으로 타당한 질서를 세우려는 모든 시도를 거부했다."[44] 장기적으로 보면 이 질서는, 권위가 자체의 정통성을 종교에서, 사정에 따라서는 또한 국민과 같은 대체물에서 발견하는 경우에만 보장된다.[45]

슈미트는 이런 정치적 구상을 가지고 -우리가 그의 정치철학에서 전혀 알아채지 못한 종교적 공감에서 유래하지 않은- 이제 사회적 형성물인 가톨릭교회의 분석에 착수한다. 자신의 정치적 구상이 로마 가톨릭교회의 제도와 일치한다는 것을 기뻐하면서 슈미트는 정치적인 동기가 있는 자신의 감격을 자유롭게, 때로는 아마 너무 자유롭게 내버려 둔다. 왜냐하면 그가 교회의 실제적 정치활동에 집중함에 있어 개별적 행위들이 교회의 창립자의 신적인 위탁과 여전히 일치하는지 아닌지 하는 문제를 제외하고 있기 때문이다.

슈미트는 가톨리시즘의 힘에 감탄한다. "정치상황이 변천할 때마다 모든 원리는 바뀌는 것처럼 보인다. 단 한 가지, 즉 가톨리시즘의

44 Carl Schmitt, Politische Theologie, 39.Vgl.auch: Paul Hirst, Carl Schmitt's decisionism, In: Telos, St. Louis 72(1987) 15-26. Joseph W.Bendersky, Carl Schmitt and the conservative revolution. In: Telos, St. Louis 72(1987) 27-42.

45 물론 슈미트가 무엇 혹은 누구를 교회의 적이라고 정의하는지는 알 가치가 있을 것이다. 그는 로마 가톨릭교회에서 진리의 수호자를 보기 때문에 거짓에서만 이 적을 인식한다. 데살로니카인들에게 보내는 바울로의 둘째 편지(2, 6ff)에서 설명되듯이, 역사의 종말에 거짓의 영주, 적(敵) 그리스도는 마침내 제거된다. 슈미트는 이 대목을 그리스도교적 역사 이해의 핵심으로 만들었다. 이를테면 거기에 그것에 의해 세계 역사의 종말이 지체되는, 지체시키거나 연기하는 요인(Katechon)에 관한 언급이 있다. 이 Katechon이라는 묵시록의 개념과 관련하여 슈미트의 이해는 여기에서 언급된 주제를 위해서는 중요하지 않다. Vgl. C. Schmitt, Tagebucheintrag von 19.12.1947 in: Glossarium, 62f.

힘만은 예외이다."[46] 그 근거를 슈미트는 정치적 보편주의에서 발견한다. 다른 한편으로 가톨리시즘은 또한 민족적 애국주의와 친교를 맺는다. "바로 가톨릭의 여러 국민들-티롤인, 스페인인, 폴란드인, 아일랜드인-은 국민의 저항력의 주요 부분을 가톨리시즘에, 억압자가 교회의 적이던 경우에는 더욱이 (덕을 입고 있다)"[47] '대립자들의 복합(complexio oppositiorum)'을 위해서는 '그것이 포괄하지 않는 어떤 대립이 존재하지 않는' 것처럼 보인다.[48] 가톨리시즘의 정치이념으로부터 볼 때, 로마 가톨릭의 대립자들의 결합의 본질은 인간적 생명의 질료(die Materie)에 대한 특유의 형상적인 우월성에 있는데, 이 우월성은 어떤 제국도 알지 못했다. 여기에서 그 형상적 성격(특징)에도 불구하고 구체적 실존을 유지하고 생명으로 충만하며 최고조로 합리적인 역사적 및 사회적 현실의 실질적인 형성이 성공했다."[49] 그런데 이 합리성은 대표되는 경우에 비로소 효과가 있다. 슈미트에 의하면, 합리성의 대표라는 원리를 엄밀하게 관철하는 것은 로마 가톨릭교회의 전형적인 정치의 특징이다. 합리성 혹은 이성의 대표는 그리스도의 대표인 교황의 결정권에 구현되어 있다.

슈미트는 이제 다음으로 합리성 개념이 국가학에서 점증하는 질료화를 통하여 어떻게 세속화 했는지를 보여준다.[50] 우선 모든 권위의 원

46 Römischer Katholizismus und politische Form, 7f.

47 Op.cit.11.

48 A.a.O.

49 Op.cit.14.

50 정치적인 것의 개념의 관점에서 이 변천은 상세히 표현된다 in: Der Begriff des

조인 신이 제거되고 자연법의 일반 형이상학에 의해 대체되면서, 종교적 뿌리는 세속화했다. 또한 이런 형이상학도 사라졌고, 그 자리에 경제적인 시장의 합리성과 마침내는 기술이 들어섰다. 가톨리시즘의 거대한 종합의 토대를 형성한 보편적인 자연 개념은 이제 기술화와 산업화의 진행 중에 합리성이 기술적으로 만들 수 있는 것에 집중함으로써 갈라져 버렸다. 그것에서 분리된 영역은 문명이 건드리지 않은 야생의 자연에 속한다. "이렇게 인간적 노동의 합리적이며 전적으로 기술화한 세계와 낭만적이며 건드리지 않은 자연으로 분리하는 것은 로마 가톨릭교회의 자연 개념에는 전혀 낯설다."[51] 다른 한편으로 "사람들이 가톨릭교회를 기계론적 시대의 대립하는 극(極)으로 만들려 했다면, 가톨릭 신자에게는 의심스러운 칭찬으로 보일 수밖에 없을 것이다. 로마 가톨리시즘이 종교를 혼이 없는 형식성으로 기계화 한다는 이유 때문에, 가장 강력한 프로테스탄트적 감정 중의 하나는 로마 가톨리시즘에서 그리스도교의 변질과 오용을 보는 반면에, 동시에 프로테스탄트들의 합리주의적이며 기계론적인 시대의 영혼상실에 직면하여 가톨릭교회 안에서 구조(보호)를 추구하므로, 낭만주의적 도피에서 가톨릭교회로 회귀한다는 대립하는 것들의 진기한 연결을 다시 지적하는 것은 명백한 모순이다. 교회가 스스로에게 더 이상 무영혼성의 영혼이 충만한 대극성으로서 존재하지 않기를 허용했다면, 자체를 망각했을 것이다."[52]

Politischen.

51 Römischer Katholizismus und politische Form, 17.

52 Op.cit.19.

사람들이 가톨릭의 자연 개념 안에서 다양한 자연 개념의 혼합만을, 예컨대 보다 고차적인 셋째 해결로서 본다면, 그런 자연 개념과 대립하는 것들의 연결을 잘못 이해하는 것이리라. 슈미트는 말한다. "오래 사색하는 설계자들은 가끔 가톨리시즘을 '보다 고차적인 제 3자'로서 간주했다"[53]고 생각된다. 가톨리시즘의 자연 개념은 이성의 전체 영역을 떠맡는다. 여기에서 슈미트는 르낭(Renan)의 다음과 같은 명언을 지적한다. "로마의 모든 승리는 이성의 승리이다."[54]

슈미트의 정치신학에 중요하고 본질적인 것은 가톨리시즘의 보편적인 합리주의가 다음과 같이 제도적으로 보장되어 있는 사실이다: "이 합리주의는 제도적인 것에 존재하고 본질적으로 법률적이다. 합리주의의 큰 실적은 그것이 사제직을 직분으로, 또한 특별한 종류의 직분으로 만든다는 데에 있다. 교황은 예언자가 아니라 그리스도의 대리자이다. 고삐 풀린 예언직의 모든 광신적 야만성은 그와 같은 조직을 통하여 먼 거리에 있다. 공직은 카리스마에 의하여 독립적으로 만들어짐으로써 사제는 자신의 구체적 인격을 도외시 하는 듯이 보이는 자신의 존엄성을 얻는다. 그럼에도 불구하고 사제는 공화제 사상의 간부와 위원은 아니고 그의 존엄성은 현대 관료처럼 비인격적이지 않으며 그의 직분은 중단되지 않은 연쇄 안에서 그리스도의 개인적 위임과 인격으로 되돌아간다. 이것은 가장 놀랄 만한 대립하는 것들의 결합이다. 그와 같은 구별 안에 가톨리시즘의 합리적 창조성과 동시에 인간

---

53 Op.cit.15.

54 Op.cit.23.

성(인간다움)이 있다."[55] 경제와 기술은 보편적 권력자의 지위로 약진할 수 있을 것이지만, "어떤 정치체제도 단지 권력을 유지하는 기술만을 가지고는 한 세대를 지속할 수 없다. 정치적인 것에는 이념이 속한다. 그 이유는 권위 없이는 정치가 없고 확신의 에토스 없이는 권위가 없기 때문이다."[56]

이러한 것이 슈미트의 정치적 구상이다. 정치는 이념의 대표(표현)로서만 생각할 수 있다. "중요한 의미에서 대표하는 것은 오직 한 인격일 수 있고 보다 정확히 말하면 –단순한 '대리'와 구별하여– 권위적 인격 혹은 대표되자마자 똑같이 인격화 하는 이념이다. 신, 혹은 민족주의 이데올로기에서는 국민 혹은 자유와 평등과 같은 추상적 이념들은 생각할 수 있는 대표의 이념이지만 생산과 소비는 아니다."[57] 슈미트에 의하면 민주주의는, 이념이 동질적인 사회에서 구체화하는 경우에만 대표하는 힘을 갖는다. 그렇지 않으면 이념은 인격화(구체화)할 수 없을 것이다. 이념의 인격화는 극단적인 경우를, 그것도 특히 이 경우를 통제하는 주권적 대표의 본질적 조건 이외의 다른 것이 아니다. "규범은 동질적 매(개)체를 필요로 한다. 이 사실상의 정상상태(규범성, Normalität)는 법률가가 모를 수 있는 단지 '외적인 전제'가 아니고 오히려 그것의 내적인 효력에 속한다. 혼돈에 적용할 수 있을 규범은 존재하지 않는다. 법질서가 의미를 갖기 위해서는 질서가 세워져야만 한다. 정상적인 상황이 만들어지지 않으면 안 된다. 이 정상적 상태가

---

55 Op.cit.23f.

56 Op.cit.28.

57 Op.cit.36.

실제로 지배하는지 어떤지에 대하여 단호하게 결정하는 자가 주권을 가진 자이다. 모든 법은 '상황 법'이다. 주권자는 전체로서의 상황을 총체적으로 만들고 보장한다. 그는 이 최종적 결정을 독점한다. 여기에 국가주권의 본질이 있다. 이 주권은 정당하게 강제독립이나 지배독립이 아니라 결정의 독점으로서 법학적으로 정의될 수 있다. … 예외 사례는 국가권위의 본질을 가장 명백하게 드러낸다. 여기에서 결정은 법규범과 구별된다. 그리고 (역설적으로 말하자면) 권위는, 법을 만들기 위해 법을 가질 필요가 없다는 것을 증명한다."[58]

슈미트는 교황의 결정권과 동시에 이 결정에 순종하며 따르는 가톨릭교회의 신자들의 동질성에 마음이 사로잡혀 있다. 물론 그는 세계공간 안에서 이 모범적인 상을 유비적으로 실현하는 것을 생각하기 전에, 이제 어떤 새로운 조건들이 효력이 있는지를 숙고해야 했었을 것이다. 가톨릭 신자들의 동질성은 세계공간, 즉 전체 인류처럼 확장되어 있다. 이런 사실은, 구체적인 것에 있어서 다양성을 극복할 수 있는 합의가 있다고 생각하는, 자연법의 포괄적인 넓이를 아는 경우에만 합리적으로 이해할 수 있게 된다. 가톨릭교회가 이해하는 동질성 개념을 개별 국가에 전용하는 것은 교회와 국가를 동일시하는 것에서만 가능할 것이다. 슈미트는 이런 동일시가 불행하며 더 이상 가능하지 않다는 것을 정확히 알고 있었다. 가톨릭의 이해를 따라 가톨릭 신앙이 인간본성에 매우 깊이 뿌리내려서 모든 인종의 다름이 사라진다는 내용은 전적으로 제외하고 말이다. 가톨릭의 신앙이해에 의하면, 가톨릭

58 Politische Theologie, 19.

신자는 우선 가톨릭 신자이고 그런 다음에 비로소 예를 들면, 독일인, 프랑스인, 영국인들의 국적이 있다.[59] 그러므로 슈미트는 다른 동질적 매체를 발견하지 않으면 안 되었다. 그는 얼마 동안 이런 매체를 인종의 평등[60]에서 발견할 수 있다고 믿었다. 이런 오류는 그를 유다인들에 대한 끔찍한 발언으로 잘못 이끌었다. 슈미트가 일간신문에서 출판된 그의 기고와 특히 1936년 10월의 대학교원회의에서 행하였듯이, 그와 같은 인간의 존엄에 어긋나고 치욕적인 비방에 열광하는 학자가 있었다는 것은 아주 믿기 어려운 일이다.

2. 합리적으로 정당화한 정치신학

초월 없이 국가 철학은 존재하지 않는다

슈미트가 최종분석에서 정치적인 것을 종교에 의해 정당화할 목적으로 왜 모든 것을 동원하는가를 이해하기 위하여, 우리가 그의 역사철학적 및 역사신학적 언급만을 끌어와서는 안 된다. 어떻든 그에게 본질적으로 중요한 것은 전형적인 역사적 논쟁이 아니었다. 오히려 그는 우리가 정치적인 것을 권력 투쟁으로서만 해석한다면, 그것에 근접하지 못한다는 생각을 근본적으로 주장하고자 한다. 적을 규정해야만 하는 국가는 자체에서 통일적인 사회를 필요로 한다. 이 사회는 자

59 참조. A. F. Utz, Wesen und Sinn des christlichen Ethos. Heidelberg (besonders 162-166).

60 참조. C. Schmitt, Staat, Bewegung, Volk-Die Dreigliederung der politischen Einheit, Hamburg 1935, 32, 42.

체 통일을 선험적으로 기술적인 절차, 구체적으로 말하면, 투표의 양태에 의해서가 아니라 오직 이념에 의해서만 획득한다. 모든 편파성과 시간성에서 벗어나 초월에 근거를 두는 이념은 따라서 종교적 본성이 있다. 어떤 종교가 추구된 이념을 제공하는가? 그것은 오직 유일신론일 수 있다. 왜냐하면 유일신론만이 권위가 인격화될 수 있다는 것을 이해하기 때문이다. 이것이 슈미트의 근본확신이며 이것을 위해 그는 정치신학을 필요로 한다. 그러므로 종교적 세계관과 정치사상의 관계가 중요한 문제가 된다. "내가 정치신학이란 주제에 관하여 언급한 모든 것은 법이론적이며 법실무상으로 불가피하게 떠오르는 신학적 및 법학적 개념들의 체계적인 구조 · 유사성에 대한 한 법률가의 진술이다."[61] 유일신론은 정치적 차원에 있어서 자체의 유비적인 유례를 군주제에서 발견한다.

우리는 고대의 저술가들을 따르고 국가를 완전한 사회라고 이해하며 그것에 상응하여 정치를 일반적 복지를 규정하는 결정권을 직접 목표로 삼는 행위라고 정의하기 때문에, 슈미트의 정치적인 것의 정의에서 출발하지 않으면서 그의 기본 사상을 넘겨받을 수 있다. 우리가 이런 취지를 끝까지 생각한다면, 어쩔 수 없이 초월과 마주치게 된다. 그렇다면 우리는 물론 국가이론과 종교 혹은 정치신학의 병행론을 더 이상 언급할 수 없다. 그 이유는 초월과 신학은 본질적으로 국가와 그 권위를 정당화 하는 데에 속하기 때문이다. 병행론은 그에 따라서 아마도 세속국가와 가톨릭교회의 대립에 국한될 것이다. 그럼에도 불구하

61 Politische Theologie Ⅱ, 79, Anm. 1.

고 나는 여기에서 언급된 칼 슈미트의 사상을 유지하기 위하여 병행론의 확장된 개념을 따른다. 그러므로 국가철학과 종교철학의 유비를 좀 더 유지하자. 슈미트는 이 병행론을 벌써 고대에서 발견한다. 그는 플라톤에 관하여 또 아리스토텔레스에 관하여도 자신의 견해를 분명히 표명하는데, 아리스토텔레스는 형이상학적 자연법에서 출발하고 그래서 다신교를 회피하고 있다. 아리스토텔레스에 있어서는 군주제의 종교적 정당화보다는 형이상학적, 자연법적 정당화가 더 중요하다는 슈미트의 견해는 전적으로 옳다. 아리스토텔레스에게는 전체 세계질서의 통일성이 매우 중요하다. 이 통일성은 유비적으로 국가에서도 실현된다. 아리스토텔레스의 자연법은 인간학적 특성이 있다. 추측건대 슈미트가 알지 못하는 토마스 아퀴나스는 그의 영원법의 이론에서 이 통일성에 신학적 정당화를 부여했다. 슈미트가 정치적 군주제의 유비로서 필요로 하는 것이 이 유일신론이다: 하나의 신, 하나의 국민, 하나의 왕. 이미 언급했듯이, 슈미트는 그리스도교 고대로부터 산업사회의 최종적 세속화에 이르는 역사를 통하여 이 신학을 추구했다.[62]

에릭 페터슨(Erik Peterson)이, 신에 있어서 3위격에 관한 그리스도교의 학설로써 유일신론이 정치신학의 기초이기를 멈춘다는 테제(논제)를 내세우지 않았더라면, 슈미트의 기본테제는 충분히 정당화되었을 것이다.[63] 다시 말하면 유일신론이 정치사상에 방향을 제시하

62 'Römischer Katholizismus'에서뿐만 아니라 'Politische Theologie Ⅱ'에서도 매우 확장되어 있다.

63 Erik Peterson, Der Monotheismus als politisches Problem, Ein Beitrag zur Geschichte der Politischen Theologie im Imperium Romanum, Leipzig 1935. 같은 저자, Theologische Traktate, München 1951, 45-147. 같은 저자, Ausgewählte Schriften,

고, 그 때문에 우리가 정치신학에 관하여 언급할 수 있고 언급하지 않을 수 없다는 증명이 제공되었을 것이다. 슈미트는 그의 책인『정치신학 Ⅱ』를 페터슨의 테제에 대한 논박으로서 저술했다. 페터슨은 그의 테제를 3개의 명제로 다음과 같이 요약했다. "1. 신적 군주제의 학설은 삼위일체 교의에서 그리고 아우구스투스의 평화의 해석은 그리스도교 종말론에서 실패할 수밖에 없다. 2. 그와 동시에 신학적으로는 정치문제인 유일신론이 처리되었고 그리스도교 신앙이 로마제국과의 연결에서 해방되었을 뿐만 아니라 근본적으로 그리스도교의 선포를 정치상황을 정당화하기 위하여 오용하는 모든 '정치신학'과의 단절이 이루어졌다. 3. 유다교나 이교의 토대 위에서만 '정치신학'과 같은 어떤 것이 있을 수 있다."[64]

슈미트는 제 3명제에 만족했을 수 있을 것이다. 그는 다만, 합리적으로 정당화된 유일신론적 신학이 있다는 것을 증명해야만 했었을 것이다. 그것은 그리스도교적 계시 없이 발생하기 때문에 이교적이라고 불러도 좋을지 모른다. 그것은 동시에 계시의 한 요소이다. 왜냐하면 그리스도교의 계시가 합리적 신학을 전제로 하거나 그것을 포함하기 때문이고, 계시가 합리적 토대, 바로 창조주 하느님의 존재를 필요로 하기 때문이다. 그러기 위해서 슈미트는 사도행전에서 보고된 아테네의 아레오파고스에서 행한 사도 바울로의 연설을 언급할 수 있었을 것이다. 그러나 자연법의 유신론적 뿌리내림은 슈미트에게 알려지지 않았다. 삼위일체설의 정의로서 그리스도교의 유일신론이 더 이상 정

---

hrsg. von B. Nichtweiβ, Bd.1, Würzburg 1994, 23-81.

64 Politische Theologie Ⅱ, 94에서 인용됨.

치적 군주제를 위한 모범으로 간주될 수 없다는 페터슨의 논박에 대하여 이제 슈미트가 답변하는 자체가 문제이다. 이 논박이 제거된 경우에만, 우리는 슈미트가 발견한 가톨릭 신학과 정치사상의 다른 병행관계를 다룰 수 있다.

가톨릭 신학은 정치신학인가?

슈미트는 교회의 정치적 발언 중에서 신학에 속하는 것과 정치적 견해라고 평가되는 것을 명확히 구별하는 것에 가치를 둔다. 정치신학에서는 신학개념과 법학개념 간의 병행관계, 즉 체계적 구조 유사성을 제시하는 것만이 중요하다는 이미 언급된 슈미트의 소견을 우리가 진지하게 받아들인다면, 이런 문제 제기는 놀라운 것이다. 이제 슈미트는 부지 중에, 가톨릭 신학이 신학적 입장을 잃지 않고서 정치 생활에 개입할 수 있는지 아닌지의 문제로, 그러므로 볼프강 오켄펠스(W.Ockenfels)가 중시한 (처음에 '첫째 해석'이라고 부른) 문제점으로 빠져든다.

정치적 발언 중에 신학적인 것과 정치적인 것을 구별함에 있어서 슈미트는, 그의 친구인 한스 바리온(Hans Barion)이 '1968년 제 2차 바티칸 공의회의 진보주의적 국가론'에 가한 비판을 언급하게 된다. 공의회의 사목헌장(Gaudium et spes)인 '현대 세계의 교회에 관하여' 74항에서 공의회는 가톨릭 사상의 의미에서 정치 공동체의 질서상을 기획한다. 왜 바로 이 장이 걸림돌로서 설정되는지는 물론 이해할 수 없다. 그 이유는 전체 사목헌장이 가톨릭의 교설을 정치적 차원뿐만 아니라 국가의 모든 차원에 명시하려고 하고, 이 경우에 이 헌장이 물론 체계적으로 논리적이 아닌 근대의 개념 세계를 사용함으로써 사람들이 진보적이라고 비난할 수 있기 때문이다. "교회법학자(즉 바리온)는 다음의 두 가지 질문을 제기한다. 공의회의 진보주의적 국가론은 정치신학인가? 그리고 그것이 신학인가?"[65] 바리온은 그것이 정치신학이라고 답변한다. "왜냐하면 그것은 특정한 정치 모델을 교도직의 권한으로 규정하기 때문이다. 그러므로 그것은 신학적으로 정당한 것일 수 없고 따라서 신학일 수 없다. 왜냐하면 계시는 그와 같은 모델들을 포함하지 않기 때문이다. 십계명의 범위 안에서 다른 모든 가능한 모델을 인정하는 것과 마찬가지로, 1세기의 로마 국가를 인정하는 것은 단지 실제적 인정이었다."[66] 바리온은 다음의 사항들을 주목하지 않는 것으로 보인다. 1. 교회의 문서인 「현대세계의 교회에 관한 사목헌장」은 전형적으로 오직 신학적 논증에만 들어맞는 토마스 아퀴나스의 고전적 자연법 이론을 제시하려 하지 않고, 이런 방식으로 제 2차 바티칸 공의회의 사목적 관심이란 의미에서 우리시대의 인간들에게 더욱 쉽게 접근하기 위하여 이미 언급했듯이, 근대의 개념세계를 사용하는 가운데 인간의 자연권에 관하여 언급한다는 점.[67] 2. 그와 같은 발언들은 교의적

65 Politische Theologie Ⅱ, 23.

66 Politische Theologie Ⅱ, 23에서 인용.

67 가톨릭 사회이론에 관하여도 동일한 것이 될 수 있다. 이 사회이론은 고전적 자연법이론의 오래된 체제를 떠났다. 나는 이런 발전을 '소유권'과 '공동선'이란 자연법적 개념에 의하여 설명했다. in: Der Begriff des Eigentumsrecht in der Katholischen Soziallehre und seine Beziehung zur Wirtschaftsordnung, in: A. F. Utz, Hrsg., Die Katholische Soziallehre und die Wirtschaftsordnung, Trier 1991, 109-162. 다음의 논문도 중요하다. Marcel Thomann, Der rationalistische Einfluß auf die

인 발언이 아니고 교회의 구체적인 관련 사안과는 아무런 관계가 없다. 가톨릭 사회이론은 교회의 정책(로마국가의 인정)과 혼동되어서는 안 된다는 점. 3. 이 모든 것은 원래 정치신학의 문제에서 중시되는 '신학과 법학의 논증과 인식들의 개념들의 구조-동일성'[68]에 대한 질문의 밖에 놓여 있다는 점. 페터슨[69]이 생각하듯이, 삼위일체 교의가 정치신학을 '해결했'는지, 즉 슈미트의 전체 테제가 무력해질 정도로 유일신론과 군주제의 병행이 착각인지 아닌지 하는 문제로 돌아가자. 여기에 있는 현안 문제를 위하여 아리아니즘(Arianismus)의 역사를 다시 펼치는 것은 별 의미가 없다. 그 이유는 이 문제가 유일신의 본질에 있어서 위격들의 삼위일체에 관한 쟁점에서 중요하기 때문이다. 슈미트는, 콘스탄티누스(황제)의 친구로서 정치적 고려에서 유일신교를 구하기 위하여 애썼던 오리게네스(Origenes)의 제자인 에우세비우스(Eusebius von Caesarea)를 논쟁적인 비방에서 구해내기 위하여 온갖 수고를 아끼지 않았다. 이 모든 것은 슈미트의 논증을 근본적으로 평가하는 데에 부차적인 것이다. 우리 서술의 중심에서 결정적인 것은, 삼위일체 교의를 충분히 인정하면서 어떻게 유일신교의 개념을 구해내는가 하는 문제이다. 이것은 역사적 문제 제기가 아닌, 사변적 문제 제기이다.

Katholische Soziallehre, 163-202.

68 Schmitt, Politische Theologie Ⅱ, 19.

69 페터슨(1890-1960)은 독일 본 대학 개신교 신학과에서 고대 교회사와 신약성경 담당 교수로 있었다. 그는 1930년에 가톨릭 신앙으로 개종했다. 페터슨이 신앙에서 신학을 위한 합리적 신학의 중요성을 알지 못한 것은 프로테스탄트 신학에 뿌리내림이 그에 대한 근거일 것이다. 페터슨의 이력에 관해서는: B. Nichtweiß, Erik Peterson, Neue Sicht auf Leben und Werk, Freiburg i.Br.21994.

이런 관점아래에서 슈미트의 상세한 논술이 결핍되어 있다. 그는 페터슨에 의해 1931년에 출판된 논문에 관하여 언급하는 대목에서 해결에 근접하고 있다. 그곳에서 페터슨은 많은 사람의 입에 오르 내리는 라틴어 명언인 "Rex regnat, non gubernat"을 프랑스어의 표현양식으로 인용한다: le roi règne, mais il ne gouverne pas.(왕은 군림하고 통치하지 않는다.) 이것에 대하여 슈미트는 다음과 같이 적고 있다: "나는 바로 이 텍스트에 첨부된 자세한 설명을 페터슨이-아마 의식하지 않고서-정치신학에 기여한 가장 흥미로운 기고라고 간주한다. 그것은 아리스토텔레스의 철학과 유다적 혹은 이교적 헬레니즘의 철학과 관계하며, 비록 서술에 있어서 단지 잘게 부서진 조각으로만 보일지라도, 논문의 사유과정을 위해서는 실질적으로 중심적인 것이다.그 이유는 유일신교가 '정치적 문제로서 신에 관한 유다적 신앙을 헬레니즘적으로 개편하는 데서 유래했기' 때문이다."[70] 가톨릭 신학은 확실하게 유다교의 유일신교를 계속 이어갔다. 역사적 근거에서뿐만 아니라 유일신교가 본질적으로 그리스도교에 속하기 때문에 그랬다. 모든 그리스도교 신학에 따르면 삼위일체의 교의는 유일신교를 떼어놓지 않고 신 안에 있는 생명을 봄으로써 그것을 풍부하게 한다. 외부로 향한, 즉 세계로 향한 신의 행위들은 하나인 신의 본질의 행위들이다. 이 행위들은, 신 안에 있는 생명의 관점에서 성부가 3위격의 관계의 원리인 한, 성부에게 속한다고 생각된다. 물론 슈미트는 이런 신학의 자유를 알 수 없었다. 신의 존재가 철학, 즉 합리적 인식의 대상이며 계시 신학

70 Schmitt, Politische Theologie Ⅱ, 42.

에서도 여전히 중요한 근본요소라는 것을 그가 알았더라면, 유다교나 이교를 관련시키지 않고서도 아무 지장이 없을 것이다. 이것을 페터슨도 알고 있었어야만 했을 것이다.

짧게 말하면, 유일신교는 슈미트의 논증 없이도 구제되었고 그것과 함께 그의 정치신학의 주요 관심사, 즉 정치적 성찰의 출발 여건인 유일신교도 구제되었는데, 이 여건은 필연적으로 하나의 신, 하나의 국민, 하나의 왕이라는 군주제의 원리로 인도해야만 하는 것은 아니다. 가톨릭교회와 국가의 병행론과 관련해서도 아직 몇 가지 본질적인 유보가 제시되어야 한다.

3. 정치윤리학에 대한 정치신학의 기여

다음의 질문은 마지막에 답해져야 한다:

Ⅰ. 일신교는 정치윤리학에 대하여 어떤 의미가 있는가?

1. 세계질서의 원리-공동선의 개념
2. 도덕과 법의 원리인 영원법

Ⅱ. 가톨릭교회와 국가의 병행 관계는 정치윤리학에 대하여 어떤 의미를 갖는가?

1. 로마 교회의 통일성과의 비교에 있어서 국가공동체의 동질성
   - 모든 국가 형태의 본질적 조건인 합의
2. 결정권

Ⅰ, 1: 유일신교의 세계질서의 전체적 구상과 공동선 개념에 대한 영향

아리스토텔레스는 유일신으로부터 출발하지 않았음에도 불구하고, 이미 언급했듯이 유일신교에서 유래하는 통일된 세계질서의 사상을 주장했다. 유일신교는 세계를 오직 보편적 유기체로서만 표상할 수 있다. 이미 알베르투스 마뉴스(Albertus Magnus)는 아랍의 아리스토텔레스 주석가들의 유물론과 투쟁했다. 그 당시에 아리스토텔레스의 저작들을 읽는 것은 아랍인들의 주석 때문에 교회의 명령에 의해 금지되었을지라도, 그는 세계질서의 정신적인 근본내용을 구하기 위해 아리스토텔레스의 새로운 주석에 착수했다. 그의 제자인 토마스 아퀴나스는 주석을 형이상학의 의미에서 계속했다. 그 결과로서 모든 사회상태의 국가 이전의 가치기준(척도)인 공동선이란 구상이 생기게 되었다. 토마스 아퀴나스는, 국가의 공동선을 명백히 국가의 전제로 삼은, 즉 국가를 자연법적으로 규정된 공동선을 위해 봉사하게 만든 최초의 인물이었다.

Ⅰ, 2: 도덕과 법의 원리인 영원법

창조주와 소급하여 관련을 갖지 않고 법질서의 논리적 구축을 시도하는 법철학자들은 최소한 가설적으로라도 최초의 규범을 상정하지 않으면 안 된다(Kelsen을 참조할 것). 유일신교는 법의 현실에 있어서 이 최고의 규범, 이를테면 창조주의 이성, 즉 자연법 안에서 스스로를 볼 수 있게 실현하는 영원법을 명명할 처지에 있다. 그러므로 영원법은, 법률가들이 자주 비웃으면서 주장하듯이, 별들 안에 쓰여져 있지는 않다. 오히려 그것은 피조물 안에서 볼 수 있게 되었다. 물론 그러기 위해서는 형이상학적 인식능력, 즉 구체적 사물과 그 안에 현실화한 본질을 구별할 수 있는 능력이 필요하다. 이것은 유명론(Nominalismus)과는 반대된다. 유일신교에 의하면 모든 존재자는 신의 존재에, 이성의 능력을 지닌 피조물은 심지어 신의 인식에 참여한다. 그러므로 토마스 아퀴나스(S.Th. I-II 91, 2)는, 이성이 본질적으로 존재를 목적으로 하며, 이성이 존재의 원리들과 실천이성의 원리들을 본성적으로 부정하는것은 불가능하다고 설명한다.[71] 여기에 도덕적 문제들의 합의의 기초가 있다.

신적 질서인 자연법의 통일성은 법적인 것과 도덕적인 것의 분리를 허용하지 않는다. 이런 구별은 실정법의 차원에서만, 보다 정확히 말하면 본질인식 이외에 있는 사태에 있어서만 가능하다. 본질에 근거를 둔 사태에 있어서는 법과 도덕의 구별이 없다(예, 부부, 인간의 생명권 등). 그러므로 정의의 개념은 단지 법률적인 것만은 아니다. 오히려 이 개념은 도덕적 개념인 동시에 법률적인 것이다. 정의로운 법만이 신의 최고권력을 증거로 끌어댈 수 있다. 오직 신에게만 복종을 요구할 힘이 귀속된다. 국가가 본질적인 사태에 있어서 도덕적 숙고로부터 멀어져서 법률적으로 제어할 수 있는 규제를 계획하는 경우에(예,

---

71 Thomas von Aquin, S. Th. I-II 94, 4. 토마스는 모순율과 동일률 및 실천이성의 원리(선을 행해야 한다)뿐만 아니라 본성에 의해 보편적이어서 어렵지 않게 직접 통찰되는, 예컨대 자기실존의 보장, 아무에게도 불의를 행하지 말 것, 이성적으로 행동하기와 같은 원리들, 또 그것들에 주의하지 않고서는 인간들이 서로 생활할 수 없는 인간 행위의 모든 규칙들을 이성의 최고원리라고 생각한다. 이에 관해서는 나의 주해를 참조 바람. In: Thomas von Aquin, Naturgesetz und Naturrecht, Bonn 1996, 205.

임신중절), 더 이상 멈출 수 없는 무질서로 이끄는 법의 변종을 만드는 셈이다. 도덕과 법을 조심스럽게 분리하려고 애썼던 법률가들은 국가사회주의가 붕괴된 이후에야 비로소 그것의 이른바 법이 불법체계였다는 인식에 이르렀다.[72] 국가는 자연법에 일치하는 법에 대해서만 복종을 기대할 수 있다.

II, 1: 로마 교회의 통일성과의 비교에 있어서 국가공동체의 동질성 – 모든 국가형태의 본질적 조건인 합의

슈미트는 사회의 동질성이란 개념에 큰 관심을 가졌다. 그 이유는 그의 국가간의 벗–적 이념이 철저하게 통일적인 국가공동체를 전제했기 때문이다. 그는 모든 민족의 차이를 극복할 수 있는 가톨릭교회의 동질성을 찬탄하며 인정할지라도, 추측하건대 계시의 보편성에서 근거지어진(정당화한) 이 동질성이 어떤 민족의 유보된 권리일 수 있다는 결론이 나오지 않는다. 교회의 적은 다른 국가가 아니라 역사의 종말에 출현하는 안티 그리스도(그리스도의 적)이다. 바울로의 카테콘(Katechon, 종말지연요인, 데살로니카인들에게 보낸 둘째 편지,

72 그의 일기 메모인 'Glossarium'에서 슈미트는 법학자 G. 라트브루흐(Radbruch)와 제2차 세계대전 이후에 갑작스럽게 전향한 다른 법학자들도 염두에 두고 독살스럽게 비웃는다. 그가 전적으로 옳지 않은 것은 아니다. '전향'은 회심(Bekehrung)보다는 더 기회주의와 같다. 그 이유는 법학자들이 법실증주의와 결별하는 동시에 자연법의 정당화를 총체적으로 인정하지 않으면 안 되었을 터인데, 이런 일은 일어나지 않았고, 아직 일어날 수 있었기 때문이다. 왜냐하면 그들에게는 더욱이 인식론적인 기초가 결여되었기 때문이다.

2.6 이하)에 관한 그의 해석이 증명하듯이, 슈미트는 이에 대하여 정확히 알고 있었다. 아마도 그는 교회와 국가의 동질성의 병행관계를 다음과 같은 점에서, 즉 양자는 하나의 적을 가진다는 점에서 국가는 다른 국가에서, 교회는 사탄의 왕국에서 갖는다는 점에서 본다. 그런데 이런 해석은 바울로의 카테콘을 어떤 세속권력, 즉 로마제국이 아니라 바로 사탄에게만 관계시킬 경우에만 옳다.

슈미트가 동질성이라는 자신의 엄격한 개념에도 불구하고 죄인에 대한 교회의 이해에 찬사를 표하는 것은 놀랄 만한 일이다. 그런데 그는 동시에, 후에 언급될 그의 결정권의 이론을 추가하여 지지하고자 한다. 그러나 슈미트는, 교부들, 특히 아우구스티누스가 권위의 필요성을 원죄로부터 혹은 통틀어 일반적 죄지음으로부터 도출하는 널리 퍼진 잘못된 견해를 주장했다.[73] 루소(Rousseau)의 선한 인간의 테제(역주: 성선설)에 반대하여 슈미트는 도노소 코르테스(Donoso Cortés)에 공감한다. 물론 그는 '가톨릭 신자는 원죄의 교의에서' 출발한다고 지적함으로써 트리엔트 공의회와 일치하여 코르테스의 과격성을 완화시킨다.[74]

사회윤리학자는 '죄를 범하기 쉬운 인간', 철학적으로 표현하여 윤

---

73 이 해석은 맞지 않을 것이다. 참조할 것: Franz Faller, Die rechtsphilosophische Begruendung der gesellschaftlichen und staatlichen Autorität bei Thomas von Aquin,: Eine problemgeschichtliche Untersuchung(Sammlung Politeia Bd. Ⅴ), Heidelberg 1954. 인간의 죄지음으로부터 오직 국가의 형벌권의 필연성만이 도출되지만 국가의 입법권 자체는 도출되지 않는다.

74 Politische Theologie, 62. 참조할 것: Raúl Sánchez Abelenda, Carl Schmitt y Juan Donoso Cortés. A propósito del decisionismo político. In: Philosophica, Valparaíso 11(1988)255-264.

리적으로 나약한 인간에 직면하여, 자신이 어떻게 이 인간을 실행 가능한 질서계획에 편입시킬 수 있는가 하는 문제를 제기한다. 그것에 대해서는 행위로서의 죄와 인간의 태도에 있어서 죄의 심리적 결과를 구별하는 것이 그에게 도움이 된다. 심리적 결과에 있어서는 특히 사회의 동질성을 파괴하는 이기적 성향이 중요한 문제이다. 원래 개인주의는 자신의 자아만을 중시하는, 죄를 지을 수 있는 성향이다. 그럼에도 불구하고 도덕은 죄를 범하기 쉬운 개인주의와 자기이익을 실현하려는 경향을 구별한다. 자기이익은 사회가 의존하고 있는 실적을 내는 경우에는 늘 쓸모가 있다. 그것을 아리스토텔레스는 벌써 알고 있었다. 그는 사유재산, 즉 자기이익에 일치하는 제도를 정당화한다. 그 이유는 집단주의와 비교하여 그것으로부터 공동선의 더욱 확실한 실현이 발생하기 때문이다. 토마스 아퀴나스는 그 다음에 사적인 것과 공동선의 이 적극적인 관계를 더욱 명료하게 마무리했다. 근대 경제학자들은 자기 이익을 경제발전의 유일한 동기로서 간주한다. 이런 관점으로부터 자본주의가 발생했다. 자본주의는 전체적 공동선이란 의미에 존재하는 경제적 자기이익에 대한 국가의 모든 배정을 거부한다.

오늘날의 사회과학에서 흔히 행해지듯이, 우리가 정치적, 사회적 및 경제적 질서의 엄격한 분할을 경제학자들의 엄밀함으로 실행한다면, 민주주의와 관련된 정치적 차원에서 전체주의적 민주주의가 생겨날 것이다. 이것은 권력을 둘러싼 만인 적대관계와 같은 의미일 것이다. 그러므로 동질성에 관하여는 더 이상 언급이 있을 수 없을 것이다. 슈미트는 그의 정치구상을 전적으로 극단적 사례에 맞추어 조정했으므로 적은 정도의 동질성에 관한 문제는 제외할 수밖에 없었다. 즉 그는 민주주의 안에서 국가의 통일(일치)을 유지하기 위하여 어떻게 합의가 가능한지의 문제를 다룰 수 없었다. 그에게는 오직 민주주의에 대한 회의만이 남아 있었다. 물론 슈미트는 위계질서에 따라서 민주주의일 수 없는 로마 가톨릭교회를 더 이상 염두에 둘 수 없었다. 그럼에도 불구하고 그는 그것을 행하였고, 그것이 그의 오류이다. 물론 현대 민주주의는 자체의 완전한 가치중립성 때문에, 그리고 모든 도덕적 합의가 결여된다는 이유 때문에 전체주의적 민주주의로 악화할 위험에 처해 있다. 그렇다면 그것은 민주주의의 몰락일 것이다.

II, 2: 로마 교회와 국가에 있어서 결정권

가톨릭교회의 법률적 구조에 대한 칼 슈미트의 관심은, 늘 작용하고 특히 극단적 사례에서 효과 있다고 입증되어야만 하는 완전한 국가 조직의 모범 추구를 통하여 동기가 부여되었다. 결정권은 이를 통하여 절대적인 것의 의의를 획득한다. 죄의 파괴적 작용이 공적 권위의 결정권에 의해 명백히 저지되어야 한다. 슈미트는 교황의 결정권에 흠뻑 매료되었다. 다만 그는, 어디에서 교황이 그의 질서 권력을 얻는가, 즉 민중의 신앙에 의한 정당화로부터가 아니고, 신의 특혜로서 얻는가를 숙고해야 했었을 것이다. 슈미트에 의하면 민주주의는, 막스 베버(Max Weber)가 언급한 것처럼, 권위의 카리스마적 인정이라는 드문 경우에만 순종하는 전체 시민을 구성할 수 있다.

슈미트는 교황 우위권을 경탄하는 경우에, 세속적 영역과 국가에서 권위의 소유자도 죄인이라는 것, 정의를 위해 그를 제어해야 한다는 점을 간과한다. 슈미트는, 교황의 경우에도 한편으로 그의 개인적 도덕 및 여러 신체적 성질과 권위의 소유자로서의 그의 기능을 구별해야만 한다는 것을 분명히 인식하기는 했다. 그럼에도 이 두 측면은 세속적 영역에서 뒤섞인다. 이로써 슈미트는 민주주의를 이해하기 위한 통로를 잘못 만들었다. '하나의 신, 하나의 민족, 하나의 왕'이란 주제어는 시간적으로 제한된 유일신론의 해석이다. 유일신론의 핵심은 다음의 확신에 있다. 즉 신이 세계를 창조했고 통일된 목표로 향하게 한 결과로 이성을 갖춘 피조물들의 과제는 자신의 고유한 삶과 이 세상에서 사용하는 모든 것을 이런 보편적 통일안에 편입하는 것, 즉 아무것도 이기적 충동에서 이런 결합으로부터 벗어나지 않게 하는 것이다. 개별적으로 이 일반적 목적성은, 생명의 모든 단계에서 그리고 특히 사회적 공동존재에 있어서 공동선이, 누가 늘 이 척도(기준)를 권위 있게 구체적으로 주재하는가에 대한 최고의 평가기준이어야 한다는 것을 의미한다. 물론 권위 소유자의 이 높은 도덕적 과제와 관련하여 군주제에 관한 생각이 즉시 떠오른다. 토마스 아퀴나스가 민주주의에 비하여 군주제를 선호한 이유는 공동선에 대해 도덕적으로 책임져야 하는 결정이 민주주의에서는 위태롭다고 보았기 때문이다. 도대체 개인주의적 입장의 다양성에 의해 어떻게 통일성이 보장되는가? 그러한 사회에 모든 의심에 대하여 그만큼 많은 이성이 존재하고, 합의, 다시 말하면 공동선의 의미에서 동질성이 가능하게 되는 가능성에 관하여 토마스 아퀴나스는 당시에 조금도 생각할 수 없었다. 토마스는 홉스나 슈미트와 달리 "Autoritas, non veritas facit legem"(진리가 아니라 결정이 법의 창조자이다)이라는 근본 진술을 따르지 않았을 것이다. 이성이 지배하게 한 어떤 다른 방식이 불가능할 경우에만, 그는 이런 해결책을 채택했다. 그는 극단적 사례를 전체정치의 기준으로 삼는 생각에 빠지지 않았다.

창조 자체가 그것의 존재를 오직 결정에, 즉 신의 결정에 근거한다는 이의(제기)는 신의 결정도 인식, 즉 진리를 전제한다는 것을 간과하는 것이다. 중세의 스콜라 학자들은 이런 진리가 정확히 어디에 근거하는지에 관하여 많이 저술했다.

우리가, 극단적 사례가 사실적인 법의 정의[75]에 도달하기 위한 인식론적 수단이라는 견해로부터 출발한다면, 슈미트의 해결책보다 다른 것은 없다. 극단적 사례, 즉 비상사태는 시민 공동체에는 현존 국가의 붕괴라는 위험이다. 이와 반대로 가톨릭교회에는 이런 극난적 사례가 존재하지 않는다. 왜냐하면 가톨릭교회는 직접 신의 영향 아래 있기 때문이다. 그러므로 슈미트는, 교회의 극단적 사례는 기적(이적)의 사례라고 말한다.[76] 실제로 교의(Dogma)와 도덕의 사안에 있어서 교황의 무류성에 대한 믿음은 합리적으로 파악할 수 없는 사실, 즉 지옥

---

75 우리는 슈미트의 논리적 사유과정을 주목해야 한다. 우선 그는 켈젠처럼 법의 형식적 정의를 전제한다(칸트의 관념론적 추상에 일치하여). 그 다음에 그는 존재하는 사회적 공간에서 이 법의 실현 가능성을 추구한다. 이런 토대 위에서 극단적 사례만이 정향점으로서 문제가 된다. 켈젠은 이 방법을 실재하는 세계에 적용하지 않았다. 왜냐하면 그는 순수 법의 범위 안에 머물려고 했기 때문이다. 그러므로 그는 칼 슈미트와는 달리, 실증주의자라는 비난에 대하여 강력히 항거했다. 그런데 그 때문에 실증주의라는 비난이 슈미트에게는 해당된다. 토마스 아퀴나스에게 이 사유과정은 괴상하다. 왜냐하면 그에 의하면 법의 개념은 실재하는 세계에서만, 즉 인간의 형이상학적 본성에서 발견될 수 있기 때문이다. 그러므로 (켈젠과 슈미트에 맞서) 토마스에게는 올바른 혹은 정의로운 법으로서의 법의 정의만이 있을 뿐이다.

76 Politische Theologie, 43

문이 교회를 압도하지 않을 것이라는 베드로에 대한 그리스도의 신적인 보증에 근거해 있다.

우리가 지속적으로 극단적 상황에서 살고 있다는 슈미트의 테제를 받아들인다면 그의 논리에 이의를 제기할 수 없다. 슈미트가 신칸트주의의 관념론에 굴복할지라도, 그에게는 개인의 자유가 아니라 있을 수 있는 적에 대한 국가 공동체의 절대적 완결성이 전면에 위치해 있다. 민주주의의 경우에 그렇듯이, 정당성을 늘 시민의 합의에서 구하지 않으면 안 되는 권위는 이전 사고방식에는 전적으로 생소하다. 시민사회의 통일을 보증하기 위한 권위의 기능에 있어서 슈미트는 초월에 기초를 갖는 권위에 의지할 수밖에 없었다. 그러므로 그는 도노소 코르테스(Donoso Cortés)에게 동조한 것이다. 그런데 그가 그렇게 함으로써 민주주의에 대하여 어떤 이익을 얻었다고 생각한다면 착각하는 것이다. 왜냐하면 민주주의도 그 권위를 초월로부터, 즉 창조주로부터 얻기 때문이다.[77] 권위의 소유자만이 민주적으로 다수결에 의해 결정된다. 권위의 사용은 모든 경우에 권위를 소유한 인간의 자유로운(그리고 연약한) 의지에 속해 있다. 권위의 소유자가 그의 책임의식을 초월에 근거를 두게 하고 또한 똑같은 정신으로 채워진 시민을 관리할 수 있다면, 군주제이든 민주주의 정체이든 국가 공동체의 동질성은 보장될 것이다. 그렇다면 국가 공동체와 교회 공동체의 병행관계도 분명하게 될 것이다. 그런데 그런 국가 공동체를 어떻게 건설하는지에 대하

77 이런 생각은, 인간이 사회적 존재로서 창조되었고, 자신의 완성을 사회적 결합에서만 발견하고, 이 결합은 그 자신으로서는 권위 없이 성립될 수 없다는 사실에서 생긴다. 그러므로 권위는 사회적이며 이성적인 존재의 제도 안에 포함되어 있다. 이것이 고전적 자연법을 주장하는 이들의 설명이다.

여 칼 슈미트는 어떤 방법도 갖고 있지 않다.

사회를 활기 있고 박력 있게 이끌어 가기 위해서는 순수이론의 과격한 논리에서 벗어나 가능한 최선의 그리고 도덕적으로 구체적으로 책임지는 실제적 해결을 발견할 수 있는 이성이 필요하다. 그런데 슈미트처럼 자연법은 '모호한 형식적 조항의 무더기'라고 간주하는 자는 이런 이성을 발견하지 못한다.[78] 이성은 이론적 진술뿐만 아니라 실천적 지시에 의하여도 입증된다. 실천적 지시도 진리들에 대한 일정한 진술을 포착하지만, 더 이상 이론적인 것이 아니라 실천적인 진리에 대한 진술을 포함한다. 그것에 관하여 토마스 아퀴나스는 그의 윤리학을 심오하게 특징짓는 현명에 대한 논문에서 상세히 의견을 말했다. 인간의 유죄의 상황을 감수하지 않으면 안 되는 필연성으로부터 실천이성은 날마다 사회질서를 세우지 않으면 안 되는 경우에, 생활의 불완전성을 고려하고 극단적 사례를 특별한 규정 아래에 묶어둘 의무가 있다. 그것은, 교의적 진리와 본질적 도덕규범이 문제시되지 않는 한, 왜 가톨릭교회가 실천에서 양보를 할 수 있는가에 대한 이유이기도 하다. 이 실천적 차원에 원리윤리학의 차원에서 아직 나타나지 않은 행위규칙들의 정식화가 있다. 설명을 위해서는 사유재산에 관하여 서술된 내용이 참고가 된다. 우리는 법의 실무에서, 인간은 사유재산에 대한 기본권을 갖는다고 말한다. 그것은 원리윤리학에는 없다. 서술된 것처럼, 사유재산은 공동선의 실현을 위하여 절대적으로 필요한 역할을 수행하므로 개인권이 되어 버렸다. 그러므로 재산에 대한 개인권은 목적적

78 Tagebucheintrag von 6.8.1948, in : Glossarium, 187 f.

으로 규정되어 있다. 개인권은 공동선 원리의 하위에 있다. 똑같은 방식으로 통치에 관한 개인의 민주주의적 참여의 원리는 기본권이 아니다. 그것은, 시민에게 복종만이 요구되는 경우 보다는 시민의 참여에 의해 공동선이 더 잘 관리된다는 숙고로부터 유래한다. 민주주의 제도들에 있어서 양의 척도는 공동선과의 관계이다.

유일신교의 정치적·윤리적 본질

창조질서의 이념이 없이는 모든 정치 공동체에 정신적 토대가 결여되어 있는 것이다. 그래서 이 토대는, 법률에 도덕적 효력을 부여하기 위해 모든 국가, 또한 민주주의도 필요로 하는 권위에 필수적이다. 초월에 근거를 둔 합의와 관용의 요구는 유일신교에 의해서만 정당화된다. 일반적으로 인간들이 어떤 합의의 요구를 당연하다고 여기는 근거는 실천이성의 본성적 소질에 있다. 그런데 이런 소질은, 토마스 아퀴나스가 말하듯이, 신의 실천이성에 참여 하는 것이 아니라면, 그렇게 구조화 되어 있지 않을 것이다.

정치신학에 계시신앙 자체는 필요하지 않다. 로마 가톨릭교회와 국가의 유비는, 그것에 의해 사회 구성원들의 정신적 통일의 중요성과 최종적으로 결정하는 권위의 절대적인 필요성이 명백하게 되는 한에서 정치에 유용할 수 있다. 그러나 더 이상은 병행관계가 충분하지 않다.

2 국가의 구조화를 위한 원칙

2 국가의 구조화를 위한 원칙

Ⅰ. 국가의 통치권력 – 정의와 정당화

국가는 우선 첫째로 사회적 구성물이다. 그러한 것으로서 국가는 개인이 어떤 의미에서 강요되어 있는 사회적 합의에 의해 성립한다. 왜냐하면 국가는 타인과의 결합에서만이 인간적 삶의 목적을 실현할 수 있기 때문이다. 어떤 지점에서 이 사회적 집단화는 멈춘다. 왜냐하면 사회적 결합은 특정의 공간 안에서 개관할 수 있고 특정의 분절화에 있어서 기능할 수 있지 않으면 안 되기 때문이다. 우리는 인간을 홉스의 의미에서 야수라고 생각할 필요는 없다. 인간들의 다양성과 특히 이들의 자유 결정의 다양성이란 사실은 개인과 그룹의 생존 보장과 자기 발전을 위하여 모든 것을 포괄하는 질서를 요구한다. 이런 최고의 차원에서 우리가 국가라고 부르는 새로운 사회의 구성물이 본성적으로 생긴다. 그러므로 국가는 우선 첫째로 통치 단체이다. 그것은 개인과 그룹의 다양한 행위를 포괄적 전체의 의미에서 효과 있게 처리하고 개인과 그룹이 수행할 수 없는 과제들을 떠맡는다. 그러므로 국가는 사회의 본래적인 삶의 형태가 아니라 역사적으로 요청되고 인간에 의해 설립된 통일체이다. 우선 첫째로 국가는 법을 만드는 권력이다. 그런데 국가는 동시에, 이미 말했듯이, 보조적 장치라는 의미에서 사회적 과제를 떠맡는다. 국가의 법 제정 활동을 포괄적인 사회적 활동으로부터 분리하는 것은 순수히 이론적이며, 근대적 발전의 진행 안에서 법과 정치의 구별에 의해 생겼다. 법과 정치는 실제로는 함께 전체를 이루고 있다. 적어도 법을 제정하는 권력은 사회적 행위나 정치와 같은 것은 아니다. 사회적 행위나 정치가 법 제정 권력에 근거를 둘지라도 그렇다. 그러므로 철학적 문제가 생긴다. 국가는 이미 언급된 것의 결과로서 생겼다시피, 특정 영역과 특정 국민에 한정하는 법 제정 권력을 어디로부터 얻는가.

국가권력의 기원

이 문제를 가장 단순하게 해결하는 것은 아마 사회적 발전 자체의 과정에서 통일체로 결합한 국민을 지적하는 것이다. 그러나 이 순수하게 경험적인 설명은, 수많은 개별 결정들에서 모든 것을 포괄하는 상위 권력이 어떻게 발생할 수 있는지를 명백히 밝힐 수 없다. 개별 결정들의 총계는, 모든 것이 동일한 경우에만 가능할 것이다. 그런 다음에도 이 다수가 어디로부터 상위 권력을 얻는가는 아직 명백하지 않다. 국민의 주권, 즉 피통치자와 통치자의 동일함에 관한 루소의 생각은 해명을 위해 충분하지 않다. 우리는 개인의 결정권을 타인에게 양도하고,

타인은 늘 다수의 개별결정에 소급하여 관련시킬 것이라는 내용 이상의 설명을 할 수 없을 것이다. 사람들은 원하는 대로 방향을 바꿀지 모르지만, 통치자와 피통치자의 본성적 동일성은 존재하지 않는다. 권위의 소유자를 규정하는 국민의 권리는 논쟁거리가 아니다. 그와 반대로 국민은 권위를 만들 수 없다. 그러므로 통치자가 어디로부터 그의 상위 권력을 얻을 수 있느냐는 문제가 남아 있다.

이 질문에서 기초적인 것은, 권력이 실효적이어야 하지만 물리적 강제에서 소멸하지 않고 우선 (그것의) 지시에 복종하도록 피통치자들에게 도덕적으로 의무를 지우게 하는 정당화한 권한에 그 본질이 있다는 인식이다. 국가권력의 이런 도덕적 성질은 어떤 법학적 설명이 피해갈 수 없고, 그 저자인 한스 켈젠이 명백히 설명했듯이, 순수 법학의 설명도 피해갈 수 없다. 물리적 힘은 권력 행사의 필수 조건에 속하지만 국가권력의 본질적 핵심은 아니다. 실효성은, 물리적 힘과 관련되어 있을 경우에, 사회의 대다수가 권위의 명령에 복종하는지 어떤지에 본질적으로 의존한다.

고전적 자연법의 관점에서 본 정치권력의 원인

정치권력의 기원에 대한 물음에서는 두 개의 문제를 극복해야 한다. 첫째는, 권력의 필요성에 대한 실제적 이유가 제시되어야 한다. 둘째는, 권력은 법을 제정한 기관에 의해 정당화 되어야 한다. 국가 안의 질서가 인간의 사회적 욕구로부터 저절로 생긴다면, 우리는 권력에 대하여 질문하지 않을 것이다. 즉 권력추구는, 사회가 성립할 수 있기 위해 상위 권력을 필요로 한다는 확인에 의거하여 생긴다. 그런데 이 물리적 필요성은 그 자체로부터는 권력의 법적 정당화를 창출하지 못한다. 그리고 정당화는 이미 언급되었듯이, 필요하다. 그 이유는 정치권력이 윤리적 복종의 가능성을 만들어 내기 위하여 피통치자의 양심을 사로잡지 않으면 안 되기 때문이다. 이제 우리는 다음과 같이 말할 수 있을 것이다. 즉 모든 개인과 전체 국민은 생존(생명)권을 가지고 있으므로 이로부터 보호 권력인 권력의 정당화가 성립된다고. 실제로 그것은 1948년 세계 인권 선언의 준비과정에서 만들어진 단순한 숙고였다. 그런데 우리는 오직 존재만으로부터 아직 어떤 법을 근거지을 수 없다. 켈젠이 가정하여 제정한 그의 국제법으로 수행했듯이, 최소한 입법자가 가정적으로 상정되어야 한다. 하지만 우리는 가정으로서는 이론적으로만, 그러나 실제적으로 어떤 것을 근거지을 수 없다. 그러므로 고전적 자연법론은 순수하게 물리적인 발전의 개념을 목적성 개념으로 바꾸었고 그와 함께 창조주의 명령에 이르는 시야를 열어주었다. 국가에 있어서 질서 있는 공동생활은 인간 본성 안에 목표로서 터 잡았고 그와 함께 또한 필요한 권리들을 제도적으로 갖추게 되었다. 개인의 권리들과 국민의 권리들은 인간적 실존의 충족에 있어서 본질적인 요소이다.

그러므로 사회적 본성 안에는 목적, 즉 포괄적인 국가 존재에 있어서 인간 행복의 공동적 실현이 내재하고 있다. 이 공동체는 권위에 의해서만 일치단결하여 유지될 수 있다. 그러므로 국가를 향한 목적을 갖는 사회적 본성은 그 목적을 달성하기 위해 국가권력을 필요로 한다. 그러므로 국가권력은 인간 본성의 본성적 제도에 속한다. 제도로서는 여러 요소를 상호 관계 안에서 결합하는 구성물이라고 이해된다.

다른 곳에서 서술되듯이,[79] 다양한 제도가 있다. 순수하게 사회학적인 제도는 공동의 자유 결정에 의거하여 성립한다. 이런 방식에서 조합은 하나의 제도이다. 그러나 인간의 본성에 근거한 제도도 있다. 그 때문에 이런 제도는 자연적(본성적) 제도라고 불린다. 여기에 속하는 것으로는 예컨대, 남성과 여성의 자연적 성별에 근거해 있는 혼인이 있다. 남성과 여성의 양성은 그 본질에 따라 해소할 수 없는 생활공동체로서 목적론적으로 혼인을 향해 있다. 같은 의미에서 우리가 국가라고 부르는, 인간의 사회적 본성에 근거한 구성물은 자연적 제도에 속한다. 그런데 국가는 본질에 따라 국가권력을 포함한다. 국가와 국가권력은 서로 분리되지 않는다. 양자는 똑같은 전제인 인간의 사회적 본성의 목적성을 갖는다. 이 목적성은 그 자체로는 순수하게 물리적인 발전으로부터가 아니라, 더욱이 상호 합의로부터 유래하지 않고 미리 주어져 있는 것이다. 국가가 구체적으로 세워질 때는 물론 인간의 자유 의지가 작용하지만 전적으로 인간 본성의 토대에 의존한다. 이미 서술했듯이, 이 토대는 질서정연하게 목표인 국가로 향하여 있다. 인간 본성의 실존에 도달하기 위한 목적들은 늘 지성적 존재를 전제하고 있으므로 그 안에 포함된 질서권한과 함께 사회적 목적 질서의 최종 원인으로서 우리가 신이라고 부르는 인간 본성의 창조주만이 문제가 될 수 있다. 자연적 목적 질서의 가정으로부터 생기는 이 필연적 결과를 피하기 위해 유물론적 자연과학은 자연적 목적성에 관하여가 아니라 발전에 관하여만 언급한다. 창조주 개념과 연관되어 있는 자연법적 제도인 국가권력에 대한 이런 설명은 이미 프란치스코 데 비토리아의 강의인 「국

79 참조. A. F. Utz, Sozialethik, Ⅱ. Teil, Rechtsphilosophie, Heidelberg 1963, 172ff.

가권력에 대하여」에서 발견된다.[80]

이런 자연법적 논증은 로마인들에게 보낸 바울로의 편지 3장과는 아무 관계가 없다. 거기에서 언급하는 것은 현실의 국가권력에 대한 복종이다. 그 후에 국가 당국의 왕권신수설에 관한 중세의 테제와도 어떤 관계가 발견되지 않는다. 국가의 통치 권력에 대한 이 자연법적 논증이 칼 슈미트의 정치신학[81]과 절대로 관련이 없다는 것은 명백하다고 해도 될 것이다. 칼 슈미트는, 그 정당화를 창조신에서 발견하는 자연법을 전혀 모르고 있다. 슈미트에게 형이상학은 내용적으로 이미 종교로부터, 또 자연적 종교로부터 결별하고 있다.[82]

이렇게 창조주에 의해 고안되고 창조된 존재질서에 형이상학적으로 소급하는 것이 마음에 들지 않는 이에게는, 인간 본성이 그런 법질서를 요구한다는 인권의 보편적 선언을 요약하여 말해도 좋음직하다. 법철학적으로 보면 이 자연주의적 합리주의는 틀림없이 괴물이다. 창조주를 배제하고자 하면, 순수 법학이 계획하듯이 규정할 수 없는 어떤 권위를 가정하여 상정하게 될 뿐이다. 그럼에도 결과적으로는 실재의 핵심을 빼고 말하는 셈이다.

따라서 자연법적 언급의 결과는 다음과 같다: 국가 안에서 질서 있는 삶이 인간의 사회적 본성에 터하여 있는 목표질서의 최고 실현을 묘

---

80 참조. Francisco de Vitoria, Vorlesungen Ⅰ(Relectiones), Völkerrecht, Politik, Kirche, hrsg, von U.Horst, H.-G. Justenhoven, J. Stüben, Stuttgart 1995, 127; 참조. Vorlesungen Ⅱ(Relectiones), Stuttgart, 1997, 26ff.

81 Carl Schmitt, Politische Theologie, Vier Kapitel zur Lehre von der Souveränität, Berlin[7]1996;ders., PolitischeTheologie Ⅱ, Die Legende von der Erledigung jeder politischen Theologie, Berlin[4]1996

82 참조. 이에 관해서는 'Politische Theologie' 장.

사한다는 것을 고려할 때, 최고 지성적 존재에 의해 이런 실존적 사태가 창조되면서 권력도 제도적으로 함께 부여되었다. 결과적으로 인간에게 중요한 것은 이 권력의 소유자를 결정하는 일이다.

이로써 법실증주의가 해결할 수 없는 문제도 해소된다: 법실증주의가 요구하듯이, 그것에 따라 모든 법적인 행위가 예측할 수 있고 검토할 수 있어야 하는 법이 존재하지 않는 경우에 국가건설의 법적인 정당화는 어디에서 유래하는가? 게오르크 옐리네크(Georg Jellinek)는 그의 기본 학술서인 일반국가론에서 국가의 자유로운 행위와 구속된 행위를 구별함으로써 이런 난관으로부터 빠져 나올 수 있는 탈출구를 발견할 수 있다고 믿었다. 자유로운 행위는 특별한 법의 규칙에 의해서가 아니라 공동이익 관심에 의해서만 규정된 행위이다. 구속된 행위는 법의 의무를 이행함에서 결과하는 행위이다. 그런데 공동이익 관심에 의해서만 규정된 국가의 자유로운 행위는 그 법적 근거를 어디에서 얻는가? 옐리네크가 여기에서 서술된 의미에서 자연법을 참조할 수 있었다면 수수께끼를 풀 수 있었을 것이다. 그 이유는 자연법의 관점에서 모든 행위는 그것이 현행법 안에서의 행위이든 국가건설의 행위이든, 공동선에 주목할 경우에 정당하다. 물론 공동선은 공동이익 관심과 반드시 같은 것은 아니다. 공동선은 인간 본성과 관계 있는 윤리학적 개념이다. 공동이익 관심은 사회의 대다수에 의해 규정된 사회학적 개념이며 사정에 따라서는 인간본성을 기준으로 측정된 공동선과 일치하지 않는다.[83]

---

83 이로부터 예컨대 자연법과 실정법의 이원론이라는 결과가 나오지는 않는다. 참조. A. F. Utz, Naturrecht im Widerstreit zum positiven Gesetz, in: A. F. Utz, Ethik und Politik, Gesammelte Aufsätze, Stuttgart 1970, 185-208. Ders: Thomas von Aquin, Naturgesetz

권력 소유권의 결정

외부의 자연에서 권력 소유자는 신체적 조건에 의해 결정되고 있다. 즉 강함이 근력뿐만 아니라 인식력(참조 · 간계)에 있을지라도, 더 강한 자의 '법'이 통치한다. 보다 작은 인간 공동체에서도 언제나 이 법이 통치한다. 그런데 인간들 간에는 법적인 문제가 발생할 수 있으므로, 권력의 소유자는 실정법적으로 확정되지 않으면 안 된다. 종래의 관습에 따라서 입법자는 자연법에 매여 있었고 예컨대, 가족에 있어서는 외견상의 강자인 아버지에게 결정권이 인정되었다. 실정법에서 볼 때 부부와 가족에 있어서 권력 관계는 다양한 법질서에서 상이하게 정식화되어 있다. 실정법 밖에서는 더 높은 정신적 성질을 보여주는 부모의 몫이 가족 안에서 실제로 관철되었다. 그 자체로서는 이성이 모든 구체적 사정을 고려하는 가운데 인간의 영역에서 권력의 소유자에 대한 물음을 결정하는 책임을 지고 있다. 이들 사정 중에는 신체적 및 정신적 우월함뿐만 아니라 습관도 포함된다. 이 모든 경우에, 주도적 태도의 효과, 즉 자연에서 일반적으로 타당한 자연법칙이 결정적 역할을 한다는 것을 우리는 확인한다.

국가영역에서 우리는 대부분 전통, 즉 예부터 전승된 습관을 따른다. 산업국가에서 민주주의적 투표가 실시되고, 그 다음에 발전도상국가는 거기에 준비가 되지 않았으므로 안정된 질서를 보장할 수 없는 경우에도 투표라는 짐을 떠안게 된다. 처음으로 그리고 유일하게 국가권력 소유자의 민주주의적 투표에서 다음의 명제가 입증된다. 즉 권력

---

und Naturrecht, Bonn 1996, S.208.

자체는 국민 가운데서 찾는 것이 옳지 않다고 해도, 모든 권력은 국민으로부터 나온다. 그런데 결과적으로 실제로 중요한 것은 권력 자체가 어떤 손에 있느냐이지 어디에서 유래하느냐는 문제가 아니다.

이상 언급된 것에서 다음의 통찰이 생긴다. 즉 권력 소유자의 결정은 계속하여 사회 구성원 측으로부터 자유로운 혹은 강요된 인정이라는 것, 즉 우리는 여기에서, 누가 늘 국가권력의 소유자를 결정하거나 결정하는 것을 자신의 권리로 요구하는가 하는 사실의 토대 위에서 움직인다는 것이다.

이것은 이미 토마스 아퀴나스가 인식했다. 불의한 체제에 대항하는 혁명의 합법성에 대한 문제를, 그는 폭군 살해의 도덕적 전제라고 하는 제목 아래 다루었다. 그것에 따르면 불의한 체제에 대항하는 혁명은 다음의 조건 아래 책임을 질 수 있다. 즉 1. 폭군의 통치가 공동선에 위반한다는 것, 2. 폭군을 제거할 확실한 전망이 있을 것, 3. 현상적인 것보다 더 좋은 사회관계를 만들어 낼 기대를 할 수 있을 것. 이들 세 가지 조건이 충족되지 않는 경우에는 폭군의 통치가 용인된다. 왜냐하면 폭군의 불의한 체제만이 당분간 안전한 질서를 보장하기 때문이다. 그러므로 결국 사실성이 결정적 계기이다.[84]

결국 권력을 획득할 뿐만 아니라 유지할 수 있는 자가 권력을 소유한다는 통찰로부터 사회를 위한 의무들이 생긴다. 공동선을 가장 잘 돌보는 자가 권력을 유지하는지 어떤지는 결국 이 의무들의 충족에 의지한다. 모든 민주주의 국가는 얻을 가치가 있는 권력의 소유자를 우두머리로서 갖고 있다. 그리하여 정치윤리학은 마침내 사회윤리학을

---

84 6) 참조. Thomas von Aquin, Naturgesetz und Naturrecht, Bonn 1996, daselbst in meinem Kommentar S. 225.

참조할 것을 요구받게 된다. 정치윤리학은, 정치질서가 건전한 사회에 의거할 경우에야 비로소 의미를 얻는다.

국가권력의 도달거리(세력 범위) – 주권

이전의 국가학에서 국가는 도덕적 인격의 의미에서 닫힌 단위로서 간주되었다. 그러므로 대내주권과 대외주권이 언급되었다. 그것은 법학적으로는 아직까지도 추상적으로 옳을 수도 있다. 그런데 실제 정치에서는 달리 보인다. 자유주의적 민주주의에서는, 그리고 거기에뿐만 아니라, 다양한 압력단체들, 즉 정부의 자유를 제한하는 사회적 및 경제적 권력 진영을 고려해야 한다. 외교적으로도 정부는 전쟁의 위협이라는 형식으로뿐만 아니라 특히 경제적 봉쇄에 의한 수많은 세력을 고려해야만 한다. 특히 발전도상국가들은 외부로부터 강요받은 부대조건들을 이행하도록 강제되어 있다. 법학 영역에서조차 주권은 존중되고 있지 않다. 그 이유는 주권 개념에 따르면 크든 작든 모든 국가는 동등한 권리를 가져야 하기 때문이다. 실제로 몇몇의 국가는, 예컨대 미국과 중국이 유엔에서 거부권을 가진 것처럼, 우선권을 갖고 있다. 그러므로 대외적 주권은 실제로는 계속하여 거의 식별할 수 없을 정도로 제한되어 버렸다. 그러나 대내적 주권은 국가 공동체의 유지를 위하여 보장되어야 한다. 국가는 순수히 정치적인 통치 권력에서 소진되지 않고 사회적 질서로부터 그리고 그 안에서 생명을 갖고 있으므로, 우리는 경솔하게 세계국가라는 의미에서 국제화를 추구해서는 안 되고 진정으로 사회적 결과를 숙고해야 한다. 이런 숙고는 전 세계에 걸쳐 추구된 경제의 세계화와 관련해서도 타당하다.

II. 법치국가 – 권력 분할

자연법적 관점에서 본 법치국가

국가는 단순히 법적인 구조물 이상의 것일지라도 켈젠이 올바로 보았듯이, 국가개념에는 정연한 법체계가 속한다. 국가는 그 자체로부터는 규범적 힘을 갖지 못하므로 자체의 법적 권한을 상위 규범으로부터 얻을 수밖에 없다는 것은 켈젠에게도 마찬가지로 논리적 전제였다. 그렇지 않으면 국가는 법적 구성물이 아닐 것이다. 다만 켈젠은 이 최상규범을 실재하는 것으로 지칭할 수 없었고 또 그렇게 하기를 원하지 않았다. 그렇게 하는 것은 켈젠을 필연적으로 자연법의 길로 인도했을 것이다. 자연법은 인간본성의 본질적 목적들의 실현에 속하는 모든 제도를 포괄한다. 이미 언급된 것처럼, 거기에는 국가의 통치권도 속한다. 그런데 국가의 통치권은 무제한적이 아니다. 그 과제는 인간본성에 의해 미리 지시되어 있다. 인간본성은 다시 사회 안에 편입됨으로써 제한될지라도 그 자체로는 개인의 자유 없이 생각할 수 없는 것이다. 그러므로 자연법의 관점에 보면, 국가권력의 소유자는, 이제 본성적으로 요구된 그룹들(예컨대 부부와 가족) 혹은 자유롭게 형성된 그룹들이 문제일 경우에, 개인과 그룹들의 자유에 주목할 의무가 있다. 이러한 사태는 보통 보조성의 원리에 의해 다음과 같이 표현된다. 즉 가능한 한에서 자유, 전체의 의미에 있어서 필요한 만큼의 강제. 그러므로 국가는 법적으로 풍부하게 분절되어 있어야 한다. 이런 관점 아래 국가는 이미 자체의 정의에 의거하여 법치국가라는 것이 입증된다.

법치국가의 실정법적 개념

법치국가의 자연법적 개념은 근본적으로 법치국가를 구체적으로 정식화하라는, 즉 개인이 국가권력에 요구할 수 있는 권리들의 범위를 확정하라는 국가권력의 소유자에 대한 자연적 요구 이상이 아니다. 그렇게 함으로써 비로소 법치국가가 실제적으로 성립한다. 법치국가의 실제적 정의는, 자연적 생활전개의 다양한 목적에 상응하는 한 올바른 것이다.

실제로 이 과제는 쉽게 해결되지 않는다. 보조성의 원리가 요구하듯이, 개인이나 개별 그룹이 자체로부터 구체적으로 무엇을 행할 수 있고 혹은 행하지 않으면 안 되는가를 누가 아는가? 그럼에도 불구하고 자연법적으로 요구된 이런 질서는 실정법적으로, 즉 제어할 수 있게 보장되어야만 한다.

우리는 통치권력이 스스로를 절대화하는 경향이 있다는 것을 역사로부터 배웠으므로, 개인권에서 시작하고, 즉 먼저 이 권리를 정의하고 뒤이어 전체 질서가 개인의 자유에 의해 위태롭게 될 경우에만, 국가권력이 작동하도록 하는 것이 현명하다. 그러므로 국가는 먼저 자유권을 정의해야 한다. 이것이 실행되는 경우에는, 대체로 기본권의 목록에 의하여 실현된다. 기본권은 자유권과 사회권을 포함하기는 한다. 그러나 법치국가라는 개념의 범위에서는 자유권만이 중요하다. 생각지도 않게 그리고 범위와 작용에 있어서 피치자들에게 충격을 주는 국가의 권력행위와 자의행위 대신에 가능한 한에서 국가의 통치행위가 특정한 형식(형식적 법률과 이행해야 할 행정행위)을 취하고 그와 함께 피치자들에게 예견될 수 있게 만드는 법의 행위가 들어서야 한다.

이런 방식으로 이해하면, 법치 국가는 군주제이든 민주제이든 어떤 국가형태를 채택하든지 간에, 모든 국가에 있어서 자연법적인 요구이다. 실제적 형성을 위해 결정적인 것은 우리가 기초로 하는 인격적 자유의 개념이다. 그것은 칸트 윤리학의 의미에서 자율적 자유인가 혹은 '사회적'이란 말이 칸트에 있어서와 같이 형식적으로 파악된 모든 자유의 균형이라는 의미에서뿐만 아니라 초개인적 공동선-이것은 다시 국가적 혹은 정치적 권력에 의해 규정될 수 있다-으로의 통합이란 의미에서 사회적 의무가 있는 자유인가? 두 번째 의미로 이해된 사회적 의무가 있는 자유는, 다시 개인이 결국 예상할 수 없는 국가권력에 굴복할 위험을 초래한다. 법치국가의 엄밀한 개념은 바로 이런 점을 배제하고자 한다.

1948년의 세계 인권선언은 자유권을 규정함에 있어서 먼저 자율적 자유를 기준으로 삼았으나, 말미(제 29조)에서는 공동체의 과제를 구하기 위해 공동선과 관련된 개인의 의무를 정의하는 국가의 권한에 관하여 언급했다. 이 해결책에 공산주의 국가들의 대표들도 동의했다. 그 이유는 그들이 이전처럼 개인의 자유를 억압할 수 있었기 때문이다. 어쨌든 국가권력이 결국 결정권을 다시 가져야 한다는 이 위험을 피하기 위해 근대 서양의 법치국가에서는 개인의 자율, 즉 순수히 형식적인 자유가 관철되었다. 공동선 과제를 규정함에 있어서 개인들이 결정에 함께 참여할 수 있도록 하기 위해서는 오직 민주주의적 투표에 의한 방법만이 있을 뿐이다. 개인들이 자신들의 투표로 성공할 수 없다는 것은 감수되어야 한다. 사정에 따라서는 결과가 사리적으로 정확하지 않을 수 있으나, 그것은 민주주의가 책임져야 하는 대가이다. 개인권을 제한하라는 공동선의 요구에 대하여 민주주의적으로 결정된 적절한 법률이 없는 경우에 행정 부서나 재판관이 자유의 형식적인 의미에서 개인권을 해석한다. 다른 기준은 법 실무에서 존재하지 않는다. 그런 이유로 사정에 따라서는 주민의 항의를 초래하는 상황이 생긴다. 자유로운 의견 표명의 자율적 개념과 관련하여 이런 발전은 더욱 더 윤리적 규범들의 범위를 파괴하는 미디어에서 명백히 나타난다. 쉽게 알 수 있는 것처럼, 민주주의적 법치국가가 건전하게 발전해야 한다면, 그런 국가도 적절한 교양 개념에 의해서만 실현될 수 있는 일반적 가치 합의에 의존한다. 순수히 법률적인 기술이나 규칙체계는, 민주주의적으로 만들어졌다 하더라도 최소한의 공통된 가치 표상이 없이는 쓸모가 없다. 결국 우리는 늘 사회윤리학에 다다르게 된다. 이것은 권력분할에도 해당된다.

권력분할

그 자체로서 국가의 통치 권력은 분할되지 않는다. 기껏해야 국가 기능을 입법, 행정, 사법의 기능으로 분할하는 것을 생각할 수 있을 것이다. 몽테스키외(Montesquieu)는 3개의 분리된 권력에 관하여 언급할 것을 결코 생각하지 않았다. 사법권은 그에 있어서는 배후로 물러난다. 왜냐하면 그것은 국가의 통치와는 아무 관계가 없기 때문이다. 입법과 행정은, 국가적 결정의 통일을 보장하기 위하여, 분리되지 않고 상호 제한에 의해 균형이 잡혀야 한다. 이것에 대하여 사법은 집단 이익 관심의 영향을 배제하기 위해 가능한 한 사회적, 즉 정치적 연루로부터 벗어나 있어야 한다.

'권력분할'에 관한 이런 동태적 이해는 당연히 혼합국가 형태나 국가헌법을 전제한다. 권력분할의 국가형태와의 이런 관계는 동시에, 왜 아리스토텔레스가 국가형태를 국가권력의 기능 능력과 관련하여 다루고 혼합헌법을 지지했는지를 설명한다. 토마스 아퀴나스도 이와 유사하게, 비록 순수히 사변적으로 공동선의 통일성을 지키기 위해 군주제를 찬성했다고 해도, 실무를 고려하여 특히 그의 국가형태론에서 신분의 중요성 때문에 혼합헌법을 최상의 것으로 지칭한다. 이러한 이유에서 아리스토텔레스에 있어서도 토마스 아퀴나스에 있어서도 권력분할에 관한 특별한 논고는 없다. 행정은 원래 법률을 기준으로 삼아야 한다. 법률은 그 자체로, 현실로의 전환을 고려하여 형성된 경우에만 의미가 있을 수 있다. 유일하게 사법 기능의 분리가 필요한 것은 법률의 실효성을 사회적 공간에서 방해물로서 작용하는 논쟁으로부터 수호하여 법치국가를 보장하기 위한 것이다. 법치국가는 균형 잡힌, 절제의 정신으로 충만한 통치단체이다. 몽테스키외에 있어서 입법과 행정기능을 짜맞추는 것은, 그가 국가에 재산의 올바른 분배를 돌볼 과제를 부여한 것에 의해서도 분명해진다. 이것을 위해 입법과 행정의 두 권한이 함께 호출되어 있다.

상이한 기능의 이런 짜맞춤에도 불구하고 그것의 실현을 위해서는 항상 두 개의 상이한 권한 소유자가 필요하다. 그것은 특히 잘못된 결정을 판단하는 것이 중요한 경우에 분명해진다. 그것에 따라 사법부서도 다음과 같이 구별된다. 즉 법률의 정당성을 판단해야 하는 헌법재판소와 행정이 발한 명령의 법률과의 합치를 판단하는 행정 재판소. 주권자인 국민은 국가헌법을 정의하고 그것에 이어서 행정의 수행에서 필요한 법률들을 공표한다.

권력의 구별이 사회적 과제를 지닌 국가의 증가하는 부담에 의해 점점 더 어렵게 보인다고 해도, 그것은 시민에게 국가의 다양한 조치를 투명하게 하여 제어할 수 있게 만들고 이에 더하여 민주주의에서 국가권력을 개인의 자유를 위하여 제한하는 것을 목적으로 갖는다. 국가의 수많은 사회적 목적으로부터 재판권을 분리하는 것은 이런 관점에서 볼 때 권력 분립의 가장 중요한 부분이라고 지칭될 수 있다. 그런데 권력분립은 자체 위험성을 갖고 있다. 급속히 증대하는 국가과제 때문에 법률기구가 따라잡지 못할 경우에, 행정은 자체의 고유한 역동성을 발전시킨다. 그리하여 행정은 예컨대 시민들을 넘어서 지역 계획의 과정에서 도시명칭을 변경하는 권리를 갖는다.[85] 동일한 불일치는 재판에서도 확인된다. 그리하여 예컨대 독일 연방 재판소는 실정법상의 규범적 토대가 없이도 노동조합을 위해 노동 쟁의권을 계속 발전시켜 나갔다.[86] 재판권의 독립을 높이 평가함에 있어 우리는, 재판관권리의 발전에서 생기는 위험은 별도로 하고, 자제를 독촉하는 다른 두 가지 이유를, 보다 정확히 말하면 외적 이유와 내적 이유를 생각하지 않으면 안 된다. 외적 이유는 재판관 임명의 방법이다. 재판관의 임명은 최고 재판소의 인적 구성을 담당하는 이들의 정치적 및 세계관적 태도에 의해 영향을 받는다. 우리는 재판관의 임명에 영향력을 행사하기 위한 정당들의 싸움을 충분히 알고 있다. 내적 이유는 법 규범을 구체적 사례에 적용하려는 경우에 난관에 부딪친다. 이런 난관은 특히 헌법 재판소에서 감지할 수 있다. 헌법 재판소는 실정법 이상의 규범에 의거할 수 없

85 예를 들면, 독일의 Gießen과 Wetzlar에서.

86 참조. A. F. Utz, Weder Streik noch Aussperrung. Bonn 1987.

고 자연법 규범을 관여시킬 수 없으므로, 이성에 어긋나는 사태에 대해 순수히 법실증주의적으로 판단되는 위험이 있다.

사법적 결정의 세계관적이며 정당 정치적인 독립은 바로 완전한 가치중립성을 향한 노력 때문에 사회현실과의 접촉을 잃어버린다. 절대적 가치 중립성은 그 자체로 가치파괴, 즉 오류이다. 세계관적으로(예컨대, 종교적으로) 방향이 정해진 법 질서는, 결사의 자유권과 연결되어 개인의 종교의 자유를 존중하는 한, 용인될 수 있다. 이 주제가 재판을 곤란하게 만드는 것은 개별 종교 공동체가 자체의 종교적 상징을 공공시설, 예컨대 학교에서 전시하는 때이다. 이 문제는 순수히 형식법학적으로 국가의 절대적 가치 중립성을 지적함으로써 해결할 수 없다. 문화사적 배경과 정주하는 주민 대다수의 가치감정은 상응하는 배려를 요구한다. 독일 재판소가 이런 관점을 고려했다면, 바이에른처럼 가톨릭 신앙이 매우 오래된 주의 학교에서 십자가상을 독일 국가의 가치중립성에 어긋난다고 판결하여 금지할 수 없었을 것이다. 이와는 달리 프랑스 재판소의 결정에 있어서 재판소는 이슬람교 신자인 여학생이 프랑스 학교에서 두건을 착용하는 것을 금지했다. 그 이유는 법원이 그런 행위에서 도발의 표징(특히 프랑스와 알제리 사이의 논쟁과 관련하여)을 볼 수 있었기 때문이다.

우리는 원하는 대로 방향을 바꿀 수 있다. 가치중립적인 사회는 없기 때문에 인간본성을 기준으로 측정된 어떤 일반적으로 타당한 가치표상이 없이는 법치국가도 존재하지 않는다.

III. 정치체제에 관한 물음
– 국가 형태 –

체제 개념

정치학의 오랜 전통에 의하면, 정체에 관한 물음은 최고의 국가권력을 가진 최선의 소유자에 관한, 즉 군주제이든 과두제이든, 민주제이든, 최선의 통치형태에 관한 탐색이다. 입법, 행정, 사법으로 권력을 분할하는 문제는 거기에서 토론되지 않았다. 통치는 바로 입법권의 소유자가 상익하고 있었다. 전면에는 공동선을 결정하는 관점에서 어떤 통치형태가 최선인가 하는 윤리적 판단이 있었다. 자의적 통치는 폭정으로서 무시되었다. 그러므로 군주제, 과두제, 혹은 민주제를 선택해야 한다는 문제만이 남게 되었다. 그리고 이런 숙고는, 어떤 통치형태가 사회윤리적 요구에 가장 잘 응하는가 하는 순수히 사변적인 것이었다. 로크에 있어서조차도 국가권력의 분할에 관한 문제는 사회적 국가목표에 종속되어 있었다. 그러므로 그는 입법권을 소유시민계급의 손에 맡겨 버렸다. 시민의 법적인 보호를 위해 국가의 통치 행위를 가능한 한 전폭적으로 보장하고 정식화하는 것을 예정하는 법치국가에 관하여 고전적 국가형태론에서는 아무런 언급이 없다. 더욱이 그 최고의 도덕규범이 시민들의 의지태도인 법질서에 관한 언급은 없다. 근대 정치학은 오로지 국민의 의지태도에 집중한다. 근대 정치학은 본래 있어야만 할 것에 대한 모든 질문을 제외하고 형식적 자유를 조직하는 유일한 가치라고 간주한다. 여기로부터 근대 정치학은, 만인의 자의라는 조건 아래 최대의 안정성을 보여주는 조직을 탐구한다.

전형적 정치권력과 그것의 소유자

모든 사회는, 따라서 국가도 권위를 필요로 하며 그것 없이는 통일된 결정에 이를 수 없으므로,[87] 우리가 이 권력의 분할을 생각하기 전에 국가권력의 권한 영역을 먼저 정의하는 것이 당연하다고 생각된다. 자연법적으로 보면, 국가적 사회는 국가권력에 복종하지 않거나 부분적으로만 복종하는 일련의 권리소유자들을 포함한다. 이들 권리 소유자는 예를 들면, 생명과 개인적 발전에 관한 주관적 권리를 지닌, 소유에 관한 권리를 지닌 개별 인격들, 교육의 첫째 보호자로서 권리를 지니며 자체의 고유한 생활의 체계화에 관한 권리를 지닌 가족, 국가 없이 형성되었지만 모두 국가의 존재에 속하는 전통적으로 성장한 집단들이다. 국가의 내부에 수많은 개별적 권력 소유자가 존재하고 관리되어야 하는 경우에, 어떻게 전형적 정치권력을 단순화하여 표현해야 하는가?

아리스토텔레스에게 이 문제는 간단했다. 그는 가족에서 시작하여 포괄적 사회에 이르는 역사적 발전을 추적했다. 그렇다면 국가는 개인과 다양한 그룹이 충족할 수 없는 그런 욕구의 관점에서 볼 때 모든 사회적 단체들의 절정일 뿐이다. 이런 관점에서, 모든 개인과 그룹들은 자체 주도로 성공할 수 없는 일들을 둘러싸고 진지하게 노력한다

87 이 주제는 다음의 저서에서 상세히 취급된다. A. F. Utz, Sozialethik, Bd, 1, Heidelberg 1964, Achtes Kapitel, S.235 ff.

는 것이 당연한 것으로 전제된다. 아리스토텔레스는 공동선보다는 자기 자신의 선을 우선하는 인간의 본성적 경향을, 즉 자신의 위험보다는 사회적 보장을 더 선호하는 경향을 매우 잘 알고 있었다. 그러므로 그는 사유재산을 지지했다. 그러나 그는 그와 동시에 공공질서의 열쇠를 발견했다고 믿었다. 국가는 개인들의 능력을 자체에 포함하는 그룹들을 능가하는 사회적 활동의 조직자이다. 그러므로 국가적 사회의 공동선은 상이한 그룹들의 개인선과는 다른 것이다. 토마스 아퀴나스는 이것을 다음과 같이 분명하게 표현했다: "국가의 공동선과 개인의 개별선은 다소에 따라서 뿐만 아니라 본질에 의거하여 구별된다. 말하자면 공동선과 개인선의 개념은 전체와 부분이 다르듯이 다르다는 것이다." 그러므로 이런 사회적 활동을 위해서는 우리가 국가권력 혹은 국가세력이라고 부르는 독자적 권위가 필요하다. 그렇다면 누가 이 권력의 소유자이어야 하는가?

이것은 정체에 관한 물음이다. 이 물음도, 이미 설명되었듯이, 고전적 사상가들에 의해 제기되었다. 이에 대한 해답은 일반적 평가에 의거한다. 이 경우에는 무엇보다도 대상이 어떤 요구를 권위의 소유자에게 제시하느냐가 주목되었다. 정치행위의 대상은, 오직 가장 포괄적인 사회, 즉 국가에 의해서만 제공되는 물질적이고 문화적인 생활재화에 존재한다. 상이한 구체적 상황에 따라 늘 변화하므로 상세하게 정의될 수 없는 엄청난 요구와 관련하여, 우리는 복잡한 주제와 인간이성의 한계를 고려할 때, 권력을 한 사람 혹은 다수의 사람에게 위임하는 것이 현명한지 어떤지 하는 질문만을 제기할 수 있었다. 아리스토텔레스는 결국 이 질문에 대답하지 않는다. 토마스 아퀴나스는, 공동선이 모든 사회적 행위의 통일을 포함하고 늘 현명함이 중요하다는 순수히 사변적인 숙고에 의거하여 일반적으로 군주제를 지지하는데, 현명함은 최종적으로 성숙하고 다각적인 도움말에 따라 유일하고 분할할 수 없으며 도덕적으로 책임지는 결정을 내리지 않으면 안 된다. 따라서 그는, 겉으로 보이듯이 플라톤주의 철학자의 제안을 받아들이지 않는다. 우리가 권력의 소유자에 대하여 토마스가 말한 모든 곳을 개관한다면, 아리스토텔레스의 경우와 같이 최종적인 결과에 이르지는 못한다. 그는 입헌군주제의 가능성을 인정하기도 한다. 그는 혼합정체가 최상의 것이라고 명확하게 말한다(Ⅰ-Ⅱ 95,4). 또한 그는 일반적으로 사회생활을 위해 다수 자체에 의한 공동선 요구의 지각(知覺)을 인정한다(Ⅰ-Ⅱ 95,4). 늘 그의 시야에 있는 것은, 객관적으로 미리 주어진 공동선 가치라는 의미에서 통일과 평화의 유지에 대한 염려이다.

사리적으로 요구된 공동선으로부터 격리되어 있으면서 시민의 개인적 자유를 위해 국가권력을 제한한다는 생각은 등장할 수 없었다. 그 이유는 아리스토텔레스와 토마스 아퀴나스 모두에게는, 만인의 상위에 있는 공동선의 필요성과 동시에 그에 부합하는 권력을 인정할 정도로 모든 시민들이 이성적이라는 일반적 합의가 가정되었기 때문이다. 양자에게 또한 전제된 것은 권력의 소유자가 자신의 책임을 의식하고 있다는 점이다. 이에 더하여 토마스 아퀴나스에게는, 국가원수는 국민에게뿐만 아니라 특히 창조주에 대하여 책임이 있음을 알고 있다는 생각이 있었다. 권력의 소유자가 도덕적 책임을 더 이상 지각하지 않는 경우에는, 좋은 정체가 아니라 전제정치라고만 말할 수 있을 뿐이다. 전제정치는 법을 위반하는 권력 장악의 방법에 의해서뿐만 아니라 공동선에 위배되는 중대한 과오를 통해서도 생겨난다.

정체를 선악에 따라 구별하는 기반 위에서는, 가능한 정체의 종류로부터 참주제를 분리하고 공동선만이 보장되어 있다면 정체가 어떻게 보이는지는 근본적으로 중요하지 않다는 것을 설명하는 것 이상으로 진전되지 않는다. 그러므로 고대 사상가들은, 누구에게 통치를 위임해야 하느냐는 문제가 중시되는 경우에 어떤 도덕적 관점이 중요한 의미가 있는지만을 제시할 수 있었다. 적어도 이것은 어떤 정체에서이든지 책임 담당자를 결정하는 과제가 위임되어 있거나 스스로 그런 권한이 있다고 자임하는 이들을 위해서는 결정적인 지적이다. 상당한 삶의 지혜, 공동선을 위한 봉사에서 사욕이 없음, 특히 사려 깊고 경험에 의해 축적된 현명함의 형태로 높은 도덕적 자질을 보여주는 사람들이 통치에 임해야만 한다. 그러나 그런 사람들이 있다는 것을 어떻게 설명해야만 하는가, 그런 사람들이 있다면 어떻게 적재적소에 배치할 수 있는가 하는 물음은 아직 대답되지 않았다. 결국 일반적 합의가 일반적으로 같은 도덕적 태도라고 하는 형식에 있어서 전제이다.

여기에서 근대 정치학자들은 존재(Sein)와 당위(Sollen)를 분리함으로써 개입한다. 가치질서의 배제와 함께 정치학과 정치일반의 새로운 시대가 시작한다. 정치가 사실 개별 시민들의 가치와의 결합을 배제할 수 없지만 말이다. 그럼에도 불구하고 가치들은 정치사상 체계에서 더 이상 어떤 역할을 하지 않는다.

가치 중립적 다원 사회에 있어서 정치체제

근대 정치학은 아리스토텔레스의 질적인 공동선 개념으로는 아무것도 시작할 수 없다. 그것은 측정 가능하며 전면적으로 투시할 수 있는 통제를 요구하는데, 이런 통제는 공동선과 관련해서는 존재하지 않는다. 그럼에도 불구하고 근대인은, 예컨대 한 사회 안에서 인구의 3분의 2가 최소한의 생계 이하에서 생활한다는 것을 수학적으로 확인하면서, 통계의 도움을 받아 분배에 있어서 중대한 불의를 파악하려고 한다. 하지만 근대인은 도덕적 평가를 해결할 수 없는 것으로 보인다. 비논리적이라는 이런 비판에 대하여, 자신은 도덕적 판단에 의지하지 않고 혁명으로써 협박하는 격앙된 다수 인구의 사실로부터 불의의 판단을 추측한다고 그는 설명한다. 이런 방법을 사용하여 근대인은 실제로 도덕질서를 피하여 순수히 경험적인 과학에 머무는 것에 성공한다. 따라서 그는 합리주의적이며 경험적으로 기초가 세워진 지식에 머물러 있다. 이런 지식은 오직 무엇이 존재하고 무엇이 제시되는 경험의 자료와 일치하여 개연성이 있게 되는지만을 말할 수 있다.

그럼에도 불구하고 또한 합리주의자와 경험주의자는 국가적으로 통일된 사회에서 질서가 안정되어 있는 정치체제의 특징을 나타내는 과제 앞에 서 있다. 가치가 포기되어야 한다면, 유일한 당위는 자유로운 인간들의 안정된 질서이다. 이런 질서에서는 누구도 타인에게 자신의 판단을 강요하지 않는다. 즉 각자에게 완전한 가치중립성을, 따라서 객관적으로 기술되지 않은 자유를 맡긴다. 그와 같은 질서의 도구는 오직 기술적 규칙일 수 있다.

제시된 상이한 해결방안에 있어서 때때로 배후에는 객관적 정의에 대한 배려가 함께 작용한다는 것은 기묘하다. 특히 몽테스키외가 권력을 입법, 행정, 사법으로 상세하게 분할하는 것이 그렇다. 흄이 정의에 대한 정부의 의무를 말하는 경우에, 그는 정의를 선거인의 숫자상의 고려만으로 이해하지 않는 것이 분명하다. 정의의 객관적 규정의 의미는 아직 전적으로 소멸한 것 같지는 않다. 장 자크 루소(Jean Jacques Rousseau, 1712-1778)는 전체 의지(volonté de tous)와 구별되는 일반의지(volonté genérale)에서 오래된 공동선 개념에 대한 기억을 가진 것처럼 보인다. 이와는 달리 홉스는 자신이 객관적 정의의 합의를 알지 못하는 이들과 대결한다고 간주한다. 그 이유는 만인이 서로 전쟁 상태에 있기 때문이다. 그런데도 자신들이 합의 없이는 존재할 수 없다는 것을 알아낸 그런 사람들은 상호 보전을 위해 각자가 모든 이에게 그리고 모든 이가 각자에게 서로 평화롭게 살기를 원하는 약속을 하는 계약을 맺는다. 그것은 다시 각자가, 그의 의지를 자연인이든 법인(단체)이든 간에, 타인의 의지에 복종하는 경우에만 가능하다. 결과적으로 각자가 평화를 유지하고 공동의 방위를 위한 목적을 위하여 원하는 모든 것은 모든 개인들의 의지로서 간주되고 또 간주되지 않으면 안 된다. 동시에 각자는 자신의 힘과 보조 수단에 관한 권리를 정상에 있는 자에게 위임한다.

홉스가 본 바로 이런 인간을 칸트는 자신의 개념 안으로 수용하고 사회적 행위의 이 극단적 사례에서 어떤 법 제도가 영원한 평화를 보장하는 데에 적합한지를 숙고한다. "이제 공화적 헌법은 인간의 법에 완전히 적합한 유일한 헌법이다. 그러나 본성적으로 이기적 경향을 지닌 인간들은 매우 복잡한 형태의 헌법에는 능력이 없을 것이므로, 많은 이들이 천사들의 국가가 존재해야 한다고 주장할 정도로, 이런 헌법을 제정하고 더군다나 유지하는 것은 지극히 힘든 일이다. 그러나 자연은 존경하지만 실천에는 무력한 보편적인, 이성에 근거를 둔 의지에, 그리고 바로 이기적 경향성들에 의해 도움을 준다. 결과적으로 국가의 좋은 조직(물론 인간의 능력에 내재하는)이 중요하다. 이런 의지는 경향성의 힘을 상호 조정함으로써 한편이 다른 편의 힘의 파괴적 작용을 저지하거나 중지시킨다. 그리하여 이성에게는 양편의 힘이 전혀 존재하지 않는 것처럼 되고, 그렇게 인간은, 도덕적이며 선한 인간은 아닐지라도 선한 시민이기를 강요당한다. 국가 건립의 문제는, 곤란한 느낌이 들지만 악마들의 민족(이들이 지성만을 지닌다면)에게 조차도 해결이 가능하며 다음과 같은 문제이다. 즉 '다수의 이성적 존재들은 전체적으로 자신들의 유지를 위한 보편적 법칙을 요구하지만 그들 중 각자는 체계화하고 자신들의 헌법을 제정하는 것에서 자신들을 남몰래 제외하려는 경향이 있다. 결국 그들이 자신들의 개인적 심정에 있어서 서로 버티고 대항하면서 추구할지라도, 이런 심정을 서로 저지하고, 공공의 행위에 있어서 그런 악한 심정을 지니고 있지 않는 것처럼 하는 결과는 동일한 것이다'. 그와 같은 문제는 해결할 수 있는 것이어야 한다. 왜냐하면 그것은 인간들의 도덕적 개선이 아니고 자연의 메커니즘일 뿐이기 때문이다. 한 민족 안에서 평화스럽지 않은 심정들의 충돌을 조절하기 위해 어떻게 이 메커니즘을 인간에게 이롭게 사용할 수 있느냐는 과제를 아는 것이 요구된다. 결과적으로 인간들은 서로 강제법의 아래에 스스로 처할 것을 강요하고, 그리하여 법이 그 안에서 힘을 가지는 평화의 상태를 가져오지 않으면 안 된다. 우리는 이것을 현실적으로 존재하는, 아직은 매우 불완전하게 조직된 국가들에서 볼 수 있다. 이들 국가는 그럼에도 불구하고 외적인 행동에 있어서 법 이념이 정하는 것에 매우 접근해 있다. 그러나 도덕의 내면성은 분명히 그것의 원인은 아니고(도덕성으로부터 좋은 국가 헌법이 기대되지 않고, 오히려 거꾸로 후자로부터 국민의 도덕적 형성이 기대된다), 따라서 당연히 서로 외적으로도 맞서 작용하는 이기적 경향성에 의한 자연의 메커니즘은 이성에 의해 수단으로 사용될 수 있고, 이성의 본래적 목적인 법적인 규정에 여지를 만드는 것, 그리고 이렇게 하여 내적 및 외적 평화를 촉진하고 보장하는 것은 다분히 국가의 책임이다.

이것이, 오늘날 일반적으로 사회과학과 정치과학을 지배하고 있는 이른바 '윤리학'이다. 사회도덕은 필요하지 않다. 다만 누구나 타인에게 폐를 끼치지 않기 위해, 모든 이의 개인적 소원들을 서로 고르게 하는 메커니즘이 필요하다. 그것을 위한 전제는 오직 자신에게는 윤리를 필요로 하지 않는 다수의 완고한 사람들이 순수히 합리적, 이론적 숙고에서 일반적 법칙에 복종하는 것뿐이다. 왜냐하면 그들은 그들의 완고함만으로 더 이상 존재할 수 없을 것이기 때문이다. 바로 이것이 자유주의적 시장경제의 대표자들의 '윤리학'이기도 하다. 우리가 이들에게서 늘 듣는 것은, 시장경제가 개인들에게 최소한의 윤리적 요구를 제시하는 경제 질서라는 뜻이다.

이런 사상에 근대의 민주주의 이해가 기초를 두고 있다. 이제 일반의지가 어떻게 실질적으로 규정되느냐 하는 것이 문제이다. 우리는 예컨대, '어떤 차별대우가 없는 자유의 제한'이란 유보조건으로서, 내용의 언급이 없이 일반의지를 실제로 결정할 수 없다. 표결에서 각자는 실질적으로 결정된 표를 던지는데, 이 표는 물론 모든 득표의 합계와 관련하여 투표자의 수만큼 효력을 갖는다. 결과가 최종적으로 실현되느냐의 여부는 패자의 고통의 한계가 넘어서지 않게 되는 것에 달려 있다. 왜냐하면 어느 곳에서 자유의 일치는 끝나기 때문이다. 이성적 인간들의 규칙이, 그들이 다른 경우에는 악할 수도 있다고 하더라도, 받아들여질 수 있다는 칸트의 추정은 순수히 이론적인, 진지하지 않은 모델이다. 칸트는 칼 마르크스처럼 잘못된 인간상을 기초에 놓는 오류에 빠진다. 구별되는 것은 칸트가 마르크스의 유물론적 인간상에 대하여 관념론적 인간상을 염두에 둔다는 점이다. 물론 윤리학자도 정치적 권력투쟁에 발을 들여놓으려고 한다면, 사회도덕의 상실이라는 사실을 알고 있지 않으면 안 된다. 그런데 윤리학자는 사회적 가치들의 부정에 내재하는 위험성을 지적함으로써만 그것을 행할 수 있다.

국가형태는 국가 자체의 본질적 구성요소는 아니다. 그러므로 전체 전통에서, 국가 자체는 국가형태에 대해 중립적이라고 설명되었다. 이것은 이미, 국가가 동일한 것으로 존재하는 반면에 국가 형태는 교체될 수 있다는 점에서 볼 수 있다. 예컨대, 민주주의에서 통치 권력이 분할되어 있듯이, 국가형태는 통치형태에 관하여 아무것도 언급하지 않는다. 자유와 평등의 이상 원리를 지닌 형식적 민주주의는 민주적 정체의 유일한 실현은 아니다. 그 밖에도 입헌적 통치형태에는 여러 가지 종류가 있다. '민주주의'라는 국가형태는 오직 유개념(Genusbegriff)으로서 다양한 종(통치의 조직)을 자체의 하위에 포함한다.

국가형태, 즉 최고의 권력 · 권한의 분할에 관한 논문은 다음의 두 가지 질문에 대한 답변으로써 성립하고 폐지된다. 1. 주권을 지닌 국가는 어떻게 성립하는가, 즉 기본적으로 국가는 도대체 어떻게 정의될 수 있는가? 2. 국가는 어디로부터 자체에 내재하는 권력을 획득하는가? 국가형태를 위한 결정이 세계관의 영향 없이 내려질 수 없다면, 이 두 가지 질문은 철학과 세계관 없이 대답될 수 없다.[88] 이 두 개의 질문이 대답되어 있는 경우에 우리는 비로소 어떤 국가형태가 일반적으로, 또한 어떤 통치형태가 개별적으로 윤리적 규정에 적합하고 동시에 구체적으로 기능할 수 있을지를 탐구하는 길을 걸을 수 있다.

88 S. Die Herrschaft des Staates - ihre Definition und ihre Rechtfertigung?(이 책 제 2장 I을 볼 것)

Ⅳ. 국가헌법에 있어서 윤리적 요소

사회학적 정의 – 사회의 생활과정인 헌법

존속하고자 하는 모든 인간 공동체는 특정한 근본 규범들을 갖고 있고, 이들 규범에 의해 이 공동체가 통일체로서 결합되고 그 목표설정과 관련하여 기능할 수 있다. 우리는 공동체의 이러한 근본 규범을–그것이 문서로나 구두로 혹은 관습에 의해서만 합의되었든 간에–헌법이라고 지칭할 수 있다. 헌법의 내용은 과제들의 크기와 많음에 따라 다양하다. 공동생활의 목표목록이 많을수록, 공동체는 고전철학에서 국가를 완전한 사회, 즉 시민들의 생활에 필요한 모든 물질적 및 정신적 재화를 조달할 수 있는 사회라고 이해한 것에 한층 다가선다. 그러므로 이 사회의 헌법은 완전한 자립성, 즉 다른 모든 국가에 대한 경계설정, 동시에 자체 조직과 자체 통치를 표현해야 한다.

어떤 사회가 국가의 이런 근본관심을 형식적인 헌법 안에 정식화할 수 있기 전에, 이 사회 자체는 그 본질에 있어서 이런 방식으로 '헌법을 갖추고' 있어야 한다. 다시 말하면 자체를 법인으로서 이해하고 자각하지 않으면 안 된다. 그러므로 고도의 정신적 기초는 명백하고 문서에 의하며 구두에 의한 혹은 관습에서 드러나는 '완전한 사회'의 헌법을 위한 전제이다. 이런 이유에서 루돌프 스멘트(Rudolf Smend, Verfassung und Verfassungsrecht[2], 1924)는 헌법을 통합과정이라고 불렀다. 그에게 헌법은 늘 자체를 새롭게 하는 헌법의 생활이다. 이렇게 하여 그는 테오도어 리트(Th. Litt, Individuum und

Gemeinschaft[2], 1924)의 사상을 받아들였는데, 이에 따르면 사회는 본질적으로 '실질적인 정신 생활의 의미통일'이고 이로부터 개인은 전체 없이 그리고 전체는 개인 없이 생각할 수 없다. 그 자체로서 그것은 이미 아리스토텔레스가 사회라고 이해한 것, 즉 공동선이라고 부르는 공동의 목표를 향한 다수 인간의 통일된 노력과 다른 것이 아니다. 그러므로 국가의 헌법은 인간의 모든 관심을 포괄하는 생활 공동체일 것이다. 따라서 스멘트에 의하면 국가의 헌법은 근본적으로 국가의 생활 이외에 다른 것이 아니다.

헌법의 규범적 정의

법률가에게 그와 같은 헌법의 정의는 많은 것을 말할 수 없다. 그는 그것에 의해 법률과 명령이 측정될 수 있는 규범을 탐구한다. 규범적 차원에서 비로소 법률적 사고에 따라 사회생활의 통제된 질서가 가능하고 이 질서는 본질적으로 국가에 속한다. 헌법은 법률가에 의해, 그것에 모든 그 밖의 법 형성이 의존하는 최초의 법 창조라고 이해된다. 거기로부터 헌법은 국가적 형성물의 골격으로서 규정된다. 그 골격 안에서 그 밖의 법 제정의 주무관청들이, 즉 입법권력, 행정관청, 법질서의 통제관청인 사법으로부터 형벌집행에 이르기까지의 관청들이 확정되어 있다.

법률가는 헌법을 정태적이며 장기간의 사용을 계획하여 만들어진 규범의 구성물로서 간주한다. 그렇다고 해도 그는 생생한 현실을 간과할 수 없다. 즉 그는 본래의 법 창조자를 인식해야만 하고, 그것은 정태적 크기(단위)가 아닌 국민이다. 그러므로 그는 사정에 따른 헌법의 변경을 미리 법적인 궤도에 올려놓으려고 하는데, 이는 칼 슈미트가 강조하듯이 그 자체로 모순이다. 왜냐하면 헌법의 실질적 변경은—그리고 자체로 국가헌법은 오직 실질적 요소들만을 포함해야 한다면—, 새로운 국가의 건설행위에 견줄 만하기 때문이다. 그러나 이로써 규범적 숙고가 끝난 것은 아니다. 국민은 왜 법을 창조하는 힘을 갖는가? 이 물음은 철학적인, 더 자세히는 자연법적 숙고의 방법으로만 해답될 수 있다. 그것은 인간이 본질적으로 사회적이고, 결국 모든 통치권력의 최고 창조자로 돌아간다는 증명에 의해 상세히 설명한다. 이런 이유에서 헌법은 자주 '신의 이름으로' 시작한다.

법적 헌법과 동태적인, 즉 생생한 헌법실현의 긴밀한 연관은 칼 슈미트의 견해를 정당화한다. 그의 견해에 의하면, 우리는 헌법을 또한 특별한 종류의 정치질서로서, 그리고 그에 따라서 헌법의 법을 정치적 법이라고 파악할 수 있으므로, 다시 정치적, 사회적으로 기초가 세워진 스멘트의 통일성 개념의 선상에 있게 된다.

'살아 있는' 헌법의 개념 없이 우리는 실제로 생기는 문제들을 풀 수 없다. 예컨대, 헌법이 주(州)들에 법률을 공포하는 권리를 인정하지만, 이 권한이 주들에 부과된 부담 때문에 환상적이 되는 경우에 무슨 유익이 있겠는가? 그러므로 결국에는 헌법현실이 중요하고 순수히 법률적인 정식화가 중요한 것은 아니다.[89] 국가적 구성체의 기본질서라

89 이에 대해서는 다음의 저술을 참고할 것. Dolf Sternberger, Lebende Verfassung, Studien über Koalition und Opposition, Meisenheim 1956. Zur Würdigung des Begriffes 'lebende Verfassung' D. Sternbergers durch Wilhelm Hennis in: Wilhelm Hennis, Politik und praktische Philosophie, Stuttgart 1977, 243-274. Peter Häberle, Verfassung als öffentlicher Prozeß, Materialien zu einer Verfassungstheorie der offenen Gesellschaft,

는 헌법의 법학적 정의는 생활의 욕구들을 공동으로 성취하기 위한 포괄적 사회의지의 순간적 촬영에 견줄 만한 것이다. 헌법의 창설은 미래를 목표로 한다는 것과 관련하여 헌법은, 극히 다양한 구체적 상황들이 법적으로 통제될 수 있도록 자체 규범들을 일반적으로 수용하지 않으면 안 된다. 그런데 이 일반적 수용은 헌법의 이점인 동시에 불리이기도 하다. 그 이유는, 우리가 실정법적으로 정확하고 헌법 개정에 계속하여 빠져들지 않으려고 하는 한, 구체화로의 방법은 그때마다 근원적 가치 표상을 돌이켜 생각할 것을 요구하기 때문이다. 여기에서 우리는, 어떤 규범들에 따라 헌법 재판소가 구체적인 사례에서 판결해야 하는지, 오래된, 역사적인 가치표상에 따라 혹은 발전에 의해 변화된 가치표상에 따라 그렇게 해야 하느냐는 어려운 문제에 직면하게 된다.

시민권의 정식화

관할권한을 여러 기관(입법, 행정, 사법권 등)으로 분할하는 것은 쉽게 정식화된다. 더 어려운 것은 시민들의 기본권이나 인권과 같은 주관적 법 권리의 정의이고, 이 권리는 모든 경우에 민주주의 국가의 헌법에 속한다. 왜냐하면 헌법은 결국 국민의 관심사가 요구하는 것을 들어 주어야 하기 때문이다. 이들 권리에 의해 국가권력을 제한함으로써 개인에게 국가공동체로의 비례적 통합이 보장되어야 한다.

확실히 스스로에게 미래를 위한 헌법을 제공하려는 국민의 의지는 만인을 위한 정의를 실현하려는, 윤리적인 기초에 근거하는 의도를 포

Dritte Auflage, Berlin 1998.

함하지 않으면 안 된다. 만인을 위한 정의는 공동선이다. 헌법은 정치행위를 적합하게 조절해야 하므로, 누구에게서 정치행위가 시작하는가, 즉 개인에 의해서든 단체에 의해서든 누구에 의해 작동되어야 하느냐는 문제가 저절로 생긴다. 민주주의적 기본 질서뿐만 아니라 온전히 일반적으로 응용 자연법도 개인에게 우위를 부여함으로써 개인권에 개입하는 경우에는 입증책임이 집단에 있다.

다름 아닌 보조성의 원리를 표현하는 이 기본명제는 더욱 상세한 설명을 필요로 한다. 일반적 자연법의 차원에서 우리는 집단에 대한 개인의 우선권을 아직 말할 수 없다. 오히려 여기에서는 '공동선이 개인선에 우선한다'는 기본명제가 타당하다. 개인선은 공동선에 통합되는 것에 의거하여 자체의 정당성을 얻는다. 일반적 자연법에 있어서 규범의 내용은 그러한 것이다. 이제 이 규범을 현실에 적용하는 것이 문제가 되는 경우에, 우리는 개인선의 공동선으로의 통합과 관련하여 어떤 순서에서 활동이 수행되어야 하는가를 숙고해야 한다.

이런 차원에서 우리는 인간의 실제적 행동에 관하여 경험에 묻지 않으면 안 된다. 여기에서 우리는 인간들이 공동선보다 개인선을 더 손쉽고 기꺼이 실현한다는 것을 확인한다. 그러므로 우리는 실적의지를 생생하게 유지하기 위해 행위 질서에서 개인에게 우선권을 준다. 이런 의지 없이 공동선은 결코 실현될 수 없다. 그래서 우리는 '공동선의 범위 안에서' 개인의 우선권에 관하여 언급한다. 그런데 우리가 이 우선권을 오직 자연법으로서만 지칭한다면, 오해이고 심지어는 오류일 것이다. 그것은 적용에 있어서만 자연법이다. 왜냐하면 그것은 공동선의 이익 안에 있는 행위 연속의 차원에서 유일하게 이성적인 질서이다. 그것의 인식론에 의거하여 일반적 자연법과 응용 자연법과의 구별이 생소한 합리주의는 단순히 개인의 인권을 자연법이라고 말한다.[90] 이런 방식으로 우리는 예컨대 사유재산에 대한 자연법을 언급해도 괜찮을 것이다. 그런데 이 경우에는 늘 공동선을 가치순위의 상위에 위치해 있는 것으로서 함께 생각해야 한다. 자기선과 공동선의 관계는 자주 발견하기에 매우 힘들다. 많은 경우에 우리는 실험에 의지하고 있다. 이런 관점 아래 포퍼(Popper)에 의해 늘 거듭하여 호출된 '시행과 착오'의 원리가 고려되어야 하지만, 그와 동시에 그의 인식론적 관점이 공유되는 것은 아니다. 여기에서는 사회학적인 행동 연구가 유익하다. 모든 경우에 우리는, 개인권이 행위과정의 조정에 있어서 우선권을 누리는 보조성의 원리를 미리 서둘러 제한하지 않아야 한다. 이에 대한 명백한 예는 사생활권에 대한 인격권인데, 이 권리는 너무나 쉽게 민주주의적으로 기초가 세워진 공공정보에 대한 권리의 희생이 된다.

그 밖에 이미 일반적으로 명확히 표현된, 절대적 타당성을 요구하는 가치판단들이 있다. 이들 가치판단은 예컨대, 죄 없고 처벌에 해당하지 않는 개인의 생명권처럼 모든 경우와 상황에서 실현을 요구한다. 이런 이유에서 임신중절은 모든 구체적인 경우에 태어나지 않은 아이의 자연권을 거스르는 위반 행위이다. 이런 행위는, 구체적인 경

90 이에 대해서는 다음의 저서를 참조할 것. A. F. Utz, Sozialethik, I. Teil: Die Prinzipien der Gesellschaftslehre, Heidelberg[2] 1964, 277-296 (Der Aufbau der sozialen Handlungen. Das Subsidiaritätsprinzip). Unter dem Einfluβ von Chr. Wolff hat die katholische Soziallehre die rationalistische Formulierung übernommen, allerdings mit der Betonung des Bezugs zum Gemeinwohl. Näheres hierzu in A. F. Utz, Der Begriff des Eigentumsrechts in der Katholischen Soziallehre und seine Beziehung zur Wirtschaftsordnung, in: A. F. Utz, Hrsg., Die Katholische Soziallehre und die Wirtschaftsordnung, Trier 1991, 109-162 ; bes. Marcel Thomann, Der rationale Einfluβ auf die Katholische Soziallehre, ibid. 163-202.

험에 있어서 대부분의 여성이 자유로운 처리권을 주장한다고 해도, 어머니의 자기결정권에 의해 경쟁될 수는 없다. 그러나 윤리(학)는 현존하는 임신중절을 향한 경향을 법적으로 규제하는 것을 금지한다. 구체적으로 정식화될 수 없는 가치판단들은 그것들의 일반적인 이해에서는 유비적 가치판단들과는 다르게 일의적이라는 것에 의해 특징지어져 있다.

물론 대부분의 인권은 일의적(univok)이 아니라 비유적으로, 즉 그로서는 모든 시대를 위해 구체적으로 타당하게 규정되지 않는 공동선에 대하여 비례적으로 이해되어야 한다.[91] 예컨대, 우리가 시민들의 실적 가능성과 실적의지를 숙고 안에 포함시키는 경우에 비로소 구체적으로 규정될 수 있는 교육권은 여기에 속한다. 세계 인권선언에 있어서는 합리주의에 의거하고 있어서 '일의적인'과 '유비적인'의 이런 구별이 고려되지 않았으므로, 거기에서는 순수히 주관주의적인 정식화가 선택되었고, 29조에서는 온전히 일반적으로 국가권위에 공동선에 의한 제한을 규정하는 전권이 위임될 수밖에 없는 결과가 뒤따르게 되었다. 대부분의 헌법에서 이런 국가의 통치 권력의 일방적 권한이 계승되었다. 이 정식화는 전체주의적인 동유럽 국가들의 장애를 제거했다. 왜냐하면 기본적으로 이 정식화에 있어서는 기본권이 다시 국가권력의 손 안에서 실종되었기 때문이다. 이와 함께 바로 시민권 선언과 함께 원래 의도된 것, 즉 국가권력의 부당한 간섭에 대한 개인의 보호가 물거품이 되어 버렸다.[92]

---

91 참조. A. F. Utz, Sozialethik, Ⅱ. Teil: Rechtsphilosophie, Heidelberg 1963, 84-87; 95.

92 세계인권선언의 준비 중에 그 당시 스위스의 겐프(Genf)에서는 스페인 참가자들

예컨대, 독일 기본법의 사례에서 있듯이, 시민의 기본권이 소송 청구권과 결부된다면, 주관주의적 정식화가 자꾸 떠오른다. 이런 종류의 정식화는 이미 지적되었듯이 당연히 불리를 가져온다. 즉 구체적인 경우에 사회적인 구성요소가 언제나 어렵게만 정의된다는 약점이 따르게 된다. 다른 한편으로 개인은 국가권력의 부당한 간섭에 대하여 더 낫게 보호된다. 이런 이유에서 국가사회주의(나치즘) 치하에서 자행된 경험으로부터 교훈을 얻은 독일의 헌법제정자들은 소송 청구권을 지지하였다. 기본권은 자연법의 범주에 속한다. 그래서 기본권은 필연적으로 인간의 존재론을 향하도록 지시한다. 철두철미한 법실증주의자는 이 전환에 익숙해질 수 없다. 결과적으로 그는 예컨대, 모든 기본권 안에 숨겨져 있는 인격권을, 예컨대 성적 괴롭힘과 야유에 반대하는 개인적 영역, 사생활, 성적 영역의 보호에 관한 법률에서 그렇듯이, 방어권으로서만 간주할 뿐이다. 순수한 보호권은 일의적으로 정의할 수 있고 그렇기 때문에 법률가에게는 실정법적으로 명백히 정식화할 수 있는 것으로 보인다. 물론 예컨대, 노동자의 인격성의 발전을 위하여 취업 요구의 인정이 문제가 되는 경우에, 존재론적 영역을 회피하는 것은 어려운 일이다. 여기에서는 인격성 침해에 대한 보호권만으로는 더 이상 충분하지 않다. 게다가 보호권이 순수한 보호권 이상인 법적으로 정식화한 인격권들과 아무 관계가 없는 경우에만 실무에 있어서 효력이 있다. 이에 대해 호르스트 에만(Horst Ehmann)은 다음과 같이 말

측으로부터 자연법적으로 정향된 반대 제안이 제출되었다: 'L'Avant-projet de déclaration internationale des droits de l'homme et les lois fondamentales de l'Espagne', 이 제안은 유감스럽게도 (실증주의적으로 생각하는 압도적인 수의 대표자들에 직면하여) 고려되지 않았고 그 때문에 사적인 인쇄물로만 제출되어 있다.

한다. "만일 노동자가 다음의 해고 가능한 시기의 '근거 없는' 해결을 두려워할 수밖에 없다면, 그는 어떻게 무리한 요구, 모욕, 무례한 질문, 감시, 성적 모욕, 야유, 노동법 상의 권리의 삭감(초과 노동, 노동시간의 연장, 임금의 삭감 등)에 대해 자기방어를 할 수 있는가."[93] 에만은 다음과 같이 덧붙여서 말한다. "노동자가 그의 활동에 의거해서 사용자에게 꼭 필요하다면, 그는 물론 해고에 대한 보호를 필요로 하지 않고 또한 가능한 모든 인격 침해에 대항하여 자신을 쉽게 방어할 수 있다. 그와 같은 경우에는 사적인 자율로 충분하다. 노동법이 필요하지는 않다. 그런데 이런 이상으로부터 대다수의 노동자들은 아직도 상당히 멀리 떨어져 있다."[94] 물론 이 결과를 순수한 보호권의 대표자들은 감수한다. 자유주의적 경제 및 사회질서는 그들의 사고 형식이다. 이런 사유 방식에 입각하지 않는 법률가들은 그들 편에서 본래 그들이 경멸한 자연법에 대한 책임의 의무를 해명해야만 할 것이다.

경제영역에 있어서 시민권

특별한 어려움을 초래하는 것은 경제적 권리의 정식화이다. 이 가운데서 특별히 사유재산권의 정식화가 그런 것이다. 한편으로는 사유재산에 대한 개인권과 그리고 다른 한편으로는 이 권리의 사회적 의무를 규정하는 국가의 전권의 명명에 모든 공산주의자는 만족할 수 있다.

93 Horst Ehmann, Die Persönlichkeit als Grundlage des Arbeitsrechts. In: Hanau/Lorenz/Matthes, Hrsg., Festschrift zum 70. Geburtstag 1998, 99-119.

94 Horst Ehmann, I.C. Anmerkung 126.

왜냐하면 이 정식화에서는 결국 국가가 다른 상대보다 더 유리한 입장에 있기 때문이다. 그러므로 사유재산권은, 자유주의 경제체제에 적합하지만, 다른 한편으로는 자유주의적 자본주의의 표현이 아닌 것으로 정식화하지 않으면 안 된다.

모든 인간은 사유재산의 획득권을 갖는다. 그러나 그것의 자유로운 처분은 사회적으로 정향된 포괄적 시장경제의 법적 규칙에 의해 지배를 받는다. 이 조항에서 (사회적으로 정향된 포괄적 시장경제의 규칙에 따라) 경제과정에 대한 보조성 원리의 적용이 표현된다. 이와 함께 사유재산에 대한 통치 권력의 전체주의적 요구뿐만 아니라, 완전한 경쟁 모델에만 정향되는 순수한 자본주의도 배제된다. '사회적 시장경제'라는 표현은 피하는 것이 현명하다. 그 이유는 이 개념이 독일의 사회적 시장경제에 의해 이미 확보되어 있고, 그 기본형식에 있어서 완전한 경쟁이라는 순수히 자유주의적, 자본주의 사유 모델 위에 세워졌으며 사회적 특색을 비로소 나중에야 순수히 경쟁에 적합한 수정을 거치는 방법으로 실현하려고 하기 때문이다.[95] 이유는 합리성의 좁은 개념에 있다. 이것은 자원의 합리적 이용 이상의 것을 포괄한다. 그것은 경제사회의 도덕적 복지와 문화적 복지도 포괄한다. 경제와 사회에 있어서 그때 그때 여러 가지 상이한 합리성에 따라 구분하는 것은 순수 이론의 영역에 속한다.

95 이에 대해서는 다음의 논문을 참조할 것. A. F. Utz, Ethische Unebenheiten in der Sozialen Marktwirtschaft. In: Die massive Arbeitslosigkeit und die Wirtschaftsordnung, hrsg. Von Arthur F. Utz, Berlin 1998, 9-17.

인격권

일반적 인격권, 즉 자기 결정권은 우선 이웃의 동일한 인격권에 의해 제약되고 그 다음에 비로소 공통 이익관심에 의해 제약된다. 자유로운 의견 표명에 대한 토의에 있어서는 마치 시민의 도덕적 비방이 민주주의의 본질에 속하는 것처럼 민주주의의 이해 관심이 너무나 빠르게 언급된다. 전체주의 민주국가의 개념도 전체주의 국가의 개념과 동등하다는 것이 숙고되지 않는다.

앞에서 서술된 예들과 함께 주관적 권리의 강조가 동시에 사회적 문제의 고려를 제한한다는 것이 분명해져야 한다. −실정적 국법 및 국제법은 적어도 국가비상사태에서 인권에 대한 제한의 필요성을 인정한다.[96]− 게다가 유비적으로 타당한 법(권리) 요구들이 일치하는 곳에서, 현명한 재화 형평이 계획되지 않으면 안 되지만, 이 형평은 영원불변의 본질 진술, 즉 일의적으로 정의할 수 있는 자연권에 있어서는 존재하지 않는다는 것이 이들 예로써 명백하게 되어야 한다.

---

96 이에 대해서는 다음 논문을 참조할 것. Wolfram Karl, Menschenrechte im Staatsnotstand, in: J. J. Hagen/P. Mader, Hrsg. : Gewalt und Recht, Frankfurt a.M. 1997, 95-122.

V. 정당성

정당성은 아마 정치철학과 윤리학의 가장 복잡한 개념일 것이다. 역사의 경과 중에 사회질서와 정치질서의 모든 기초개념들은 정당성의 정의에 대한 토론에서 많은 논의의 대상이 된다. 이들 개념은 공동선, 법률, 준법, 권위의 획득과 권위의 행사, 다수결의 원리, 민주주의, 참여, 권력분할, 자유, 평등, 다원주의 등이다. 우리가 '역사적' 생성과정과 발전과정을 추적한다면, 가장 안전하게 진행하는 셈이다. 객관적으로 근거가 밝혀진 정의는 오직 세계관과 생명관에 의거해서만 정식화된다. 이 정의는, 우리가 여러 가지 가능한 중점의 존재를 알아차릴 경우에, 끝에 가서 비로소 가능하게 된다.

개념의 역사적 발전에 대한 개관

그리스와 라틴의 고전 대가들에게 국가권위의 인정은 당연한 것이었다. 그들은 오직 선한 권위와 악한 권위만을 구별할 수 있었다. 어떤 것이 선하고 악한가는 상위 규범인 공동선에 따라 결정되었다. 어떤 것이 정당화되고 그렇지 않은지는 '보통의' 즉, 전통적 방법으로 획득되었는가, 그렇지 않은가에 따라 결정되었다. 이것으로부터 국가권력의 찬탈과 정당한 획득의 구별이 생겼다. 정당한 권력에 대한 복종의무는 토론의 대상이 아니었다. 시민의 복종에 대한 거부는 통치자와 피통치자의 동일성(일치)이라는 루소가 원하는 모델에 상응하여 비로소 1789년 프랑스혁명에서 이루어졌다. 그러나 빈(Wien)회의(1814-1815) 이후 (왕정)복고시대에 정당성 개념에 대한 옛날의 파악이 다시 통용되었다. 오직 역사적으로 계승되고 법적인 방법으로 획득되며 장기간에 걸쳐 입증된 통치 권력만이 정통적이라고 인정되었다. 외부의 권력으로써, 예컨대 합병(강점)에 의해 획득된 권력도, 국가 내부에서 혁명에 의해 성취된 권력 탈취도 정당한 것으로서 불릴 수 없었다.

19세기와 20세기의 경과 중에 군주제의 폐지와 입헌군주제의 창설에 의해 정당성 개념의 기본적인 변천이 생겼다. 그런 한에서 통치권의 획득뿐만 아니라 통치권의 행사도 국민의 의지에 의해서만 정당화된다. 그러므로 통치권력의 소유자는 시민복종을 예상할 수 있는 그런 법률들만을 공포할 수 있을 뿐이다. 그런데 정당성은 등급이 있다. 입법자가 특정한 법률의 공포를 결행하기 위해서 시민의 법률복종을 위한 경향이 어느 정도이어야만 하는가? 그것은 오늘날 정당성 개념에 대한 학문적 토론에서 중심을 차지하는 어려운 질문이다.

그 자체로서 정당성 개념에서는 현존하는 국가권력에 대한 시민들의 기본적 신뢰의 필요성만이 표현된다. 국가권력이 전제정치의 손안으로 들어가 헤매이지 않으려 한다면 정통성에 의존한다. 중세에서 이 기본적 복종의 동기는, 통치자가 그의 권력을 신의 은총에 의해 얻는다는 확신에 의해 신앙에 따라 뒷받침되었다. 그러나 이런 견해는, 이미 언급되었듯이, 이미 1789년의 프랑스 혁명과 함께 근대적이 아닌 것으로 되어 버렸다. 인권과 민주주의 이념의 개인화 과정에서 국가권력에 대한 신뢰 대신에 불신이 들어섰는데, 이것은 우리가 국가에 기대하는 이익이라는 동기에 의해 부추겨졌다. 원래의 동기와 비교하여 동기의 실질적 변화가 주목되어야 한다. 다수결 원리는 정통성과 관련하여 더욱 중대하게 된다.

정당성은 국가정책의 규범인가?

정치학은 정당성의 정의를 다루면서 실제의 정치에서는 정당성(Legitimität)과 합법성(Legalität)에 대한 질문을 제기한다. 학문적 토론에서는 특히 복종 동기에는 무엇이 포함되느냐는 문제가 중요하다. 복종 동기가 주어진 통치 권력에 일반적이고 더욱 형식적인 승인에 관계하는지 어떤지 혹은 복종 동기가 정부가 추구하는 목적을 함께 포함하는지 어떤지가 중요한 문제이다. 후자의 경우에 복종 동기는 거의 무수한 가치표상에 의해 가변적이다. 여기에서 이해관심이 역할을 한다. 개인적 실현인가, 개인의 물질적 풍족인가 아니면 정신적 풍족인가 혹은 모든 이에게 적용되는 공동선 등의 개인적 확신인가? 그러므로 정치적 실천에서는 그때그때 구체적으로 해결해야 하는 여러 가지 문제가 제기된다. 정당성은 정의에 의해 결정되지 않고 그때그때의 상황에 따라 해결되지 않으면 안 된다. 실제로는 '정당성'이라는 주제와 함께 통치 가능성, 즉 국가권력이 시민들의 복종을 예상할 수 있는 조건들에 대한 단순한 물음이 제기되어 있다.[97] 국가권력의 구체적 결정과 관련하여 시민들의 정치적 견해가 매우 다른 처지에서 윤리학자는,

97 이에 관해서는: Joachim Heidorn: Legitimität und Regierbarkeit(Sozialwissenschaftliche Schriften, Heft 4), Berlin 1982. 이에 관해서는 나의 논평을 볼 것, in: Archiv für Rechts-Sozialphilosophie 72(1986) 523-530, abgedruckt in: Arthur F. Utz, Ethik des Gemeinwohls, Gesammelte Aufsätze 1983-1997, hrsg. von Wolfgang Ockenfels, Paderborn 1998, 557-565.

어떤 복종 동기가 국가적 통일의 유지를 위해 절대로 필요하느냐는 문제를 해결해야 한다.

이런 문제 제기와 함께 우리는 다음과 같은 인식론적인 근본문제에 직면해 있다. 구체적으로 매우 다른 가치표상들로부터 복종 동기의 공통적인, 명확한 표현(정식화)이 나오는가? 우리가 이 질문을 절대적으로 부정하면, 국가 활동의 규범인 정당성을 위해서는 더 이상 아무것도 남지 않는다. 왜냐하면 우리는 동시에 국가로부터 국민의 의견을 고려하는 가능성을 빼앗기 때문이다.

칼 슈미트는[98], 다수결 원리가 전체 국민의 '실질적 동종성' 혹은 동질성이라는 전제 아래 자체의 정당화하는 힘을 발휘할 수 있다는 것을 순수히 법학적 관점에서 설명했다. 경제적 이해관심, 사회적, 이데올로기적, 종파적, 인종적 이질성은 다수결 원리의 타당성을 빼앗는다. 이것은 다원주의적 민주주의의 경우에 그렇듯이, 다수결 원리가 가치와 진리에 대하여 중립적인 결정방법으로서 이해되는 경우에는 더욱 그렇다. 왜냐하면 실제로 개별시민은 자신의 견해를 절대적이며 토론할 필요가 없는 가치라고 생각하기 때문이다. 이것은, 종파적으로 근거가 제시된 견해들이 문제인 경우에 특히 해당된다. 이 견해들은, 그로부터 공동선에 대한 보편타당한 정의를 할 수 있기 위해 통합적으로 혼합되지 않는다. 그러므로 칼 슈미트는 의회가 가진 합법성(Legalität)을 국민투표에 의해 이해된 정당성(Legitimität)과 뚜렷한 대립관계에 있게 한다. 이런 관점의 논리적 결과로서 결단주의

---

98 Legalität und Legitimität. Berlin^{5}1993.

(Dezisionismus)가 도출된다. 결단주의는 시민들의 결정 동기를 고려하지 않고 국가통치권에 대한 논거로서 아직도 남아 있다. 다만 공동선 개념이 유비적이라는 것, 즉 다양성 안에서의 일치를 의미한다는 점, 따라서 절대적이라고 간주된 가치들도 다양성의 요소들로서 공동선 개념 안에 자리를 차지한다는 점을 칼 슈미트는 인식하지 못했다.

정당성만으로는 정부의 결정규범일 수 없고, 오히려 권위가 사적 이해관심에서 자유로운 진정한 공동선을 결정해야 한다는 것은 분명할 수 있을 것이다. 그렇다면 다른 물음은, 정당성을 배제하지 않으면서 어떻게 공동선을 결정하느냐는 것이다. 칼 슈미트가 제안하듯이, 정당성과 합법성의 뚜렷한 대립은 아마도 정치적 결정의 복합성을 간과하는 것 같다. 다른 한편으로 공동선의 최종적 정식화는 명백하지 않으면 안 된다는 칼 슈미트의 견해는 부정되지 않는다. 그러나 집단 이해관심을 초월해 있는 이 정식화는 다원적 의견에 대한 현명한 고려를 거치는 방법으로 수행되어야 한다. 이 이념은 그 밖에, 아리스토텔레스, 토마스 아퀴나스, 프란치스코 데 비토리아(Francisco de Vitoria)에 의해 이해되었던 고전적 자연법에 일치한다. 물론 칼 슈미트는 고전적 자연법을 전혀 알지 못했다. 그렇지 않으면 가치인식에 있어서 상이함만이 있다는 가정에서 그는 정당성에 모든 법적인 사정을 인정하지 않을 수 없었을 것이다. 실제로 인간적 기본가치들의 인식은 일반적이다. 이에 관해서는 차후에 언급될 것이다. 우리가 이 사실을 안다면, 복종 동기에 대한 일반적인 정식화에 이르게 되는데, 이 경우에는 관용 개념도 가치표상들의 상이함에 대하여 한 역할을 한다.

이미 언급되었듯이, 정당성으로의 정향은 현명한 국가적 법의 힘을 전제한다. 국가의 권위는 본질적으로 이해관심을 초월해 있기는 하지만, 또한 늘 법률의 효력을 주목해야 한다. 이것은 특히 저항을 고려해야 하는 민주주의에서 그런 것이다. 따라서 정당성은 권력행사를 일정한 한계 안에 가두어 둔다. 헌법에 의한 혹은 법률에 의한 긴급명령의 수권(전권위임)이 제한되는, 강력한 권위를 갖춘 민주주의에서 합법성과 정당성의 균형을 유지하는 것이 성공할 수 있을 것 같다.

니클라스 루만(Niklas Luhmann)[99]은 개별적 통치행위가 늘 실질적 내용을 갖추어야 하듯이, 정당성에 필요한 정치적 동기의 통일을 국가의 질서 권력에 대한 형식적 승락에서 보고 있다. 어떤 실질적 가치와 관계가 없는 국가권력에 대한 이런 복종 동기는 막스 베버(Max Weber)의 유형론에도 있다.

막스 베버는 정당한 통치의 3개 유형을 다음과 같이 구별한다: '예부터 있어온 질서와 통치자 권력의 신성에 대한 믿음에 힘입은' '전통적 통치', '통치자의 인격과 베푼 선물에 대한 현실적 헌신에 힘입은' '카리스마적' 통치, '법적 규정'과 '합리적으로 만들어진 규칙들에 의해 근거가 제시된 실질적 권한의 효력에 대한 믿음에 힘입은' '법적 통치' 등이 있다. 특히 마지막에 이름을 든 통치 정당화의 유형은 근대 국가에 결정적인 것으로 되었다. '공공기관과 같은 통치집단'인 합리적 국가는 국가의 명령의 실질적 내용과 관계없이 권위를 수락하는 가능성을 제공한다. 여기로부터 추구된 국가목적에 대한 모든 사상이 없어진다. 다만 권력의 목표와 관련 없는 권력만이 문제가 된다.

---

99 Legitimation durch Verfahren. Neuwied/Berlin[3] 1978.

위르겐 하버마스[100](Jürgen Habermas)는 복종 동기에서 모든 내용을 도외시하는 것에 반대하는 입장을 취했고 정통성의 사회 통합적 의미를 강조했다. 그에 의하면 정당성은 내용 없이는 생각할 수 없는 '정치질서의 승인 가치가 있음'이다. 그것은 사회의 정체성을 구성하는 가치들을 실현한다. 거기로부터 길은 사회정책에 대한 다양한 요구, 즉 복지국가와 생존대비 국가를 향하여 뻗어 간다.

정당성은 법을 형성하는 힘을 갖는가?

정당성은, 한스 켈젠을 따르면, '정당성-이데올로기'라고 지칭될 수 있을 뿐이다.[101] 켈젠을 따르면 국가와 법은 동일하다. 즉 도덕적 가치표상들은 그 자체로부터는 법과 아무 관계가 없다. "순수법학이 법에 의해 국가의 정당화를 부정한다면, 가령 그것이 국가의 모든 정당화를 불가능하다고 선언하기 때문은 아니다. 순수법학은, 법학이 법에 의해 국가를 정당화 할 수 있거나-마찬가지로-국가에 의해 법을 정당화할 수 있다는 것만을 부정한다. 특히 그것이 부정하는 것은, 어떤 것을 정당화하는 것이 법학의 과제일 수 있다는 것이다. 정당화(Rechtfertigung)는 평가(Wertung)를 뜻한다. 평가는 늘 주관적 성격을 가지며, 윤리학과 정치학의 문제이지만 객관적 인식의 문제는 아

100 Legitimationsprobleme im Spätkapitalismus, Frankfurt 1975.

101 Reine Rechtslehre, Leipzig-Wien 1934, 127

니다. 법학이 과학이기를 원하고 정치이기를 원하지 않는다면, 객관적 인식에만 봉사해야 한다."[102] 그러므로 켈젠에 따르면 정당성은 순수히 정치적 개념이며, 이 개념은 정당성의 사태가 국가에 의해 법 구조 안으로 수용되어 있는 경우에만 비로소 법적인 양상을 얻게 된다. 그러나 이 모든 것은 부분적으로만 들어맞는다. 정당성에 관한 토론은 실정법의 준비 단계에서 행해진다. 어떤 법률의 정당성에 관한 탐구가 추구하는 목적은, 국가의 명령이 주권자인 국민의 의지와 일치하느냐 아니냐를 확인하는 것 이외의 다른 것이 아니다. 그런데 이로써 언급되지 않은 것은, 주권자인 국민의 가치표상을 안에 포함하지 않은 모든 도덕적 규범이 미리 법적인 양상을 가지는 것이 아니라 (실정법적인) 국가법 안에 편입됨으로써 그렇게 된다는 점이다. 우리는 이를테면 실증주의자인 켈젠과 차이를 두면서, 실정법적으로 정식화되어 있지 않으면서 법적 고려를 요구하는 이른바 도덕적 명령들도 존재하지 않는가 하는 질문을 할 수 있고 또 해야만 한다. 만일 이런 것이 존재하지 않는다면, 예를 들어 국가사회주의 정부에 대한 뉘른베르크 재판은 결코 가능하지 않았을 것이다. 그러므로 오늘날 모든 민주주의 국가는 보편적인, 즉 도덕에서 유래하는 추상적 원리들을 헌법에 정착시키려고 노력한다. 우리는 이 밖에 시민의 기본권에 관하여 말한다. 1948년에 공포된 UN의 인권선언은 그와 같은 보편 타당한 법 규범들의 한 예이고, 모든 국가는 이들 법 규범을 자체 헌법에 수용해야 한다. 그것은, 법률가가 유일하게 도덕에 귀속시키려고 하는 어떤 권리들이 국가

---

102 A.a.O. 128

에 앞서 존재하고 국가를 구속한다는 것, 따라서 국가 안에서 그리고 국가에 의해서만 법이 존재한다고 하는 켈젠의 주장이 이해 불가능하다는 것의 표징이다. 최고의 도덕적 규범들은, 켈젠의 가치 불가지론과는 반대로, 진정한 인식의 대상이다. 물론 존재하는 어떤 것에 관한 인식 대상이 아니라 존재해야 하는 것에 관한 인식 대상이지만. 켈젠이 신세지고 있는 칸트에게는, 선을 행하고 악을 피해야 한다는 최초의 실천명령을 현실에 관계된 것으로서 인식하기 위해 지리한 경험이 필요하지 않았다. 즉 우리는 칸트의 관념론적 인식론과 결별하지 않으면 안 된다. 그 다음에 우리는 우리의 인식과정의 세밀한 분석에 의거하여, 우리의 인식이 추상적으로, 즉 일반적 존재로부터 출발하여 그것으로부터 구체적 존재자에 도달하는, 예컨대 인간존재 그 자체로부터 개별적 인간존재에 도달한다는 것을 확인할 것이다. 그런데 늘 존재가 중요한 문제이다. 그러므로 최고의 실천명령은 공허하고 순수히 형식적이지 않고 내용, 바로 존재를 갖는다. 따라서 그 명령은 엄밀하게 이해하면 다음과 같다. 존재에 올바르게 적합한 것, 사물, 본성에 적합한 것은 행하여야 한다.

오직 바르게 구체화하는 것이 어려운 일이다. 이 차원에서는 견해의 차이가 생긴다. 그러나 이 문제는 또한 보통 법률의 일반조항을 구체화하는 데에, 즉 재판관이 재량판결을 내려야 하는 경우에 있다. 그러나 그 경우에도 판결은 합리적으로 검증할 수 있어야 한다. 구체적인 평가를 위해서는 이성이 필요하다. 그 올바름은 선한 의지의 실천적 질서에, 즉 존재에 근거를 둔 선을 추구하는 의지에 의존한다. 구체적이고 실천적인 판단들이 서로 다르면 다를수록, 일반적 원리는 합의가 가능하다. 그것에 상응하여 합의가 도달하는 한, 정당성도 정의할 수 있다. 이상의 내용을 뒤돌아보면서 말한다면, 정당성을 둘러싼 전체 논쟁은 인식론의 문제로 귀결된다.

우리가 정당성을 오직 현재의 정부에 대한 국민 대다수의 일시적 공감이라고 이해하는 한, 정치의 실제에서 어떤 정부의 정당성의 정도는 대략 선거결과에서 추론된다. 이 공감이 더 이상의 지평을 갖지 않는다면, 공감에 의거하는 정당성은, 윤리학에서 눈여겨 보면, 국민의 편에서는 과오를 뜻하고 정부의 편에서는 사기를 뜻한다. 그렇게 좁은 지평을 지닌 정당성은 정치적 결정의 규범으로서 간주되기 위하여 형태(Format)를 갖지 않는다. 정부의 정당성이 다수의 자기 이해관심에 의존한다는 사실 때문에, 그것이 입법자에게는 그 안에서 아직 복종 동기가 고려되는 그런 경계를 위한 정향점일 수 있다는 의식을, 윤리적 태도를 지닌 정치가에게 환기해야 한다.

VI. 연방주의

사회와 국가에 있어서 중앙집권주의를 향한 경향

시장경제는 본성적으로 통일로 향하기를, 혹은 오늘날 일반적으로 말하는 것처럼, 세계화로 향하기를 재촉한다. 개별 기업가가 더 이상 자신의 생계를 위해서만 아니라 시장을 위해서도 일하자마자, 그의 결정은 보다 큰 단체의 결정과 밀접한 관계가 있게 된다. 그는 합리화하고 기술화할 것을 강요받는다. 관세경계가 점점 많이 사라지므로, 그에게는 세계경제 안에서 대다수 혹은 강자가 원하는 대로 세계경제의 흐름에 따르기를, 즉 합리화하고 기술화하기를 결정하는 일만이 남아 있다.

그런데 경제영역에 있어서 더 싼 저가로 향하는 보편적 경향은 사회생활과 정치생활에 심각한 결과를 갖는데, 그것은 또한 역으로 경제에 있어서 비용에 영향을 미치게 한다. 모든 사회문제는 통일된 국가의 최고 권력에 의해서만 해결되는 것처럼 보인다. 통일국가는 불가피한 것으로 보인다. 자본집중과 기술화에 의해 생긴 큰 무리의 실업자는 직접적으로 국가에 대항한다. 파업, 특히 소비 사회 전체를 손상시키는 중점 파업은 국가에 대항하는 정치적 행위가 되도록 위협한다. 실업자 보험의 결손은 국가가 부담해야만 한다. 실업자가 고통의 한계를 넘어가는 경우에는, 좌향이든 우향이든 어떤 방식으로 전체주의를 목표로 삼는 정치적 전환에 이르게 된다.

국가법적 연방주의에 의한 탈 중앙집권화

사회에 불리한 작용을 하는 통일국가에 대하여는 오직 국가권력을 작은 지역과 사회집단으로 분할하는 것, 즉 순수히 국법상의 형태인 연방주의가 제시되는 것 같다. 봉건사회와는 다르게 근대 민주제에서는 국법에 의한 연방주의의 정식화가 중요하다. 민주주의에서는 국가법이라는 길 이외의 다른 길에서 연방주의가 안정될 수 없다. 그러므로 연방주의의 역사도 통일국가로부터 탈 중앙집권화와 분절화한 국가연합(Staatenbund) 혹은 연방국가(Bundesstaat)에 이르는 발전과 일치한다. 그런데 이 국가법적인 형식의 배후에 숨어 있는 생활이 사회윤리학적으로 특히 중요하다.[103] 순수하게 국가법적인 연방주의를 주장하는 자들은 필요한 책임의식을 갖는 시민(계층)이 아직 형성되어 있지 않다는 사실을 간과하고 있다. 시민은 그 자체로, 비교적 작은 자율영역에서 공동목표를 추구하는 것이 얼마나 유익한지를 경험하지 않으면 안 된다. 그러므로 연방주의에서 우선 첫째로 중요한 것은, 심지어 순수히 경제적인 계산을 단념하면서도 자의식이 있고 만족하는 시민(계층)을 교육하는 것이다. 그러한 권력분할의 비용은 자주 지나치게 고려된다. 반면에 그 배후에 직접적으로 수학적으로는 결정할 수 없는 관심사, 즉 시민의 물질적이며 특히 정신적인 행복도 있다. 시민들의 이러한 정신적 행복은, 우리가 그들에게 위대한 국민을 그들의 으뜸이

103 다음의 저서를 참조할 것. Das gründliche Werk von Ernst Deuerlein, Föderalismus, Die historischen und Philosophischen Grundlagen des föderativen Prinzips. München, 1972.

며 근원적인 고향이라고 선전하면서 보여줌으로써 성취될 수는 없다.

연방주의의 사회윤리학적 기초

그러므로 정치의 실천에 목표를 둔 학문적 서술들에 있어서는 사회적 구조 원리인 연방주의의 내적 핵심을 중요시한다.

경제, 사회와 국가의 형식적 구별을 아직 알지 못했던 아리스토텔레스는 국가를, 그 안에서 개인이 타인들과 협동하여 자신의 행복을 실현하고자 하는 사회적 유기체라고 이해하였고, 결과적으로 정치질서는 포괄적인 공동생활의 완성 이외의 다른 것이 아니다. 그리고 이 공동생활은 가족에 기초를 두고 친족을 경유하여 지역공동체 혹은 도시에, 최종적으로는 오늘날 우리가 국가라고 부르는 총괄하는 요소에 도달한다. 그런데 이 요소는 옛 사람들(고대 그리스 사람들)에 의해 오직, '본성적으로' 주어진 결합에 있어서 질서를 배려해야만 했던 통치권력이라고 이해되었다. 그 당시의 사람들은 연방주의에 관하여 언급하지 않았지만, 어쨌든 아리스토텔레스 시대에는 그것에 따라 생활했다. 로마의 통일국가에서는 이와는 사정이 달랐다.

연방주의의 사상은, 사회윤리학적 원리들이 특별한 방식으로 정식화되기 이전에, 예컨대 보조성의 원리, 공동체주의, 단체주의와 같은 일련의 사회윤리학적 원리들을 예상했다. 연방주의의 기본 경향은, 인간이 개인과 사회적 존재로서 정상적으로 성장할 수 있는 자연적 질서로 그를 돌려보내는 것이다. 위로부터의 무익한 명령에 대하여 연방주의는 개인의 자유를 수호하고, 집단주의에 대하여는 개인이 물질적이며 정신적으로 최상으로 번영하는 그룹을 형성하는 데 있어서 창조적 자유를 수호한다. 개인은 사회에 의하여 흡수되고 익명의 단위로 되지 않아야 한다. 이로부터 우리가 고향이라고 부르는 것에 대한 애호가 설명된다. 국가법의 정식화는 발전한 사회구조에 입각해서만 발생한다. 편파적으로 생산성이라는 경제원리에 의해 명령된 통일화는, 마침내 전체 생활의 세계화와 동시에 모든 개인을 직접적으로 전체에 결합하는 데서 끝나며, 연방주의는 이것을 거부한다. 그러므로 연방주의는 오트마르 슈판(Othmar Spann)에 의해 주창된 보편주의와 구별된다.

연방주의에 포함된 보조성의 원리에 따라 부분집합들은, 보다 큰 전체에 편입되기를 전적으로 반대하는 절대적 조직으로서 이해되지 않는다. 그러나 개별집단이나 단체의 권한에 대한 판단은 오직 더 큰 단체에 의해 내려지는 것이 아니고, 오히려 어떤 과제를 진보의 과정에서 더 이상 실현할 수 없다는 것을 확인하는 집단의 자체 경험에 의존한다. 그것은 보조성의 원리에 포함되어 있는 중요한 관점이다. 즉 모든 개인과 단체에 가능한 대로 최대한의 자유를 주고 위로부터의 권위는 필요한 만큼만 최소한으로 허용하자는 것이다. 쌍방의, 즉 큰 공동체와 더 작은 집단의 고려 아래서만 결정될 수 있다는 사실은 물론 쌍방으로부터 충분한 자아비판을 요구하며, 이것 없이는 타인의 관심에 대한 공감이 없다. 그러므로 국가들이 더욱 포괄적인 국가공동체(유럽연합을 참조)를 결성하는 경우에, 우리는 개별국가의 자체결정권을 어떤 방식으로든 주목해야 하고, 또한 다른 한편으로는 시대에 뒤진 자체관할권의 포기에 대한 개별국가의 채비를 전제하게 된다.

연방주의가 진보적인 요소이라기보다는 더 보수적인 것이라는 사실은 부정할 수 없다. 연방주의에 대한 이런 비난은, 특히 긴밀히 기술 진보를 따르도록 강요된다고 보는 경제학 측으로부터 가해진다. 그러나 개인과 보다 작은 집단들이 토착의 주위 환경으로부터 떨어지는 데서 생기는 장기적 작용을 생각해야 한다. 개인과 보다 작은 공동체들의 보호에서만 성장하는 사회적 평화는 결국 경제적으로도 이익이 되는, 돈으로 살 수 없는 재화이다. 연방주의는 다수의 정치적, 문화적 그리고 경제적 중심을 가능하게 하고, 균형 잡힌 지역 구조를 촉진하며 제한된 정도에서 위험의 실험과 탐색을 가능하게 하고, 특히 통일국가를 조장하는 정당제도에 대한 일종의 브레이크이기도 하다. 우리가 통합국가에 있어서 개인의 익명화를 근거로 비용이 비싼 공법적 제도의 도움만으로 해결할 수 있는 수많은 사회문제들은 직접적인 인간 사이의 관계를 통하여 처리될 수 있다. 이러한 관계를 활용하는 것이 연방주의의 기본 관심이다.

연방주의는 특히 사회윤리학의 원리이므로, 국가법에 의한 경계 설정이라기보다는 오히려 현명한 재량의 대상이다. 그런데 연방주의는 국가법적으로도 어떤 방식으로 파악될 수 있어야 한다. 공동체주의가 주장하는 것과 같은 국가에 대한 부정적 태도는 야생으로 자생하는 정책과 같다.

연방주의를 국가 법적으로 연방국가로서 정식화하기 위한 조건들

벌써 말했듯이, 연방주의는 보조성의 원리에 일치하여 국가의 통치 권력의 분할로 향하는 경향이 있다. 그것에 관해서는 전체 단체의 국가법적 정식화가 있다. 이하에서는 연방주의 원리의 가장 엄격한 국가법적 적용만이, 즉 연방국가에 대한 적용만이 주목되어야 한다. 연방국가의 국가법적 단체들은 자체로는 다음과 같이 간단히 제시된다. 즉 최하 단위의 지방 자치단체, 주, 연방국가 등이 있다. 그런데 제기되는 문제는, 어떤 조건 아래에서 연방국가가 잘 분절화된 국가체로서 기능하느냐 하는 것이다. 이에 더하여 일련의 사회적, 특히 민족적이고 문화적이며 특히 도덕적인 조건들도 충족되어 있어야 한다. 개별적 부분들은 어느 정도의 동질성을 내보여야만 하는데, 이것은 대체로 어떤 방식으로든 가족 공속성의 감각이 생동하고 있는 경우에만 주어져 있다. 이민자의 수가 초과해 있는 경우에 연방의 건설은 결코 가능하지 않다.

연방주의에 관한 문헌에서는 오늘날의 스위스가 뛰어난 본보기로서 언급된다. 어떻게 민족적으로도 언어적으로도 상이한 연방국가 안의 분절국가들㈜이 잘 기능하는 통일체로 될 수 있는가를 우리는 스위스를 모범으로 삼아 묘사한다. 그런데 우리는 이런 구성에 선행한 전쟁들과 외국의 정치적 전제를 잊어버리고 있다. 스위스의 연방주의는 하나의 성장한 형성물의 결과라기보다는 오히려 공동으로 체험된 운명의 결과이다. 그런데 역사적으로 보면, 모든 주에서 고향감정이라는 의미에서 스위스 전체의 감정이 관철되었음에도 불구하고, 독일어권과 로맨스어권 간의 이전의 내적인 결합이 견고한 연합의 기초는 아니었다. 상호 공감의 발전을 저해하는 요인은 문화문제에서 로맨스어 주가 독일어권 주와 의사소통을 하는 것이 불가능한 점이다. 독일어권

주들이 수많은 사투리로 나뉘어서 로맨스어 주의 사람들이 '표준 독일어'를 배우기가 거의 불가능해졌고, 이런 현상은 표준 독일어가 독일어계 여러 주의 방송에서 사용되지 않았을 때에 더욱 많아졌기 때문이다. 사람들이 베른(Bern) 주를 로맨스어권 주들로부터 분리하는 '그을린 도랑'(Röstigraben)이라고 비아냥거리는 투로 말하는 것은 이유가 없는 것이 아니다.[104]

최소한 연방 증축의 최하위 단계인 지방자치 단체에서는 민족적 동질성이 명백히 나타난다. 자치단체에서 국가의 시민은 자신의 정치적 투신을 시험해 보아야 한다. 오늘날 확인할 수 있는 지방자치 단체 통합의 경향은 순수히 행정 기술적 관점에서는 비용이 덜 들 수 있지만, 정치적 견지에서는 자주 불리할 수 있다. 순수히 시장경제적인, 즉 경쟁 경제적인 이해관심으로부터 지방자치단체 경제의 세계화로의 개방이 추구된다. 자치단체의 자율성이 자주 호의정책에 의해 특징지어진다는 것은 맞는 말일 수 있다. 다른 한편으로 자율적인 경제정책의 사회학적 가치가 간과되지 않아야 한다. 새롭게 보아 알아차릴 수 있듯이, 연방주의적 정치는 구체적 재량판단에 매우 의존한다. 여기에 연방주의가 너무 쉽게 기술적 및 경제적 진보사상에 희생되는 위험이 있게 된다.

연방주의를 법적으로 실현하기 위한 주된 문제는 아마도 권한을

---

104 Rösti'는 구운 감자에 해당하는 독일어권 스위스의 명칭으로서 원래 독일어권 스위스, 특히 베른에서 선호하는 음식이다. 이 음식은 베른 식으로 각인된 명칭과 함께 로맨스식 요리에 의해 받아들여졌다.

분배하는 것, 즉 그때그때의 자율을 규정하는 일일 것 같다. 외교 정책, 국방 정책, 통화 정책, 국적의 처리가 최고 부문, 즉 연방국가의 소관이라는 것은 물을 필요가 없을 것이다. 동일한 것이 예컨대 우편(제도)과 통신(제도)에도 적용되는지 어떤지는 오늘날 토론되고 있다. 어쨌든 그와 같은 결정은 주와 상의해야 한다. 그 밖에 주들은 국가의 차원에서 대표로서 출석한다. 조세(제도)에 있어서 분배는 늘 격렬하게 논쟁이 되는 문제이다.

여기에서 우리는 개별적으로 이러한 실제적인 문제들을 다루지 않아야 한다. 실제에 있어서 보조성의 원리는 비용이 덜 드는 행정이라는 이의 때문에 통일국가에서 너무 쉽게 무시된다는 것만을 지적할 수 있다. 더 싼 것이 반드시 더 좋은 것은 아니다. 다른 어떤 곳에서 절약은 지출 초과에 의해 보충된다. 정치생활의 경제화는 언젠가, 그리고 어디에선가 보복하는데, 통합에 의해 부추겨지는 시민들의 정치적 무관심에 있어서는 확실히 그렇다. 주들과 특히 지방 자치단체들의 자치는 일반적인 정당제도에 의해 위태롭게 되어서는 안 된다.

모든 숙고로부터 다음의 사실이 알려진다. 즉 연방주의는 무엇보다도 많은 현명과 책임의식을 시민들 측에 요구하는 사회윤리적 문제이다. 익명의 통합정책을 제한하는 것은 정치적이며 윤리적으로 교육된 시민의 토대 위에서만 가능하다. 이 토대를 유지하기 위해서는 어떤 비용지출도 꺼리지 않아야 할 것이다.

3 민주주의

3 민주주의

Ⅰ. 민주주의의 윤리적 정당화

윤리학의 특별한 문제인 민주주의

국가가 포괄적 사회로서 정당화되고 그 자체로는 통치형태와 어떤 관계가 없다는 것이 입증된 이후로, 통치형태는 그 자체로 어떤 고유한 정당화가 필요하지 않게 되었다. 통치형태는 윤리학적으로는 국가목적에 쓸모 있는 통치권력의 조직화와 다른 것이 아니다. 물론 국가목표에 쓸모가 없는 특히 전제정이라고 불리는 통치형태들도 있다. 그러나 이 통치형태들은 윤리학에서 배제되어 있는 남용형태이다. 단일한 통치형태에 맞추어져 있는 윤리학은 군주의 귀감서에 비교될 수 있다. 이 귀감서에서는 군주들에 대하여 그들이 기대한 행동양식이 서술되었다. 그리하여 우리는 또한 군주에 의한 것이 아닌 다른 모든 정부를 위한 직무용 소책자를 작성할 수 있을 것이다. 정부가 통치권력을 합법적이며 정당하게 소유하고 있다는 것은 늘 전제된다. 그와 같은 정치적인 직무용 소책자도 생각할 수 있고 아마도 민주주의적으로 선출된 의원들에게도 쓸모가 있을 것이다. 그러나 이 목적을 위해서는 상이한 선결문제들이 해명되어야 한다. 여기에는 특히 다음의 문제가 있다. 할당된 시간 동안만 그리고 자주 전적으로 특정의 목적을 위해 위임을 받은 국민의 대표자는 어떤 규범에 따라 의회에서 처신해야 하는가? 물론 그의 위임이 매우 엄격하게 확정되어 있을 수 있다고 해도, 어떤 윤리학도 국민의 대표자를 양심에 대한 의무로부터 면제할 수 없다. 어떤 정치인도 자신의 양심에 어긋나는 제안에 동의해서는 안 된다. 그러나 여기에 문제가 있다. 그는, 만인을 위한 행복의 정치를 발휘하라는 일반적으로 정식화한 명령을 위임 받지는 않았다. 헌법이 의무지워진 위임을 비난할지라도, 국회의원은 자신이 특정한 이익집단에 의해 선출되었다는 것에 대하여 늘 분명히 알고 있어야 한다. 모든 양심의 의무에 있어서 그는 이 이익을 대표해야 하고 혹은 그렇게 할 수 없다면 사직해야 한다. 여기에서 우리는 민주주의에 제기되어 있는 다음의 중심문제에 당도한다. 즉 목적인 공동선이 탁상공론일 뿐이고, 그 정치가 실제로는 계속하여 변화하는 이익집단들의 타협 이외의 것에 있지 않는 국가형상을 생각해 내는 것이 윤리학적으로 옳은가? 인간본성에 정향된 정치는 타협할 전적인 용의가 있으면서도 특정한 가치원칙을 포기할 수 없다. 이 가치원칙이 부분적으로 국가헌법 안에 확정되어 있다 할지라도 (예, 생명권), 형식적으로 이해된 개인적 자유의 우월함에 의해 식별하기 어렵게 된다. 모든 가치 위에 다원주의가 자리잡고, 이것이 민주주의의 기초가 되어 버렸다. 이에 대해서 고대와 중세의 고전적 대가는 미처 생각할 수 없었다. 그 이유는 사람들이 가치

중립적 국가를 아직 알지 못했기 때문이다. 이미 언급했듯이, 국가형태에 관한 질문에서 최고의 관심사는 국가의 목표인 만인의 복지에 최고로 기여하는 국가형태를 발견하는 것이었다. 고전적 대가들은 윤리학을 착하고 행복한 삶에 관한 가르침이라고 이해했기 때문에, 그들에게 정치학은, 아리스토텔레스에 있어서처럼, 윤리학의 최고 단계였다.

이러한 기초로부터 윤리학자는 오늘날, 근대적으로 이해한 민주주의를 어떤 논증으로 정당화할 수 있는가를 설명할 수 있어야 한다. 이 경우에 특히 주목해야 할 것은 정치에 있어서 인간 행동에 대한 윤리적 평가가 아니라, 행위가 발견되는 공간인 체계이다. 이러한 생각은 주목되어야 한다. 왜냐하면 이것은 모든 민주주의 이론에 의하여 니콜라스 루만의 독특한 체계이론에 이르기까지 일관하고 있기 때문이다.[105] 자기실현이 아니라 오직 체계가치, 즉 체계를 유지하는 행위에 관한 설명만이 있을 뿐이다.

민주주의의 정의에 관한 물음

역사적으로 보면, 민주주의라는 개념은 통치권력의 오용과 함께 만들어진 경험에 따라 형성되었다. 고전적 정치학에서 지배적이었던 공동선 개념은 더 이상 인간본성에서 유래하는 철학적 개념이 아니라, 국민이 자체를 위해 자신의 복지라고 파악하는 공동선이었다. 즉 링컨이 표현하듯이(1863) 민주주의는 '국민의, 국민에 의한, 국민을 위한 통

105 N.Luhmann, Komplexität und Demokratie. In: Politische Vierteljahresschrift 19(1969) 314ff.

치'(government of the people, by the people, for the people)이다. 그리하여 링컨은 통치자와 피통치자의 동일성이라고 하는 장 자크 루소(1712-1778)의 중심사상을 계승했다. 민주주의의 모든 표상에서 기초적인 것은 자유주의적인 개인의 자유이다. 순수히 자유주의적인 정의라면, 모든 사회적 관심을 제외하고 빈부의 격차를 감수했을 것이다. 그러나 프랑스 혁명은, '자유, 평등, 박애'라는 표어 아래 공산주의적 구상을 위한 문호조차도 개방했다. 민주주의에서는 질서 전체에 국민의 매우 다양한 관심이 통합된다. 즉 자유, 특히 자유로운 의견 표명, 가치표상의 다양성, 다원성, 열린 역동성, 의견의 경쟁, 수입과 재산 분배에 있어서 평등 등. 각기 세계관적 정향에 따라 내용이 풍부한 민주주의 개념에서 우세한 상이한 의도 중의 하나가 결정적 역할을 한다. 기본적으로 말하자면, 모든 구성에 있어서 늘 가능한 한 통치권력에 대하여 우위에 있다고 하는 형식적 자유가 민주주의 사상의 출발점이다. 개인적 자유는 국가 공동체의 다수 구성원에 분배되므로, 우리는 결정 다원주의도 기본 의도라고 부를 수 있다.

다원주의의 이념

데카르트(R. Descartes, 1569-1650)가 지성을 실재로부터 분리시킨 이후에 감각적 경험을 넘어서는 진리는 더 이상 없게 되었다. 감각적 경험은, 늘 실재에 일치하는 일반적인 것의 인식에 도달하지 않은 채, 우리가 수집할 수 있는 오직 일회적인 사실만을 중개할 수 있다. 이른바 모든 가치인식은 몸소 체험한 행복이나 불행의 느낌과 다른 것이 아니다. 그러므로 미래를 위한 모든 결정은 우리가 행복을 추구한다는 의미에서 새로운 경험을 만들려고 하는 시도이다. 그러나 시도에 있어서는 늘 오류가 고려되어야 한다. 이러한 의미에서 포퍼는 시행과 착오(trial and error)의 이론을 구축했다. 그러므로 다수의 인간에게 타당한 정치결정을 위해서는 다수의 결정만이 남는다.

그러나 이 다수결정의 이론은 고전적 이해에서의 다수결과 같은 이론은 아니다. 고전 사상가들은 아리스토텔레스를 본받아 다수결에서 진리에 대한 접근을 찾아내었다. 사람들은, 다수가 어떤 관점에서는 균형 있는 이성인식의 결과와 같다는 견해를 가졌다. 데카르트의 감각주의가 승리한 이후, 진리인식을 향한 접근에 대한 모든 희망도 오류로 간주되었다. 다수의 전체에 대하여 어떤 실제적 의미를 가졌을 공동선 개념에도 동일한 것이 적용된다. 그러므로 수많은 개인의 감각이, 이성과 진리에 대한 어떤 요구도 없이 딜레마에서 빠져나오기 위한 유일한 양식이다. 만약 우리가 이러한 사유 방식을 철학이라고 부르는 것이 허용된다면, 민주주의의 자유주의적 정의는 이 철학에 근거한다. 이렇게 국가의 통치 권력은 배제된다.

자유주의적 민주주의 – 순수한 다원주의

민주주의에 관한 자유주의적 이해는, 만인의 형식적 자유라고 하는 관점에서 볼 때는 민주주의적 정치 이해의 가장 논리적인 형식이다. 사회정의의 요구는, 각자가 자신의 실적에 의해 획득한 것을 소유함으로써 충족된다. 다만 자연적 이유에서 어떤 실적도 낼 수 없는 이들은 이 경우에 고려되고 있지 않다. 자유주의적 의미에서 그 관심은 개인들의 인도적인(인보적인) 관계에 의해 실현된다.

민주주의의 이해에 사회적 요소를 받아들이는 것은 경고된다. 만인을 위한 평등한 자유는 공산주의적 처방전에 따라 수입과 재산을 만인에게 평등하게 분배하는 것과 혼동되어서는 안 된다.

민주주의의 자유주의적 이념은 동시에 정치적 다원주의, 즉 통치자와 피치자의 동일성이라는 가장 순수한 형식이다. 만인은 형식적으로 정치적 결정의 평등한 권리를 갖는다. 실존적 이해관심은 배경으로 물러난다. 정치학자이며 사회주의자였던 하랄드 라스키(Harald Laski)는 그 지체로서는 정치적 결정의 이러한 직접적 다원주의를 옹호하였다. 그러나 그는 동시에 시민들의 실존적 이해관심을 이해하였고, 이해관심의 개인주의적 경쟁투쟁에 있어서 저절로 그 결과로서 사회통합이 생기므로 국민의지의 대표와 국가권력의 간섭이 불필요하다고 생각하였다. 그러나 그와 같은 민주주의는 안정된 관계를 만들어낼 수 없다. 그것으로 불만족한 이들의 힘이 제거되지 않는다. 경제정책과 사회정책의 지속적이며 실질적인 변경은, 예컨대 시장경제에서 계획경제로라든가 거꾸로 어떤 선거 시기에서 다른 선거 시기로의 변경은 실현될 수 없다.

동일한 것이 순수한 자유주의적 민주주의에도 해당된다. 정치는, 여러 가지로 시도되었듯이(J. M. Buchanan/G.Tullock, A. Downs), 시장경제에 대한 대비로서 구성되지 않는다. 물질적 이해관심은 자유를 향한 의지로부터 분리되지 않는다. 형식적 자유만을 다루는 순수한 다원주의는 유토피아이다. 그 자체로 순수한 다원주의를 실현한다고 하는 모든 투표 민주주의에서조차도 결코 포괄적인 타협에 스스로를 구속시키지 않는 이익집단들이 저절로 형성된다.

니콜라스 루만은 기껏해야 개별적인 민주주의적 결정에 있어서 타협을 인정한다. 그에게 중요한 것은 견해의 다양성, 체계의 전면적 역동성과 개방성이다. 지속적 합의는 그에게는 반민주적인 것이다. 민주주의는 의견과 결정의 복잡성에서만 유지될 수 있다. 따라서 전면에는 자유결정에서 자아실천을 추구하는 인간이 아니라, 체계의 존속이 위치한다. 물론 자신의 마음에 드는 선택이 각자에게 열려 있는 경우에만, 이 목적이 달성된다. 그러나 이러한 선택도 유연한 경우에만 민주주의에 적합하다. 기본적으로 영원한 민주주의의 제도판 위에서 착수된 이런 숙고는 늘 변화하는 시민들의 가치선호에 대하여 민주주의가 요구한 개방성의 실현에 다름 아니다.

대의 민주주의

자유가 이익선호와 결부되어 있는 순간에는 최소한 부분적 합의가 생기고, 그것은 집단형성과 그에 알맞은 대표성의 요구에서 표현된다. 대의민주주의 혹은 투표민주주의 중 어느 것이 우선되어야 하느냐의 물음은 개별적 체계의 기능능력에 의존한다. 근대 민주주의에서는 진리, 즉 진정한 공동선이 아니라 오히려 정부에 대한 국민의 참여가 중시되므로, 어느 정도의 규모에서 기능할 수 있는 한 투표민주주의가 순수하게 이론적으로 우위를 가져야 한다고 말할 수 있다. 모든 시민에 의해 심각하게 관찰되지 않으면 안 되는 실질적 문제에 있어서는 아마 어떤 경우에도 국민투표가 적절할 것이다. 그러나 이러한 판단도 모든 구체적 조건들을 고려하는 경우에만 효력을 갖는다. 부분적으로 재력이 있는 연구기관들에 의해 유지되는 오늘날의 미디어의 힘이라는 경우에서 보면 도대체 아직도 알아들을 수 있는 국민의 의지가 존재하느냐 어떠냐 하는 것이 점점 더 의심스럽게 된다. 대의제의 열렬한 옹호자는 추가하여 국민표결에 의해 해결할 수 없는 오늘날의 사회적 및 경제적 문제들의 복잡성을 지적한다. 다른 한편으로 국민표결은, 정부이든 정당이든 간에, 그들의 추상적 관점으로부터 생각할 수 없는 사정에 대하여 정치적 대표자들의 눈을 열어줄 수 있다. 스위스에서 정부와 정당에 반대하여 표방된 국민표결은 자주 객관적으로 정당화되는 좋은 기여를 하였다. 다른 한편으로 의회로부터 국민에게 제출되는 법안에 있어서 많은 시민들은 전체적 사태를 판단할 수 없다. 그러기 위해서는 자주 특별한 전문가 위원회가 필요하다.

사회적으로 구조화된 민주주의에 있어서 정치적 결정은 사회적 대기실에서 준비된다. 여기에서 수많은 다양한 개인의 이익이 걸러지고 같은 종류의 이익이 집단에 묶여진다. 국가와 개인 사이에 형성되는 이러한 중간적 이익집단은, 법제사학자인 오토 폰 기르케(Otto von Gierke)가 1908년부터 1913년까지 여러 권으로 출판한 저서인 '독일 협동조합법'에서 지적했다. 이 해석에 구성주의, 공동체주의 및 유사한 사회이론들이 따랐다. 스스로를 정치적 구성체라고 이해하지 않는 이들 이익단체에 더하여, 예컨대 노동조합과 경영자 단체처럼, 기존의 정당과 긴밀한 연관을 갖는 이익단체가 형성되었다. 대의민주주의는 자체로서 투표민주주의보다 공동선의 오래된 관심에 더욱 근접하는 이점을 가질 수 있다. 왜냐하면 정치적 결정이 단지 다수의 산술적 결과는 아니기 때문이다. 슘페터(Schumpeter)의 엘리트이론은 공동선의 의미에서 정치적 분업이라고 하는 이런 관점을 늘 강조하고 있다.

민주주의적 다원주의에 있어서 큰 결함: 충분하지 않은 공동선

개인주의는 대의민주주의에서 어느 정도의 제한을 받는다고 해도, 집단들의 이익 다원주의는 언제나 본질적으로 국가존재에 속하는 통합이념에는 아직 일치하지 않는다는 딜레마가 남아 있다. 우리가 안정된 정책을 추진하고자 하면, 개인들을 넘어서는 규범인, 객관적으로 근거가 있는 공동선 개념을 포기할 수 없다. 전체주의에 대한 대응조치인 다원주의는 그 자체만으로는 해결책일 수 없다. 그러므로 E. 프랭켈[106]은 자신의 신다원주의로부터 다음과 같이 설명했다. 즉 "다원주의적 민주주의는 다음의 경우에만, 즉 개별 집단들에서 나타나는 다원주의적 성격에 관하여, 전 국민의 조직이지만 민주주의를 의미한다는 것이 간과되지 않는 경우에만 생명의 힘이 있다. 모든 다원주의적 민주주의의 까다로운 질문은, 집단적으로 타당하게 만드는 개별 이익을 인정한다고 해도 어떻게 공동의지가 형성되고 공동선이 촉진될 수 있느냐는 것이다. 다원주의적으로 조직된 민주주의의 두드러진 특징은, 민주주의가 일반적으로 타당한 가치질서의 최소한의 요구를 존중하면서 국가라고 하는 테두리 안에서 집단이익을 조정함으로써 공동

106 Deutschland und die westlichen Demokratien, Stuttgart[5]1973.

선을 실천하려고 노력하는 데에서 관찰된다." 물론 프랭켈이 이 일반적으로 타당한 가치질서를 어느 곳으로부터 취하는지는 분명하지 않다. 일반적으로 타당한 가치질서는 도덕적 판단에 의해서만 인식할 수 있다. 그러나 프랭켈에 있어서는 인식 수단으로서 이익 대표자들의 순수한 타협만이 남아 있는 것으로 보인다. 이것으로는, 프랭켈이 원래 추구하지만 발견하지 못하는 자연법론적 근거 제시를 위해서 충분하지가 않다.[107] 다원주의적 민주주의라는 근대적 개념을 윤리적으로 정당화하기 위한 어려움은 이러한 인식론적 결함에 기인한다. 어떻게 이 결함이 제거될 수 있는가? 도대체 이 결함이 제거될 수 있는가? 이 결함은 이론적으로는 제거되지 않는다. 그 이유는 다원주의의 근대적 개념이 모든 보편적으로 타당한 가치인식을 부정하기 때문이다. 실제로는, 사회 구성원들이 사실상 절대적이며 보편적으로 타당한 가치들에 관한 확신을 표명할 경우에 어려움을 피할 수 있을 것이다. 이런 경우에만, 현존하는 다원주의적 민주주의가 자체의 근본적인 이론적 오류에도 불구하고 윤리적으로 정당화 될 수 있을 것이다. 윤리학자는 이러한 사태에서 오직 민주주의적으로 조직된 사회의 도덕 교육만을 지적할 수 있다. 이런 과제는 원래 교회가 떠맡을 수 있어야만 할 것이다. 그러나 교회의 구성원들도, 원래 교회 교도직의 교의적 견해에 따라 자연법론적 사고에 의무를 지고 있지 않으면 안 될 가톨릭 신도들에 있어서조차 우리가 확인할 수 있듯이, 일반적으로 타당한 도덕 규범에 대한 감각을 잃어버렸다. 그러므로 어떤 방식으로든 자유민주주의는

107 이에 관해서는 다음의 저서를 참조할 것. Joachim Detjen, Neopluralismus und Naturrecht, Zur politischen Plilosophie der Pluralismus-theorie, Paderborn 1988.

사회주의적 민주주의로 빠져들 위험에 처하게 된다. 우리가 일반적이며 자연적인 원리들에 관한 합의를 확인할 수 있는 동안만, 민주주의를 윤리적으로 정당화할 가능성이 있다. 사실 이러한 원리들은 실제로 알려지지 않은 채로 수많은 종류의 민주주의적 조직 안에 포함되어 있다. 그러나 자체로서는 각자의 이성에 접근할 수 있는 이 원리들은 기본적인 가치중립성의 채용에 의해 감추어지게 된다. 그러므로 모든 민주주의 이론은 다원적 민주주의 표상의 경향이 있고 그렇게 하여 윤리적 정당화를 피하고 있다. 어느 정도의 동질성 없이는 기능하는 어떤 국가도 없다. 가장 강한 동질성은 인종의 공통성에 근거한다. 이것이 존재하지 않는 경우에는 같은 생활규범이라는 형식에 있어서 고도의 정신적 공통성이, 다른 말로 하면, 사정에 따라 서로 다른 여러 가지의 종교적 신앙에도 불구하고, 같은 윤리라고 하는 형식에 있어서 고도의 정신적 공통성이 필요하다.

오해를 피하기 위해, 여기에서는 타협에 대한 어떤 공격이 실시되지 않는다는 것이 강조되지 않으면 안 된다. 관용의 원리 위에 구축하는 타협이 없이는 보통의 공동생활이 존재하지 않는다. 이것은 베른하르트 주토어(Bernhard Sutor)가 적절하게 강조했다.[108] 그런데 근대 민주주의는 절대적 가치 다원주의, 즉 순수한 민주주의로의 경향을 갖고 있으므로, 어떻게 그것이 이런 관점 아래 정당화 될 수 있느냐는 문제가 제기된다. 토마스 아퀴나스는 사회 안에서 절대적 가치 다원주의를 미처 생각할 수 없었다. 관용에 관한 그의 학설은 늘 자연법적 원리

108 Toleranz und Kompromißfähigkeit. In : Die Neue Ordnung, 53. Jg., 1999, 36-46.

들의 일반적 인정을 전제한다. 그는 심지어, 인간이 가장 일반적인 도덕적 근본 규범들을 거부하는 것은 불가능하다고 말했다. 오직 이 기초로부터만 논리적으로 타협을 생각할 수 있다.

개인들의 이익관심의 합의만이 아니다

정치적 조직인 민주주의를 위해 '일인일표'에 의해 요구되는 합의는 개인들의 이익의 단순한 공통성 이상이어야 한다. 이익은 사회적 질서 규범에 연관되어야만 한다. 여기에서 생각해야 할 것은, 생태학(die Ökologie), 특히 미래세대를 위한 현재 사회의 사회 정책적 책임이다. 현재 사회가 자체 이익 때문에 미래세대를 희생하여 짐스러운 부채를 증가시키는 것은 허용되지 않는다. '일인일표'의 민주주의는 가족 투표나 부모 투표를 알지 못한다. 그러므로 안정된 사회를 위한 질서규범에 관해서 개인적 이익을 넘어서 합의를 발견하는 것은 모두 현재 세대에 달려 있다.[109]

발전도상국의 민주화를 위한 결과들

일반적으로 발전도상국들은, 근대 민주주의 이론에서 전제되는 뚜렷한 개인주의에 의한 특징을 갖지 않는다. 이들 국가는 전통적 집단들과 매우 강하게 연결되어 있다. 물론 공동의 생활 극복이라는 이 형식

---

109 여기에 관해서는 Max Wingen의 교훈적인 논문을 참조할 것. Familienrecht-Grundrecht für Kinder, in: Die Neue Ordnung, 53. Jg., 1999, 118-128.

은 대개 우리가 고향이나 아마도 부족 연맹이라고만 지칭할 수 있는 것의 한계까지만 다다른다. 그것은 대체로 우리들이 큰 사회들에 있어서 지방 자치라고 이해하는 것에 일치한다. 식민지화는 현지의 집단 형성을 고려하지 않았다. 오히려 그것은 전적으로 서로 다른 부족 연맹들을 느닷없이 인공적으로 만들어진 국가에 합병하였다. 물론 낡은 사회구조들은, 더욱 큰 단체에 통합되기 위하여 어떤 방식으로든 개방되어야만 한다. 이것은 아마 우선 경제영역에서 포괄적인 시장경제로 편입됨으로써 가장 큰 영향력을 행사할 것이다. 그러나 이것은 사유재산이라는 의미에서 경제적 개별화를 전제하는데, 그와 동시에 가족재산이 필연적으로 소멸되지 않아야 할 것이다. 사유재산은 더욱 큰 사회구성체에 있어서 자기 책임에 대한 교육과 관련하여 효과적인 수단이다. 그것은 동시에 개인에게, 심지어는 각 가족에 스스로 미래에 대비할 것을 강요하고, 공산주의적 민주주의에서 사례가 있듯이, 공동체를 희생하여 생활하려는 경향을 차단한다. 안정되고 자유로운 공동체, 따라서 진정한 민주주의도 사유재산 없이는 존재하지 않는다.

그러므로 발전도상국의 민주화는 장기간의 사회정책적 준비 이후에야 가능하다. 어떤 국가가 즉시 세계화한 시장경제로 도약하기를 꾀하지 않는 경우에, 경제적 봉쇄나 발전을 위한 원조의 거부로 위협하면서 민주화가 당장 강요될 수는 없다.

민주주의의 문제들의 체계

우리가 개별적 사회집단(조합, 학교제도, 교회 등)의 민주화에 관하여 언급한다고 해도, 민주주의는 여기에서 전형적으로 정치적인 개념이라고 이해된다. 그러나 정치 영역에 있어서조차 민주주의 개념은 여러 가지 형태를 보이고 있다. 우리는 직접 민주주의와 의회 민주주의 등에 관하여 언급한다. 우리는 이론적으로 '순수한 민주주의'의 모델을 세울 수 있다. 그러나 이것은 정치적 현실을 위하여 의미가 적고, '시장경제'의 모델로서는 더욱 의미가 적다. 자유주의적 시장경제학자는 장기적으로 볼 때 정치적 저항에 부딪치게 된다고 해도, 사회적 숙고를 경제정책에서 배제하려 할 수 있고, 생산성의 극대화만에 주목할 수 있다. 정치인은 민주화를 위한 자신의 노력에 있어서 인간적 생활의 어떤 부문도 배제할 수 없다. 그러므로 그는 민주주의적 국가형태를 수립하기 이전에 사회학적이고 정치학적인 전제들을 연구하고, 그런 후에 그때그때 적용할 수 있는 민주주의의 개념을 확정해야만 한다.

도덕적 조건들도 거기에 속하는 사회학적이고 정치학적인 전제들은 일반적으로 정치학자들에 의해 '시민사회'라는 표제 아래 다루어진다. 이와 관련하여 민주적이고 정치적인 교육 등에 관한 물음이 있다. 민주주의의 가치들과의 관계에 관한 물음은 부분적으로 이미 민주주의의 개념 규정에서 신중히 검토되었고, 이 경우에 묻게되는 것은, 민주주의가 어떤 가치를 표명하는가 혹은 단지 가치실현을 위한 수단이냐 어떠냐 하는 것이다. 이 물음에 대한 해답은 민주주의의 개별적 문제들에 관한 여러 가지 상이한 입장 표명을 위한 배경을 형성한다. 의식적이든 무의식적이든, 모든 저자는 어떤 가치를-그것이 단지 부정적일지라도- 전제하므로, 우리는 저자들의 민주주의에 관한 이해를 일관성이 있거나 사정에 따라서는 불일치하는 것으로 인식하기 위하여, 우선 전제되는 가치를 확정하려고 노력해야만 한다. 예를 들면 순수하게 다원주의적으로 이해된 민주주의의 전제 아래 우리가 아직도 민주주의적 태도를 위한 교육에 관하여 어떻게 말할 수 있는가 하는 것도 이해하기가 어렵다. 왜냐하면 교육은 오직 어떤 가치와 관련해서만 존재하기 때문이다.

민주주의와 연결되는 다양한 물음을 한 체계로 결합하기 위해서는 아리스토텔레스의 철학이 도움이 될 수 있을 것이다. 아리스토텔레스에 따르면 모든 존재자는 자체의 4가지 원인에 의하여 다음과 같이 정의 된다 : 1. 질료적(물질적) 원인에 따라, 2. 형상적 원인에 따라, 3. 목적 원인에 따라, 4. 작용 원인이라고 하는 운동 원인에 따라. '원인'이라는 개념은, 알려져 있다시피, 유비적으로(analog) 사용되고, 반면 독일어에서는 생산적으로 활동하고 있는 것을 생각하는 경우에만 원인에 관하여 말한다. 그러나 '원인'이란 표현은 여기에서 형이상학적으로 실재하는 본질(das Wesen)의 존재(Sein) 안에 근거를 둔 구성요소들이라고 이해되어야 하며, 이들 구성요소가 없이는 존재가 실재할 수 없을 것이다.

민주주의의 질료원인은 국가적으로 통합된 사회, 더 정확히 말하면 그것의 내적인 구조에 있어서 그런 사회이다. 여기에서는 특히 중간 단체, 조합, 정치교육 등으로부터 정당에 이르는 시설들이 중요한 문제이다. 이러한 관점 아래 민주주의적 통치 권력에는 보조성의 원리라는 의미에서 정치생활을 사회적으로 뒷받침하기 위한 특정한 예비기준이 마련되어 있다.

형상 원인은 국가의 통치권에 시민들이 참여할 권리이다. 목적원인은 공동선, 즉 만인의 행복이다. 민주주의의 작용원인, 즉 운동원인은 시민의 투표이다.

이러한 관점으로부터, 민주주의가 수단이냐 가치냐 하는 문제는 저절로 해결된다. 민주주의는 특히 만인이 국가의 통치 권력에 참여하는 수단이다. 그것은 그 자체로서는 인간의 인격을 위해 '충분한 가치가 있'기는 하지만, 윤리학의 의미에서는 인간본성에 의해 요구된 목표인 '가치'는 아니다.

아리스토텔레스의 체계는, 민주주의의 본질을 이해하기 위해 자유의 형식적 개념이 충분하지 않다는 것을 명백히 보여준다.

II. 정당의 윤리학

유명론적 정의의 문제

정당은, 아주 일반적으로 보면, 민주주의에 있어서 정치적으로 활동하는 개인들의 집단이다. 이 집단을 다른 집단 형성과 구별하기 위해서는 그 특수한 목표를 정의해야만 한다. 여기에서 도움이 되는 것은 정치학자인 막스 베버(Max Weber)의 정의이다. 그는 정당을 헌법에 의해 미리 결정된 한계의 범위 안에서 국가권력의 획득을 목적으로 삼는 개인들의 결사라고 정의한다. 따라서 정당은 다른 모든 사회단체와 구별된다. 정당은 연대적 원조, 특별한, 예컨대 문화적 과제의 수행을 목적으로 삼는 단체도 아니고, 조합이나 경영자 단체처럼 어떤 공통된 경제적 이익의 단체도 아니다. 그것은 시민운동 단체도 아니다. 그것이 어떤 방식으로 집단이익에 기여할 수 있는지 어떤지는 이러한 인식수준에서는 아직 결정되지 않는다. 그리하여 국가권력을 둘러싼 투쟁이 긴요하다고 베버는 설명한다. 오직 이러한 목표로부터만 이익집단이 정당이라고 불릴 수 있을 것이다.

물론 '국가 안에서 권력을 둘러싼 투쟁'이라는 표현은 지나칠 정도로 전체주의적 운동을 연상하게 한다. 우리는 아마 좀 더 조심스럽게 독일 정당법의 의미에서 정치적 의지 형성에 미치는 영향에 관하여 언급할 것이다. 이 법에 따라서 정당은—실제적 관계들의 전체상에 따라, 특히 그 조직의 범위와 견고함, 그 구성원의 수, 여론을 형성하는 장소인 공중에서의 등장에 따라 이 목표설정의 진지함을 충분히 보장하는 경우에-지속적으로 혹은 오랜 기간 동안 전체국가 혹은 지방의회의 영역을 위해 정치적 의지형성에 영향을 미치고 최고의회나 주의회에서 국민의 대표에 협력하고자 하는 시민들의 결사이다.[110] 막스 베버는 그의 저서인 『직업으로서의 정치』에서 전형적으로 정치적인 것을 끄집어내어 뚜렷하게 했다. 정치인은 우선적으로 국가의 번영을 원한다고 베버에게 우리가 이의를 제기한다면, 이 칭찬받을 만한 의도는 '정치인'으로서의 정치인의 의도가 아니고, 정치를 행하는 잘 교육받은 인간의 의도라고 그는 대답할 것이다. 그것이 머리를 짜낸 끝에 내린 결론인가? 그렇다면 정치는 그 자체로 국가권력으로 향하는 도정 위의 현명-선을 향한 현명이든 악을 향한 현명이든, 권력을 둘러싼 투쟁만을 정치의 본 모습으로 만드는 한-과 다른 것이 아니다. 마키아벨리도 그렇게 생각하였다. 그는 도덕을 권력을 위한 혹은 권력유지를 위한 수단이라고 설명했다. 실증주의자들도 그렇게 생각한다.

정당의 규범적 정의

민주주의의 윤리학은 국가권력을 둘러싼 경쟁질서에서 모두 논해질 수 없다. 윤리적으로 받아들일 수 있는 민주질서에 관한 물음은 아리스토텔레스의 목적 윤리학의 의미에서 오직 공동선으로부터만 대답될 수 있다. 여기에서 공동선은 단순히 이익들의 총계를 뜻하지 않는

110 참조할 것. Gesetz über die politischen Parteien (Parteiengesetz) von 31. Januer 1994 § 1,2.

다. 공동선은 인간본성과 일치해야만 하는 목표가치이다. 그러나 이 목표가치를 밝혀내기 위하여 다수결 원리는 조건부로만 적합하다. 그 자체로만 고찰한다면, 이 원리는 가치중립적이다. 개별 시민은 전적으로 자신의 이익에 일치하여, 즉 개인인 자신에게 가치있게 보이는 것에 일치하여 결정한다. 그러므로 윤리학적 숙고는, 어떤 방법으로 혹은 어떤 조건 아래 자기 이익이, 최소한 자연법적 의미에서 이해된 공동선과 근사적으로 일치하는 정도로 영향을 받을 수 있느냐는 물음에서 최고조에 달한다. 토마스 아퀴나스의 시대에는 모든 시민이 그리스도교 신앙에 의거하여 자연법적 생활규범에 관하여는 일반적인 합의에 의한 일치가 있었고, 사람들은 토마스처럼 다수의 가치판단을 공동선과 동일시할 수 있었다. 그것은 오늘날에는 더 이상 가능하지 않다. 근대의 민주주의자는 근본규범으로서 자유만을, 즉 만인의 자유를 인정하지만, 만인에게 객관적으로 타당한 생활규범과의 연결을 더 이상 인정하지 않는다.

다음으로 우리는 단계적 방식으로 정당의 윤리적 정의로 이끄는 규범들을 검토할 것이다.

정당의 최고규범

우리가 제일 먼저 물어야만 하는 것은, 어떤 과제가 정당에 부과되어 있는지, 즉 무엇을 위하여 도대체 정당이 존재할 권리를 갖는지를 알기 위하여 국가권력이 무엇을 위해 존재하고 어떻게 정당화되느냐는 것이다.

국가권력은, 가장 넓은 의미에서 경제적, 사회적 및 문화적, 심지어는 세계관적 관점에서 만인의 번영이라고 이해되고-세계관적 관점이라고 하는 것은 각자의 생활태도를 자유롭게 규정한다는 의미에서이지만-일반적인 복지에 기여하는 권력일 뿐이다. 우리는 이 전체적 복합체를 공동선이라고 부른다. 그러므로 국가는 자체 목적이 아니고 오히려 미리 배치된 목적에 기여한다. 그러므로 국가권력을 획득하려고 노력하는 자는 국가에 미리 배치된 공동선 가치에 기여해야만 한다. 그것이 모든 정당에 제시되어 있는 첫째이며 가장 으뜸인 요구인 것이다. 경제부문에서 단체들이 뚜렷하게 자신들의 이익을 주장하고 공동선을 간접적으로만, 즉 국가에 의해 명확히 규정된 경제질서의 범위 안에서 실현하는 반면, 정치적 차원에서는 이와는 반대이다. 즉 공동선이 우선이고 자기이익은 다음이다.

일찍이 아우구스티누스는 민주주의의 기본조건을 인상 깊게 다음과 같이 지적하였다. 즉 "모든 사람이 사익보다 공익을 우선시할 정도로 어떤 백성, 자제심을 갖고 스스로 일반적인 복지의 열렬한 옹호자인 경우에, 그러한 백성이 자신의 일-왜냐하면 그것은 국사이므로-을 관리해야 하는 자신의 공직자를 법에 의해 스스로 선출할 권리를 부여받는 것이 정당하지 않은가?[111] 그런데 어떤 백성이 타락하여, 자신의 사익을 공익보다 앞세우고, 자신의 표를 팔며, 야심가에 의해 매수되고 자신에 대한 통치를 양심이 없는 이들에게 맡겨 관리하게 하는 경우에, 유능하고 명망 있는 자가 관직을 수여할 권리를 이 백성으로부터 빼앗

111 De libero arbitrio(자유의지론), L.I.Cap.Ⅵ, 14; J.Messner, Naturrecht, 301 참조.

아 통치권을 소수의 선인들이나 오직 한 사람에게 맡기는 것이 마찬가지로 정당하지 않은가?" 여기에서 아우구스티누스가 정치활동과 관련하여 민주주의에서 살고 있는 모든 시민에 관하여 언급하는 것은, 정치결사에서 연결된 시민들, 즉 정당에 매우 잘 들어맞는다.

정당윤리학의 최고 수준에서는 정당법이 포함된 주어진 국가헌법에 관한 언급은 아직 없다. 만일 그렇다면 좋지 않을 것이다. 그렇다면 정당은, 바로 유효한 헌법에 의해서만 규격화하는 것을 받아들일 수 있을 것이다. 그렇다면 제 3제국에서 NSDAP(국가사회주의 독일 노동자정당)에 속하는 것은 도덕적으로 당연한 일이었을 것이다. 양심적인 정치인들은 그것에 반대하여 저항했고 일부는 그들의 태도 때문에 죽임을 당했다. 그들은 아마 '잘못된' 정당관을 가졌던 악한 정치인이었을까? 이미 언급된 것에 따르면, 매우 일반적이라 할지라도 정당에 관한 첫 번째 윤리적 정의는 다음과 같다. 즉 정당은 국가 이전의 공동선 가치에 의무가 있는 단체이며, 국가권력의 장악을 위해 투쟁하거나 정치적인 의지과정에 영향을 미치려고 한다.

그러나 이러한 정의는 아직 너무 일반적이다. 즉 그것은, 민주주의 국가에서 실제적으로 될 수 있기 위해 해명되어야만 하는 많은 것을 포함하고 있다. 즉 다수 정당의 허용은 기본적으로 민주주의에 속한다. 헌법 이외에 정당활동의 법률적 규제는 법치국가에 속한다.

세계관에 의한 구분

그 자체로서 어떤 국민의 공동선은 오직 하나뿐이다. 그에 따라 모든 이익관심을 넘어서 공동선을 추구하기로 결심하는 모든 정당은 '국민정당'(Volkspartei)이라고 불려야만 할 것이다. 그것으로부터 통일당이 생기는가? 순수하게 이론적으로 보면, 그 자체로 모든 사회계층과 만인의 이익을 윤리적으로 주장할 수 있는, 공동선에 통합하는 정당만이 국민의 정당이라고 불릴 수 있다. 진리가 객관적으로는 오직 하나라고 할지라도, 그것은 특히 불가피한 개인적 선호가 사태의 판단에 숨어드는 경우 인식에 있어서 나누어진다. 그리고 그것은 각자가 자신에게 속하는 장소를 공동선에서, 즉 정치에서 발견하려고 하는 곳에서 그런 경우가 확실히 있다. 공동선이 오직 타협의 형식만이어서는 안 된다고 할지라도, 심지어 불가능하지는 않다고 해도, 이익들의 타협으로부터 전적으로 빠져나오기는 어렵다. 타협은 민주주의에서 합의에 도달하기 위한 필수적인 수단이다.

객관적 진리의 내용과 공동선에 대한 서로 다른 종류의 인식 사이의 이러한 긴장에 정당들의 윤리적 문제가 존재한다. 공동선에 관한 인식의 다름에는 주로 다음의 두 가지 이유가 있다. 즉 1. 일반적 의미에서 생의 파악과 사회적 현존재의 의미의 설명으로서 이해된 세계관. 2. 어떤 단체의 자체 선이라는 의미에서 이익.

옛날부터 민주주의에 있어서의 정당들은 세계관으로 인해 구별되었다. 이와 관련하여 사람들은 오늘날 거의 일반적으로, 세계관이 그 의미를 잃었다고 주장하기는 한다. 그러나 이미 정당들의 경제적 질서 개념들은 특정한 삶의 철학을 인식하게 한다. 실적주의에 대한 토론과 결과로서 자본과 노동에 대한 토론은, 공동체 안에서의 개인의 지위와 관련하여 기본적인 의견의 불일치가 존재하지 않는다면, 아마 필요하지 않을 것이다. 사회보장의 팽창, 의료보험의 파산도 이 심각한 문제점과 관련이 있다. 그리고 이 모든 것은 어떤 방식으로든 정당의 강령에 실려 있다. 문화적 문제, 즉 교육의 문제, 결혼과 가족, 심지어는 인간의 생존 기본권(일정 기한 내의 임신 중절 허용)에 대한 태도의 결정에서 세계관적 배경이 드러나는 것은 전혀 의심의 여지가 없다. 특히 종교공동체에 대한 국가의 태도를 생각해야 하는데, 이것은 확실히 세계관적 문제이고, 정당이 마찬가지로 이에 대해 태도를 취해야만 한다.

따라서 모든 정당은 궁극적 뿌리내림과 관련하여 깃발을 선명하게 해야만 한다. 정당이 민주주의적으로 생각하는 모든 이에게 열려 있다고 단순하게 설명하는 것은 틀린 생각이다. 우리가 이것에 '자유'와 '정의'라는 형식적 개념을 덧붙인다고 해도 그렇다.

정당한 집단이익

정당들의 상황은, 우리가 경험으로부터 알고 있듯이, 서로 다른 집단과 계층에 따라 한층 더 구별된다. 그리하여 우리는 '노동자(정)당', '농민(정)당', '시민(정)당', '산업(정)당'과 비슷한 명명들을 알고 있는데, 이 명칭들은 물론 주에 따라 서로 다르다. 정당은 정권을 획득하려고 하므로, 순수히 이익만을 주장하는 것은 자체로 공동선을 책임질 의무가 있고 사회단체의 이익을 책임져야 할 의무가 없는 정당의 의미에 배치된다. 이익경쟁의 공간은 경제와 사회의 그러한 공간이다. 정치의 차원에서는 서로 다른 공동선 구상만이 중요할 뿐이다. 그런데 이 구상은 만인의 이익을 포함하고, 원하든 원치 않든 늘 자연스럽게 어떤 방식이든 간에 자기이익에 의해 오염되어 있으므로, 어떤 단체의 자기이익의 색채를 띈다. 그것은 전적으로 정당하다. 그 이유는 개별 집단이 다른 집단의 공동선 표상에 있어서, 자기집단이 충분히 고려되어 있지 않다고 확신할 수 있기 때문이다. 그러나 어디에서인가 집단이익이 효과적으로 중시되어야만 한다. 그리고 이 효과가 정치와 연결되어 있는 것은 당연하다.

어떤 시대에, 특정한 조건들 아래에서 이익 정당은 국가의 법률에 의해서 억압된 집단을 위해 자체의 정당한 관심사를 관철하는 유일한 가능성을 제공한다. 여기에서 전제는 공동선의 의미에서 다른 정당들과 협력하려는 자세이다. 이 조건을 충족함이 없이는 이익정당은 통일정당의 지위를 획득하려고 하는 경향을 가진 체제 변경자로서 이해된다.

일부 사람들의 이익을 대표한다는 의혹을 모면하기 위하여 모든 정당은 공동선의 옹호자라고 (사)칭한다. 성숙한 시민은 자체로 이데올로기 비판적으로 이익의 배후에 있는 것을 확인하고 그 정당성을 판단하는 처지에 있어야만 한다. 그는 현명하게 경제정책적 목표설정뿐만 아니라 특히 사회정책적 목표설정을 검토할 것이다.

우리는 이제 공동선에 관한 상세한 설정에 의거하여 최초이며 아직은 매우 일반적인 정당의 정의 이외에 두 개의 요소를 다음과 같이 보충할 수 있다. 즉 1. 특정한 공동선 구상의 제기, 2. 이 구상의 한계를 인정함과 동시에 다른 정당의 제안이 있다는 것을 인정하기. 그 다음에 다음과 같은 정의의 상세한 정식화가 생긴다. 즉 정당은 국가 이전의 공동선 가치에 의무를 지고 있는 단체로서 이들 가치에 대하여 책임을 지면서 구체적 공동선 구상을 제시하고 민주주의적 행위규범을 준수하며 국가권력으로의 접근을 위해 투쟁한다.

정당들의 규범인 민주주의적 헌법

국가철학에서 국가와 그 목적인 공동선에 관한 언급이 있다고 해도, 다양한 국가 안에 있는 개별 국가는 아직 염두에 두고 있지 않다. 모든 현존하는 국가에서 실현되어야만 하는 것은 국가의 이념이다. 그리고 이 최고수준의 추상에서 헌법이 취급된다면, 모든 임의의 국가를 구성하는 법적 근본제도가 목표가 되어 있다. 그 경우에는 인간 존엄성에 합당한 건전한 국가제도를 위해 충족되어야만 하는 법적 조건들에 관한 언급이 있다. 개별국가의 헌법 창제자들은 자연법적 규범들을 존중해야만 한다. 이 규범들은 역사적 경험을 통하여 획득된 순수히 민족적인 규범들에 우선하는 위상을 지닌다. 헌법 안에 고정된 인권은 침해할 수 없다. 우리는 인권을 고작 변화하고 발전하는 관계에 일치하여 변경할 수 있을 뿐이다. 그러나 그것의 실체는 유지되어야만 한다.

헌법에는 당연히 국가조직의 기본구조도 포함되어 있다. 정당들은 헌법 규범을 준수해야만 한다. 이제 이것은, 어떤 정당이 모든 시대에 현존하는 민주주의를 유지할 의무가 있느냐는 의미인가? 이 문제는, 제 2차 세계대전 이후 동유럽과 관련하여 마르크스적이며 공산주의적인 특정 정당의 허용 혹은 금지에 대한 서유럽의 토론에서 언급되었다. 이것은 현재에도 늘 자유민주주의가 아무 질서를 수립할 수 없는 국가들에서 (예컨대 약간의 발전도상국가들에서처럼) 현실적인 문제이다. 민주주의는 군주제와 똑같이 소모될 수 있다. 우리의 민주주의적 국가형태가 모든 시대에 인간존엄성에 합당한 유일한 국가형태라는 것은 절대적 확실성으로서 결론지을 수 없다.

각 국가형태에서 요구된 인권과 민주주의에서 정식화된 시민의 정치적 권리 사이의 차이는 주목되어야 한다. 전형적으로 민주주의적인 시민권은 형식적인 종류의 것이다. 즉 그것은 정치적 행위의 양태, 절차에 관한 것과 관계가 있다. 선거권을 가진 모든 시민은, 똑똑하든 어리석든, 책임의식이 있든 방종하든, 공동선을 생각하든 오직 자기 선만을 생각하든, 남이 가진 것과 동일한 투표권을 갖는다. 다수의 투표에는, 그 결과가 이성적이고, 따라서 진리에 일치한다고 하는 낙관적인 믿음이 자리잡게 된다. 개별 시민에게는, 개인선보다 공동선을 우선한다는 높은 도덕적 책임이 기대된다. 이러한 기대에 민주주의의 큰 위험이 놓여 있다. 진리가 온전히 순수한 절차의 양태 안에서 사라지지 않기 위해서는, 국회의 정당들은 정부와 마찬가지로 양심에 따르고 위임에 따르지 않아야 한다. 그렇게 하여 배제할 수 없는 시민의 '무양심'이 어느 정도 조정되어야 한다.

정당들에 의한 체제 변경?

이제 어떤 정당이 현존하는 국가형태가 민주주의적 질서, 국가질서(공동선)를 더 이상 보장할 수 없다고 확신하는 경우에, 그 정당은 '체제를 변경하는' 방향으로 활약할 수 있다. 그러나 얻으려고 추구한 국가형태는 공동선에 속하는 인간의 기본권을 존중해야만 한다. 그것에는 자유로운 의견 표현도 속한다. 불가피하게 상이한 세계관 때문에 어떤 정당도 자체 프로그램을 절대적으로 타당한 진리로서 간주해서는 안 된다. 그러므로 체제 변경자의 구상은 근본적으로 늘 민주주의적으로 남아 있어야만 하는데, 최소한 추구한 국가형태가 언제나 민주주의로 회귀하는 길을 열어 두는 방식에 있어서 그래야만 한다.

이제 민주주의적으로 조직된 국가들은 일반적으로 정당이 민주주의 체제에 전념하는 경우에만 허용된다는 조항을 헌법에 끼어 넣었다. 이 규범화는 자체의 고유한 근거를 갖는다. 그 이유는 비의회주의적 군주제로부터 민주주의로의 회귀는 현존하는 국가권위에 대한 적극적 저항 없이는 결코 가능하지 않기 때문이다. 즉 그것은 모든 법적 절차 밖에서, 즉 폭력으로 성취되어야만 할 것이기 때문이다.[112] 이러한 관점에서 정치학에서 통용되는, 악한 민주주의가 늘 선한 군주주의보다 더 낫다고 하는 표현은 정당화된다. 그러나 오직 이러한 관점에 있어서만 그렇다. 이 제한적 평가를 위한 기초는 모든 국가헌법보다 상위에 있는 공동선이며, 공동선 안에서 개인의 자유가 최고의 관심사로서 간주된다. 의회 민주주의는 의심 없이 인권을 적절히 고려하기 위한 가장 유망한 안전을 제공한다. 의회 민주주의는 기능해야만 하고, 그것이 기능할 수 있는 것은, 시민들과 특히 정당들이 보편적이고 모든 법률적 정식화의 상위에 있는(사태에 알맞은) 공동선에 의무가 있다고 느낄 경우뿐만이다. 요한네스 메쓰너(Johannes Messner)는 이 사태를 인상 깊은

112 프랑코의 독재에서 민주주의로의 평화로운 이행은, 그리스도교적 통치자의 높은 에토스 덕택에 의해서만 가능했던 드문 사례였다.

방식으로 다음과 같이 표명했다. 즉 "민주주의는 기능할 수 있기 위해 귀족적 정신과 성격을 필요로 한다."[113] 민주주의자는 자신의 책임의식에 있어서 귀족이어야만 한다. 즉 토마스 아퀴나스가 사이프러스의 왕에게 보낸 저서에서 강조하듯이, 자신의 과제가 공동선이고 자기선이 아닌 군주이어야만 한다. 정당들이 방향을 두어야 하는 규범들을 한 발짝 한 발짝 검토한 이후에, 우리는 정당을 정의하는 구성요소와 통합적인 정의를 다음과 같이 정식화할 수 있다. 즉 정당은 국가에 앞서 있는 공동선 가치들에 의무를 진 단체이며, 이들 가치에 대한 책임에 있어서 구체적인 공동선 구상을 제시하고 민주주의적 행위규범을 유지하고 헌법과 정당법을 존중하며 국가권력으로 접근하기 위해 투쟁한다. 공동선에 대한 의무가 최고의 규범이다. '민주주의적 행위 규범의 유지'는 '공동선' 개념의 논리적 결과이고, 공동선은 주관적 인식 방식에 일치하여 서로 다른 다양한 공동선 구상으로 분할되며, 그렇기 때문에 국가권력의 다원적 노력을 전제한다. '헌법의 존중'은, 공동선이 늘 어떤 특정한 개별국가를 위해서만 구상된다는 사실로부터 생겨난다.

선거전에 있어서 정당들

스스로를 공동선의 주장자라고 여기고 모든 사회집단의 이익을 존중하라는, 정당에 주어진 윤리적 요구는 특히 선거전에서 실현되어야만 한다. 어떤 인간도 진리를 독점적으로 요구할 수 없고, 오히려 늘 부

113 Naturrecht, 1966, 815.

분적 진리만을 가지고 있다는 인식은 공정한 선거전의 기초를 부여해야만 할 것이다. 이것은, 모든 공론거리가 공식석상에서 다음과 같이 제안되어야 한다는 것을 의미한다. 즉 모든 상세한 내용을 지닌 프로그램, 경제정책 및 사회정책, 또한 외교정책과 관련한 실제적 의도, 이 경우에 세계관적 배경도, 존재하는 한 제시된다는 것을 의미한다. 이것은, 실현될 수 없다는 것을 우리가 미리 알고 있는 어떤 약속도 해서도 안 된다는 것을 의미한다. 그러나 그것은 또한, 다른 정당들의 견해가 합당한 비판과 함께 다루어진다는 것, 특히 합당한 근거를 가지고 비판되는 인물들은 존경을 가지고 다루어진다는 것을 의미한다. 선거전은 맞수를 없애기 위한 전투는 아니다. 민주주의적으로 스스로 존속하기 위하여 나중에 협력이 필요한 맞수를 없애려고 하는 것은 지극히 어리석은 짓이다. 정치에서 우리는, 자유도 거기에 속하는 공동선 가치들을 위협하는 맞수만을 완전히 – 물론 공정한 수단을 가지고–물리치려고 해도 될 것이다. 높은 에토스를 지닌 정당이 오랜 기간 동안 신뢰를 얻는다는 확신에 의하여, 특히 프로그램을 절대적으로 타당한 가치들 위에 구축하는 정당은 활동하고 있다. 스스로를 그리스도교적이라고 부르는 모든 정당은 그렇게 존재해야만 할 것이다. 모든 그리스도교적 정당은 가능한 것의 예술인 정치의 정의에 만족할 수 없다. 이들 정당에는 어떤 희생이라도 감수하는 타협이 있어서는 안 된다.

물론 지속적인 가치 변천을 당연시하는 사회에서 에토스는 기회가 거의 없게 된다. 거의 가망이 없는 이런 상황과 관련하여 우리는, 어떻게 그리스도교적 에토스를 지닌 정당이 최소한 효과적인 정치활동에 필요한 유권자 수를 확보하는 데 성공할 수 있는지를 물어야만 한다.

그와 같은 정당은 특별히 기초에 터한 작은 작업에 전념해야만 한다. 특히 이른바 침묵하는 다수를 움직이는 것이 중요하다. 그러한 정당의 모든 개별 구성원은 자신의 사적인 생활권 안에서 운동하기를 요청받는다. 여기에 아직 개발되지 않은 활동분야가 있고, 대개 언론매체를 통해서만 알려지는 현존하는 정당들은 이 분야에 아직 진출하고 있지 않다. 민주주의는 이제 어떻든 간에 시민 다수의 정치적 투입으로만 유지될 수 있다. 전체로서의 교회는 정치적 행위의 활동범위에서 더 이상 어떤 자리를 차지하지 못한다. 그러나 이것은, 교회가 정치에 있어서 윤리적인 현안 문제에 대하여 자체 구성원들을 계몽하고 시민으로서의 책임을 깨우쳐 주며 국가사회의 도덕적 건설을 위한 의무를 진지하게 받아들이기를 요구하는 것을 방해하지는 않는다.

4 시민권

4 시민권

Ⅰ. 정치윤리학에 있어서 시민권의 체계적 위치

사회윤리학적으로는 원래 시민의 의무를 한정한 이후에 비로소 시민의 권리에 관하여 언급할 수 있다. 즉 시민은 우선, 자신의 본질에 따라 국가의 공동선에 통합되어 있는 자유로운 행위주체라고 정의된다. 그러므로 공동선은 시민에게는 으뜸가는 규범이다. 다시 말하면, 시민은 행위자로서 우선 자신의 통합에 상응하는 기능을 떠맡을 책임이 있다. 그로부터 그에게는 전체의 한 지체로서 국가에 의해 존중되고 따라서 또한 보호받고 지원받을 권리가 생긴다. 여기에 이른바 보조성의 원리의 체계적 이유가 있다. 그러므로 시민은 우선 자신의 자발성을 발전시켜야만 한다.

이제 이 규범질서는 정치현실에서 구체화되어야 한다. 물론 이것은 쉽지 않다. 그 이유는 구체적으로 존재하는 인간은 보통 이 규범질서를 고수하지 않기 때문이다. 다시 말하면, 인간은 원래 그래야만 하듯이 공동선을 우선하여 추구하지는 않는다. 그는 먼저 자기 자신을 생각한다. 그는 자신의 부담을 가능한 대로 남에게, 특히 사회국가(der Sozialstaat)에 떠맡기려는 경향이 있다. 다른 한편으로 국가권력의 소유자도 시민으로부터 평가받는 입장에 있고, 공동선의 관리자로서 비난의 여지가 없지는 않다. 시민은 통치자들의 품행방정을 의심할 만한 충분한 이유를 갖는다. 부패의 혐의는 전적으로 제외하고서도, 시민은 국고의 저축 의지를 의심한다. 시민은, 내정의 실패로부터 시민의 눈을 다른 쪽으로 돌리기 위해 정부가 외교정책적으로 위험한 결정으로 뛰어드는 경우 말고도, 납세자인 시민이 부담하는 정부의 세출에 주목할 필요가 있다.

이러한 상호 불신은 국가와 시민의 관계를 구체적으로 실현하는 경우에 등한시되어서는 안 된다. 공동선은 오직 정부와 시민의 협력을 통해서만 실현될 수 있으므로, 그것에 따라 모든 경우에 시민의 적극적인 참여가 기대될 수 있는 권한분배의 규칙이 발견되지 않으면 안 된다. 다시 말하면, 시민에게 국가로부터 우선 일정한 권리가, 어느 정도까지 그의 실적 기여가 오용되지 않는다는 보증으로서 승인되어야만 한다. 그러므로 정치적 실제에 있어서 우리는 공동선이 개인권의 최고이며 지배적인 기준이어야 하는 사회윤리학적 규범의 순서를 뒤집게 된다.

이제 그것은, 자유주의가 주장하듯이, 공동선 개념이 실제로는 착각에 기인하는 공상관념이라는 의미인가? 이러한 가정은 실천적 현실에 의해 반박된다. 왜냐하면 개인들에게 실제로 제한되지 않은 권력 분배를 하는 것은 일반의 이익을 위해 국가의 측면에서 시민권의 정식화를 계속하여 추후에 수정할 것을 요구하기 때문이다. 이것은 아마 제한이 없는 언론 자유에서 매우 명백하게 될 것이다. 그런데 이러한 결과는 사회적 청구권의 분야에서 더욱 명백하게 된다. 언제인가, 심지어는 짧은 기간에 국고가 비어 있게 된다. 그것을 피하기 위하여 자유주의는 모든 청구권을 무효라고 선언한다. 왜냐하면 이제 '억측에 의한' 공동선을 구하기 위해서는 오직 자유권의 보장만이 중요한 것이기 때문이다. 그러나 개인의 자유에 관한 권리는, 그것을 위해 필요한 수입을 획득할 가능성이 개인들에게 제공된다는 조건 아래에서만 촉진될 수 있다. 그리하여 우리는, 자유권이면서 사회권이기도 한 노동권에 직면하게 된다. 사회적 청구의 폭발을 제한하고 자기주도권을 고무하기 위하여는, 모든 시민에게 노동에 이르는 통로를, 따라서 상응하는 수입에 이르는 통로를 개방하는 가능성만이 남아 있다. 그것과 함께 개인주의화한 사회에서도 공동선은 권리와 의무의 분배의 기준으로서 증명된다. 공동선의 윤리학은, 미리 받아들인 공동선의 구체적 정의에 따라 자유를 분배하는 군주정을 반드시 요구하지는 않는다. 이제 구체적 공동선의 정의는, 그것을 법적으로 제소할 수 있는 개인권에 의존하게 한다면, 공동체 질서를 구하기 위하여 개인권이 후퇴해야만 한다면, 가장 큰 난관과 싸워야 한다는 것이 이해되었어야 한다.

II. 시민의 기본권인 양심의 자유[114]

양심의 자유의 정의

양심의 자유라고 하는 기본권은, 모든 사람이 본성으로부터 자신의 최종적인 실천적 판단에 따라야만 한다는 본성적 정신적 상태를 법적으로 인정하는 것이다. 강조는 '본성에 따라야만 한다'는 점에 있다. 인간은 다른 방식으로는 전혀 행위할 수 없다. 최종적인 실천적 판단은 본성적 필연성을 가지고 의지를 결정으로, 따라서 행위로 인도한다. 이 최종적인 실천적 판단은 일반적으로 양심의 판단이라고 지칭된다. 엄밀하게 생각하면 그것은 판단이 아니고, 실천이성의 전 영역의 추동력인 최고이며 절대적인 명령에 일치하여 일반적으로 실천이성에 적용되는 것과 같은 명령이다. 도덕적 행위에 앞서 이 최종적 '판단'이 내려진 이후에, 인간은 더 이상 자유스럽지 않다. 그 이유는 자유의지가 이 실천적 판단 자체에 구속되었기 때문이다. 수영하는 이가, 한 번 자유롭게 뜀판으로부터 뛰어내린 경우에, 필연적으로 물 안으로 빠져드는 것과 똑같이, 인간은 자동적으로 그것에서 구체적인 실천적 명령이 생겨나는 자신의 정신적 성향을 따른다. 인간은 자신의 의지로써, 최종적인 실천판단이 (그것에서) 생기는 성향조차 만들어낸다. 최

114 이에 관해서는 다음의 글을 참조할 것: A.F.Utz, Gewissensfreiheit und gesellschaftlicher Niedergang. Gesellschaftspolitische Kommentare, Jg. 35, Bonn 1994, 256-259; abgedruckt in: A.F.Utz, Ethik des Gemeinwohls, Gesammelte Aufsätze 1983-1987, 101-104.

종적 명령을 내리기 전에, 그는 그 기초를 여전히 숙고하여 다른 결론에 도달할 수 있다.

실천이성은 선험적으로 타당한 명령(선을 행하고 악을 피해야 한다)에서 출발하고 따라서 도덕적 명령에 근거를 두고 있으므로, 최종명령의 심리적 강제는 동시에 의무의 성격을 갖는다. 이 표현 방식은 모순이 있는 것으로 보인다. 그 이유는 우리가 행위를 하거나 하지 않을 자유가 있는 경우에만, 책임에 관하여 말할 수 있기 때문이다. 그러나 이 겉으로 보이는 모순은 벌써 실천이성의 성향에 근거를 두고 있다. 왜냐하면 모든 인간은 자신의 이성이 처음 깨어나는 경우에 본성적으로 최고의 실천적 명령을 표명하고 이것은 본성에 따라 '존재하는 것은 동시에 존재하지 않는 것일 수 없다'는 원리에 따르는 이론이성에 일치하기 때문이다. 이론이성은 이와 다르게 활동할 수 없다. 같은 방식으로 다음의 내용이 최고의 실천적 명령에 타당하다. (존재에 일치한) 선이 원해지는 것이다. 칸트 혹은 신칸트주의에 있어서 정언적(절대적) 명령은 순수하게 형식적이다. 이 명령은 존재를 포함하지 않는다. 왜냐하면 존재는 경험에 속한다고 간주되기 때문이다.

토마스 아퀴나스는 정언명령에 있어서 강제와 의무의 내적 연관인 이런 수수께끼를, 최고명령이 창조주의 실천적 명령에 대한 '참여'라는 것, 즉 '영원법'으로부터 유래한다는 것을 지적함으로써 해소하였다. 물론 참여는 경험과의 연관에서 존재에 대한 최초의 인식과 더불어 비로소 현실화한다. 다른 설명은 존재하지 않는다. 그런 경우에 우리는 칸트와 근대 윤리학의 수많은 다른 이들과 함께 이미 수수께끼의 해소를 포기하고, 인간은 도덕적 존재라고 하는 단순한 확언에 머물러야만 한다. 그러나 그와 동시에 사람들은 의도적으로 스스로를 맹목이라고 말할 것이다. 왜냐하면 이성은 그 자체로 이미 아리스토텔레스가 말했듯이, 제 1원인으로부터의 설명을 요구하기 때문이다.[115]

양심의 자유에 대한 기본권은 실천이성의 자연상태를 인정하는 것, 즉 인간은 늘 그리고 어디에서나 자신의 양심을 따라야만 하고, 더욱이 순수히 심리적 소질로부터 그렇게 '하지 않으면 안 된다'는 사실을 인정하는 것 이상의 것일 수는 없다. 이러한 관점에서는 우리가 원래 양심의 자유에 관하여 말할 수 없다. 양심을 따르지 않는 자는 심리적 긴장상황, 즉 흔히 말하듯이, '실존적인 정체성 위기' 안에서 산다. 양심의 자유라는 말은 사회적 환경과 관계가 있다. 이러한 환경은, 우리가 양심이라고 부르는 것의 자연적이며 심적인 사태를 인간 사이의 관계를 법적으로 규제하는 기초로서 인정한다.

이제 아무도 타인의 구체적 실천 명령의 심적 경과를 판단할 수 없다고 한다면, 구체적 실천명령은 그 내용이 늘 그렇다고 해도, 기본권에 의하여 충분히 고려되어야 한다는 결론이 생기게 된다. 따라서 자신은 어떤 특정한 구체적인 경우에 양심으로부터 행동했다는 개인의 주장은 기본법에 의하여 보호받을 만할 것이다. 예를 들어 병역 거부

115 의지는 자유와 동일시되지 않는다. 이러한 오해는, 자유의지를 모든 존재의 조건들로부터 떼어내는 윌리엄 오캄(Wilhelm Ockham)에서 유래한다. 실존주의는 모든 것에서 분리된 이 자유의 이데올로기를 현대 윤리학의 초석으로 삼았다. 인간이 행복하게 되는 것은, 자유로운 결단에서 실재적으로 선한 것과 실재적으로 악한 것을 선택할 수 있음에 의해서가 아니고, 자신의 자연본성의 소질을 의식하는 가운데 행동한 것에 의해서 가능한 것이다. 그러므로 인간이 모든 행위에 있어서 가능하며 불가능한 모든 선택지를 숙고하는 것이 중요한 것은 아니고, 가장 확실하고 간단한 방법으로 자신의 인간본성에 가장 깊게 일치하는 것을 선택하는 것이 중요하다. 그러므로 아리스토텔레스는 덕의 획득을 자신의 윤리학의 중심 주제로 삼았다.

자가 자신의 양심판단을 내세운다면, 이러한 전제 아래에서는 경우에 따라 사회적으로 용인될 수 있는 동기가 존재하는지 아닌지를 평가할 수 없다. 이와 관련하여 관공서가 아직 시험을 실시하던 시대에는, 선험적 명령의 자연적 소질과 구체적 양심 판단 사이에 주목할 가치가 있는 구별이 존재한다는 것을 관공서가 알고 있었던 것 같다. 여기에 오늘날 법률에 따라 주관적 양심의 판단을 인정해야만 하는 사법기관의 본래의 문제가 있다.

일반적인(선험적으로 타당한) 명령과 구체적인 명령 사이의 이러한 구별에 있어서 양심은 본성으로부터 우선 자유와 관련이 있지 않다는 더욱 깊은 인식이 존재한다. 양심은 무엇보다도 오히려 존재, 즉 인간 본성에 일치하는 의지의 규범이다. 존재의 실현을 향하는 이 일반적 경향은 실천이성의 불멸의 요소이다. 이제 구체적 양심 형성의 도정에서 존재의 진리로 향하는 이 일반적 경향이 획득된 의지의 성향에 의거하여 왜곡된다면, 실천이성의 자연적 소질은, 의지가 왜곡된 판단에 따르는 경우에, 우리가 보통 '양심의 가책'이라는 표현으로서 지칭하는 어떤 종류의 죄의식에서 나타나는 저항의 방식에 따라 반응한다. 물론 실천이성의 자연적 소질의 반응도 나쁜 생활태도에 의해 기능불능으로 될 수 있다. 그러한 경우에 우리는 '양심 없는' 인간에 관하여 언급한다. 선험적으로 타당한 명령으로부터 구체적 양심판단에 이르는 길을 좀 더 상세히 서술하는 것은 이러한 사태를 더욱 자세히 밝혀 줄 것이다.

선험적으로 타당한 명령으로부터 구체적 양심판단에 이르는 길

최고의 실천적 명령은 이론이성과 같이 존재 그 자체와 관계한다. 이론이성과는 다음과 같은 점에서 구별이 된다. 즉 실천적 이성에게 존재는 본성에 적합하게 선 그 자체이고, 의지의 본성적 목적인 한에 있어서 존재이다. 그렇기 때문에 우리는, 모든 인간은 자신들의 행복을 추구한다고 말한다. 이론이성에서 구체적 사태의 인식으로 돌진하려는 자는 오류의 가능성을 고려해야만 한다. 더구나 사정에 따라서는 실재적 사태의 인식을 위하여 필요한 경험이 그에게 결여되어 있다는 이유에서 그래야만 한다. 그러한 오류로부터 실천이성에서도 똑같이 오류가 생긴다. 그 경우에 우리는 오류를 범하는 양심에 관하여 말한다. 이 오류는 실천이성에서 유래하지 않으므로, 책임(죄과) 없이 잘못된 양심이 문제가 된다. 이 오류를 극복하기 위해서는 이제 반드시 해명이 필요하다.

최고의 실천명령은 더 이상 소급하여 물을 수 없다. 그것은 선험적으로 타당하고 그렇기 때문에 또한 일반적으로 타당하다. 그러나 이 일반적 타당성은, 예컨대 이 명령이 "보통 우리가 그것을 이해할 수 있듯이, 선은 실행되어야 한다"는 의미에서 자체 대상인 선을 형식적으로만 표현했을 것이라는 점에 근거하지 않는다. 오히려 일반적 타당성은 존재의 보편성에, 따라서 존재와 같은, 즉 진리에 적합한 선의 보편성에 근거하여 있다. 즉 "존재에 일치하는 선은 실행되어야 한다." 유비적으로는 의지도 본성적으로 존재를 목표로 하고 있다. 그리하여 의지는 실천이성에 의하여 존재에 일치하면서 실행할 것으로 표상되는 것을 추구한다. 의지는 명령적이지 않고 실행적으로 활동한다. 그러므로 일반적 선의 관점에서는 의지는 자유롭지 않다. 존재의 일반적 영역에서 이론이성과 실천이성 및 의지는 본성적으로 서로 조화를 이루고 있다. 이러저러한 대상을 위한 결정이 문제가 되는 경우에, 의지는 구체화에서 비로소 자유롭게 된다. 이제 삶에서 가장 중요한 것은, 구체적 대상에 대하여 진정한 존재로의 정향을 잃어버리지 않도록 의지를 조정하는 것이다. 의지가 이 과제를 처리하지 않으면, 이성과 의지 사이의 근원적 조화를 파괴한다. 다시 말하면 의지가 구체적이고 실천적인 판단을 왜곡하는 것이다. 그러므로 왜곡된 의지는 허위의, 즉 진리에 모순되는 실천적 판단을 실행해야만 하는 점에서 책임이 있다. 여기에서 '해야만 한다'(muß)는 것은, 이러한 사정 아래에서 의지에게 어떤 다른 대상이 없기 때문이다.

그러므로 결정적 문제는 다음과 같다. 즉 어떻게 의지를 단련하여 구체적 질서 안에서 존재로 향한 근원적 정향을 경시하지 않도록 할 수 있는가. 여기에서 도움이 되는 것은 아리스토텔레스가 제시한 방법이다. 즉 일상생활의 모든 행위에서 덕을 얻으려고 애쓰는 것이다.

이성과 의지의 협동이라고 하는 이러한 설명은 대략 가설 같은 것이 아니다. 그것은 이성과 자유의지를 갖춘 존재인 인간에 관한 정의로부터 생긴다. 이 두 기능의 활동은, 본능에만 귀속될 수 없는 도덕적 행위에 필요한 전제이다.

실천적 명령이 더욱 구체적으로 되는 즉시, 언급한 것처럼, 의지의 개별적 성향은 자체의 중요성과 함께 더욱 활동적이게 된다. 여기로부터 양심판단에 전형적인 또 다른 오류의 가능성이 생긴다. 의지의 성향은 격정에 의해 상당히 영향을 받고 있다. 그러므로 인간은 양심 판단을 하는 모든 경우에, 올바른 양심 결정을 추구할 때에 존재에, 즉 진리에 근거를 둔 선을 향한 의지의 본성적인 자체 정향에서 벗어나는가 아닌가를 생각해 볼 필요가 있다. 그러므로 도덕적 결함인 죄는 형식적으로, 자유의지가 언젠가 양심에 의해 표상된 선을 따르는 것에서 성립하지 않고, 토마스 아퀴나스(진리론 17,4)가 말하듯이, 최종적인 실천적 판단을 형성하는 경우에 획득된 일면적인 의지의 태도에서 성립한다. 최종적인 실천적 판단은 옳든 그르든, 모든 경우에 의지를 구속하고 그렇기 때문에 의지는 이러한 방식으로 행동하도록 강요된다. 의지는 대체로 다른 격정(예, 이러한 태도의 결과에 대한 공포)의 활성화에 의해 일어나는 것을 스스로 변경함으로써만 이 강제에서 벗어날 수 있다.

따라서 의지는 실천적 판단에 영향을 미치는 순간에 이미 언급되었듯이, 자기 스스로를 구속하였다. 그러므로 우리는, 양심은 모든 경우에 '구속한다'고 말할 수 있는 것이다. 그런데 토마스 아퀴나스는 의무개념에서 라틴어인 Obligatio(의무)에 일치하면서 본성적 구속과 자유의 본래적으로 도덕적인 의무를 구별한다. 책임이 있는 잘못된 양심에 있어서는 스스로 책임이 있는 구속이 존재한다. 토마스는 이와 관련해서는 보나벤투라(Bonaventura)에 반대한다. 보나벤투라는 이러한 구별을 알지 못했기 때문에 책임이 있는 잘못된 양심은 의무를 지우지 않는다고 설명하였다.[116]

116 토마스는 보나벤투라를 분명히 언급하지는 않는다. 이에 관해서는 다음을 참조. Das Responsum ad 8 im gleichen Artikel, ebenso S.Theol. Ⅰ-Ⅱ 6, 8, Kommentar zu

재판관은 원래 자신의 인생경험에 의거하여 어떤 병역 거부자의 자기책임이 있는 오류를 발견하고 판결을 내릴 수 있다. 아마도 지나친 노고에 대한 두려움, 가족에 대한 집착 등, 다른 말로는 합당한 근거를 제시할 수 없는 의지적 성향이 문제가 될 것이다. 구체적인 양심판단은 일반적인 본성적 소질을 능가하므로, 즉 주관적으로 형성되어 있으므로, 국외자의 판단은 그의 주관적 평가의 지배를 받는다. 거기로부터 두 가지 서로 다른 재량판단, 즉 병역거부자의 판단과 재판관의 판단이 생긴다. 그러므로 많은 법질서에서는 양심의 결단에 대한 검토가 포기된다. 물론 이러한 느슨한 처치는 사회적으로 유해한 남용을 초래할 수 있다. 그러나 양심의 자유권의 순수히 주관적인 정식화를 강력히 요구하는 법질서는 이 불길한 결과들을 감수해야만 한다. 오늘날 양심은 자유와 같은 것으로 되어 버렸다. 인구조사(센서스)에서 자신의 주소를 기재하지 않으려는 자는 자신의 양심의 자유에 근거를 두고 있는 침해할 수 없는 사생활을 내세워 자신을 정당화한다. 법률가들은 양심개념에서 모든 도덕적인 것을 배제하여 그 의미 내용을 공허하게 만드는 데에 많은 협조를 하였다. 이와 반대로 양심의 원래 의미는 진리내용에 대한 인간의 내적 결합이다. 진리내용은 자유에서 유래하지 않고 오히려 이성과 의지에 본성적으로 미리 주어져 있다. 오늘날에는 아무도 타인의 양심에 대하여 판단할 수 없다. 그 이유는 일반적으로 타당한 규범에 대한 본성적 지식(인식)이 더 이상 존재하지 않기 때문이다.

Ⅶ Eth., lect. 10. 중세에는 생존하는 저자의 이름은 자신의 토론 범위 안에서 언급하지 않는 관습이 있었다. 왜냐하면 사람들은 일반적으로 특정한 학설의 대표자들을 알고 있었기 때문이다. 그 밖에 토마스는 자신과 친한 저자에 대해서는 매우 신사적이었다.

확실히 제 3자에 의한 양심제어의 가능성은 사정에 따라, 특히 형사소송에서 큰 위험을 동반한다. 그러므로 중세적 관습의 사법(die Justiz)에 대하여 양심제어를 제한하는 것은 정의의 요구이다. 그런데 그것은 양심을 자유와 혼동하지 않고서도 발생할 수 있을 것이다. 그러나 오늘날 우리는 전적으로 절대적 자유를 차지하고 있다. 그 결과는 기본적인 사회도덕적 규범의 상실이다(참조. 여러 나라에 있어서 남성 동성애자와 여성 동성애자의 결혼의 인정과 독일, 프랑스, 스위스에 있어서도 이에 호응하는 활동).

특정한 상황에서 양심을 자유와 같은 것이라고 생각하는 인간은 절대가치의 의미에서 제어기관인 양심의 원래 의미를 상기한다. 철저히 실증주의자이고 가치 경험주의자인 동시에 법과 도덕의 모든 결합을 비난한 재판관들이 어떤 동기로 뉘른베르크 재판에서 갑자기 다음의 통찰에, 즉 이 세계의 어떤 양심도 그에 대해 변명으로 해명할 수 없는 범죄와 대량살육이 존재한다는 통찰에 이르게 되었는가는 말하기가 곤란하다. 그와 같은 대량범죄에 직면하여 아무래도 가장 완고한 실증주의자들에 있어서도 원양심(das Urgewissen)이 깨어난 것 같다. 그 밖에 많은 상찬을 받은 구스타프 라트브루흐(Gustav Radbruch)도 그 중의 일원으로 속하는 이 법률가들이 자신들의 사상체계에 대해 아무런 반성적 추론도 하지 않는다는 것은 그저 놀라울 뿐이다.

실천적 진리의 정치적 행위로의 전환

실천적 진리는 이상 언급한 것에 따르면 편협한 이론적 인식에 의

존할 뿐만 아니라 각 개인의 도덕적 태도에 더 의존한다. 이것은, 예술작품에 관한 판단이 대부분 취향의 문제라고 말하는 것과 유사하다. 그 자체로 동료시민과 토론에 빠지는 모든 시민은 우선 자신들의 의지 선호에 대하여 설명해야만 할 것이다. 아마 의견의 불일치는 두 토론자의 서로 다른 이론적 형성에는 전혀 아니고, 오히려 그들의 의지태도의 불일치에 근거해 있다. 그럼에도 불구하고 그들은 이론적 문제가 중요한 것처럼 토론한다. 대체로 그들은 개인의 입장에서 생기는 결과들에 대하여 토론한다. 사정에 따라 파괴적일 수 있는 결과에 직면하여 의지의 성향이 저절로 변화하고, 그 다음에 자체의 측면에서 실천적 판단에 영향을 미친다.

토론(담화)윤리학은, 그것을 알지 못한 채로, 오직 실천이성의 최종적인 구체적 판단을 분석하는 것에만 기초를 두고 있다. 토론윤리학은 다음의 사항을 이해하지 못한다. 즉 실천적 진리는 최종적인 실천적 판단 안에 포함되어 있을 뿐만 아니라 서로 다른 추상의 수준을 갖는다는 것, 다시 말하면, 실천이성은 각 실천이성 안에 잃는 일이 없이 존재하는 최고의 명령으로부터 시작하여 예컨대, 자신의 격률이 타인에 의해서도 지켜질 수 있도록, 그러므로 아무도 타인의 권한을 침해하지 않도록 행동해야 한다는 원리와 같은 덜 일반적인 원리로 하강하면서 단계적으로 진전한다는 점이다. 토론이 오직 구체적 판단의 수준에서만 행해지는 한, 오직 타협으로 이끌 수는 있지만 실질적 진리의 인식에는 도달할 수 없다.

이러한 서술로부터 다음의 내용이 분명해진다. 즉 그 자체로 명증적인 이론적 진술과 유사하게, 그 자체로 참인 일반적인 실천적 판단이 있다. 그러므로 우리는 사회적 공간에서 그와 같은 일반적인 실천적 판단의 어떤 종류의 합의를 전제할 수 있어야만 한다. 완전한 가치다원주의는 평화로운 사회를 실현할 수 없다. 이러한 인식으로부터 우리는 양심의 자유를 인정함에도 불구하고 어느 정도의 통제 가능성을 예견해야 할 것이라는 결론에 이르게 된다. 그러나 입법자는 실제로 오직 시민 다수의 가치감정에만 방향을 둔다. 이 방법은 충분하지 않고, 특히 완전한 가치상실에 직면해 있는 사회에서는 충분하지 않다.

교육정책에 필요한 결과

이상의 언급에서 다음의 사항이 명백해졌을 듯하다. 즉 국가는 이른바 양심의 자유를 공공질서의 기본질서로 삼는 데에 만족할 수 없다. 국가에 중요할 수밖에 없는 것은 사회질서가 성립하는 것이고, 이러한 질서는 최소한의 구체적 가치합의를 전제로 할 때만 가능하다. 그러므로 국가는 이 최소한의 합의를 사회에서 실현하기 위해 전력투구해야만 한다. 각자가 자기 자신에게 유효하다고 언명하는 자유를 각자에게 인정하는 것만으로는 충분하지 않다. 그러므로 국가는 국가질서의 유지를 위하여 시민들의 올바른 양심 형성을 염려하도록 강요된다. 그러한 양심형성은 만인에게 기초적인 도덕규범을 가르침으로써 실현된다. 이 교육은 통상적으로 이미 가정에서 시작되고 있다. 그것에 덧붙여 이에 상응하는 가족정책이 전제가 된다. 지속적인 최초의 도덕교육은 학교에서 이루어진다. 윤리학이라는 교과목이 도덕교육을 위해 충분한지는 매우 의문스럽다. 특히 근대윤리학은 자유론을 지닌 대부분의 유파에 있어서, 각자는 만인에게 타당하게 될 수 있는 격률을 선택한다는 보충으로 만족한다. 그러나 이 형식적인 명령만으로 어떤 안정된 질서가 정식화되는 것은 아니다. 이 원리에 도적집단도 방향을 정할 수 있다. 윤리적 의무의 마지막 뿌리가 창조주의 명령에 근거해 있다는 것을 고려하면, 오직 종교적 신앙 고백에 의거한 교육만이 남게 된다. 어느 것이 거기에 가장 적합한지는 다른 주제, 즉 종교의 자유의 기본권에서 다루어질 것이다.

Ⅲ. 시민권인 언론의 자유

언론 자유의 정의

기본적으로 언론의 자유는 직접 주관적인 진리인식에만 연결되어 있다. 언론의 자유는 국가에 있어서 진리의 문제 범위에서 이러한 확인과 연관되어 있다. 즉 그것은 도대체 공동선에 대한 객관적 인식이 존재하거나 근접한 인식이 존재하는지, 만일 그렇다면 누가 이 인식을 소유하고 누가 이 인식을 유효하게 정식화하는 능력을 갖는가 아닌가 하는 문제에 직면해 있다.[117]

다른 한편으로 우리는, 직접적으로 '언론'이란 개념에서 표현되는 순수하게 주관적인 진리개념에 머물러서는 안 될 것이다. 인간 지성은 그 본성에 따라 본질적으로 현실과 관계가 있기 때문에, 인간은 자신의 의지로써 모든 외적 영향을—어디에서 그것이 온다고 해도—배제하여 지성이 현실을 인식할 수 있게 해야만 하고, 그 결과로 그의 의견이 주관적 산물일 뿐만 아니라 동시에 현실의 모사이게 된다. 그 법적 이해가 의견과 진리의 이러한 관계를 고려하지 않고 주관적 영역에 제한된다고 해도, 오직 이 인식론적 관계에서만 언론의 자유는 의미를 갖는다.

---

117 참조할 것. 이에 관해서는 다음의 저서에 이 포괄적 문제점에 대한 계발적인 서술이 있다. Walter Leisner, Die Staatswahrheit, Macht zwischen Willen und Erkenntnis, Berlin 1999, 특히 p. 140 이하(민주주의적 인식에서 유래하는 국가의 진리: 언론의 자유-현실에 대한 개방).

현대법은 언론의 자유를, 말과 글에 있어서 주관적 의견을 방해받음이 없이 표현하는(능동적 정보) 개인의 자유라고 이해한다. 의견 형성을 위한 전제는 당연히 그에 상응하는 정보이다. 그러므로 자유롭게 정보를 입수하는(수동적 정보) 권리도 언론의 자유에 속한다. 자신의 의견을 표현함으로써 동료인간을 욕되게 해서는 안 된다는 것이 당연하듯이, 정보 수집이 사회규칙의 지배 아래 있는 것도 똑같이 당연하다. 이러한 의미에서 독일 연방공화국의 기본법은 언론의 자유를, "말과 문자로 자신의 의견을 자유롭게 표현하고 퍼뜨리며 일반적으로 접근할 수 있는 출처에서 방해받지 않고 정보를 얻는" 만인의 권리라고 정의한다(GG Art. 1, Abs.1). 이 권리는 물론 개인에게뿐만 아니라 개인들로 구성된 집단에도 주어진다.

정의는 이 일반적인 이해에 있어서 많은 문제를 포함하고 있고, 이들 문제는 오직 구체적 사정, 즉 구성 요건에 적합한 요인들과의 연관에 있어서만 해결될 수 있다. 이것은 여러 가지로 평가될 수 있지만, 제일 먼저 총체 사회의 질서가 고려되어야 한다. 언론의 자유에는 계층적 사회와 민주적 사회에서 여러 가지가 있다. 오늘날 시민의 언론의 자유는 민주적으로 질서를 갖춘 사회와의 연관에서만 토론된다. 문제점을 이렇게 제한하는 것은 윤리적인 분석을 곤란하게 한다. 그 이유는 모든 정치체제 아래에서 가치 다원주의적 민주주의는 공동체를 근본적으로 개별적인 관계들로 해체하기 때문이다. 민주주의는, 시민이 자신의 시민의 의무를 수행할 때 알아야만 하는 무수한 개별사항이 널리 알려지는 것으로 명맥을 유지한다.

민주주의를 공동선과 관계 없이 만인에게 같은 모양으로 귀속하는 자유의 순수히 형식적인 조직화라고 이해하는 자는, 윤리적 문제를 취급할 필요가 없다. 그런 자에게는, 정보 전달장치가 올바르게 기능을 하는가 아닌가, 즉 누구도 자기결정권을 방해받지 않는가, 즉 똑같이 누구도 자신의 정보 관심이 축소되지 않는가 하는 것을 탐구하는 것으로 충분하다. 여기에서 그것은 자유주의적인 경제 구상의 경우와 유사하다. 이 구상에 의하면 경제는 순수한 경쟁사회라고 이해되고, 반면에 사회적 결과는 사회정책에 맡겨진다.

언론 자유에 관한 자연법적 숙고

언론 자유를 우선 원래의 현상에 있어서, 즉 커뮤니케이션 기술을 아직 접해보지 않은 사회에서 탐구하는 것은 추천할 만하다. 아직 '원시적인' 이러한 사회를 통해 자연적 윤리의 규범을 설명하는 것이 더 쉽다. 그러므로 국가 안에서 인간들 사이에 말과 문자로 하는 커뮤니케이션을 규정하는 윤리적 규범들이 중요하다. 이 규범들은 인간의 본성에 적혀 있다. 인간은 본질적으로 사회적이기 때문에, 타인들과의 커뮤니케이션 없이는 자기완성을 이룰 수 없다. 언어는 커뮤니케이션을 실현하는 수단 이외에 다른 것이 아니다. 이것은, 언어가 진리전달의 수단이지 않으면 안 된다는 것을 암시한다.[118] 이러한 의미에서 언

118 그러나 이것은, 모든 인간 사이의 관계가 언어에 의해 실현될 수밖에 없다는 것을 의미하지는 않는다. 신호언어도 있다. 그것은 또한, 우리가 모든 구체적인 경우에 진실을 말하지 않으면 안 된다는 것도 의미하지는 않는다. 수백 년에 걸쳐 우리는, 거짓말이 늘 윤리적으로 비난받아야 한다는 가치판단을 고수하고 있기는 하다. 스콜라 학자들은, 타인이 존재에 적합한 발언권을 갖지 않고, 따라서 진리에 대한

론 자유는 사회적 증축, 즉 진정한 공동선을 실현하기 위해 필요한, 진리에 일치하는 커뮤니케이션의 조건이다.

자연법적으로 보면, 일반적인 진리 발견을 위한 대화에 참여할 모든 사회 구성원의 의무가 최상위에 있다. 그러므로 자유로운 의견 표명에 대한 주관적 권리(언론 자유의 적극적 권리)는, 커뮤니케이션이 공동선의 구축에 기여하는 한에서, 진리에 충실한 의사소통에 대한 만인의 의무에 기초를 두고 있다. 이것은 동시에 사회에서 무엇이 일어나는가를 아는 권리, 즉 정보를 수집하는 권리(언론 자유의 소극적 권리)를 포함한다. 이러한 두 개의 권리는, 이미 언급했듯이, 공동선 명령에 복종한다.

사적 영역은, 사회에 영향을 미치는 한에서만 공동선에 중요하다. 이제 자세히 본다면, 어떤 방식으로든지 동시대의 사람들에게 영향을 주지 않을 사적인 것은 원래 존재하지 않는다. 아리스토텔레스에 의하면 공동선은 만인의 완성에 있다. 가장 단순한 인간도 자신의 도덕적 태도를 통하여 환경에 영향을 미친다. 그러므로 그는 동료 시민들의 존경을 누린다. 진정한 자연법의 관점에서 보면, 모든 사적 결정은 어떤 방식으로든지 사회적으로 통합된다. 예를 들면, 개인은 자신의 주

권리를 갖지 않을 경우에, 거짓말을 피하기 위해서 의중유보(진의은폐, restrictio mentalis)를 제안하였다. 그런데 실제로 타인은 속게 되었다. 의중유보는 진리은폐를 위한 기교다. 그 자체로 쉽게 정체가 폭로되는 의중유보를 피하기 위해서 언어의 의미로부터 출발하는 다른 설명이 Arthur Vermeersch SJ에 의해 제공되었다. 그것에 따르면 대화 상대자에게 진정한 대화가 중시되지 않는 경우에 언어는 그 원래의 목적을 빼앗긴다. 그러므로 진리에 대한 아무 의무도 존재할 수 없다. 전형적인 사례는, 강도가 금고열쇠의 소재를 묻는 것이다.

소를 사적 영역에 속하는 것으로서 간주하여 인구조사에서 비밀로 하여 침묵할 수는 없다. 그러나 실정법적으로 기본법에 정식화되어 있듯이, 이른바 개인권은 형이상학적 자연법 사상에 존재하지 않는 인권의 전적인 사사화(私事化)에서 출발한다. 예컨대, 세법 상의 규정을 전혀 고려하지 않더라도, 법률 상의 신분, 즉 어떤 사람이 기혼인가 아닌가 하는 문제는 사적인 문제만은 아니다. 동성이든 아니든 간에 부부가 아닌 두 사람의 동거도 조금은 전체 사회와 관계가 있다. 간략하게 말하면 다음과 같다. 즉 자연법으로부터, 더 정확하게는 인간의 사회적 본성으로부터 고찰하면 사생활은 상당히 적다. 그러나 그것으로써 자연법의 구체적 이해가 된 것은 아니다. 최고 수준에서 자연법적으로 정식화하면 일반적인 개인권은 다음과 같다. 즉 개인의 자기결정은, 그것이 사회적 의무에 좌우되지 않는 한에서 보증되어야 한다. 이에 상응하여 언론의 자유에 대한 권리는 다음과 같다. 즉 언론의 자유는 사회질서의 범위에서 주관적 권리로서 확정되어야 한다. 물론 아직 매우 추상적인, 따라서 막연한 이 법 규범으로서는, 그것의 내용대로, 실제로 많은 것이 성취되지는 않는다. 본질적인 것은, 우리가 여기로부터 구체적이고 법률적으로 제어할 수 있는 인권의 정식화를 위한 길을 어떻게 발견하느냐 하는 문제이다.

이러한 자연법적 원리들을 구체적 현실에 적용하는 것은, 토마스 아퀴나스가 강조하듯이, 그것으로 일반적 원리들이 발견된 '이성성'(Vernünftigkeit)에 대한 주목을 전제한다. 최고의 실천적 원리들은 존재를 향한 인간이성의 본성적 목표 두기에 의하여 파악되었다. 그러므로 존재를 향한 본성적 목표 두기는 구체적 상황과 직면하는 경우에 고수하는 것이 중요하다. 우리가 구체적인 것에 접근하면 할수록 그만큼 더 어떤 비이성적인 영향의 지배를 받게 된다. 이에 관해서는 이제 의지가 관여하고 있다. 그 이유는, 구체적인 실천적 인식이, 토마스가 아리스토텔레스와 더불어 말한 것처럼 'recta ratio', 즉 올바른 이성으로부터 생기도록, 의지가 모든 주관적 영향들(정열, 부주의 등)을 차단해야만 하기 때문이다. 이러한 논리적 방식에 있어서만이 법률을 특정한 사정들을 고려하여 정식화할 수 있다. 우리는 후에 다시 한 번 이 문제를 다룰 것이다. 그런데 여기에서는 언급한 것에 따라서, 우리가 주관적 권리들을 오직 사회적 결합관계에 있어서만 일반적으로 정식화할 수 있고, 그렇지 않으면 법률을 논리적으로 정당화하는 데에 성공하지 못한다는 것이 이미 확인된다. 그러나 동시에, 올바른 이성으로써 도달된 구체적 정식화가 마찬가지로 자연법이라고 지칭된다는 것이 분명하게 되어야만 한다.[119]

물론 구체적 실천에 있어서는, 집단으로부터인가 개인으로부터인가, 어떤 관계점으로부터 법이 출발하는가를 규정하는 것이 불가피하고 심지어는 필요한 것이다. 일반적인, 더 추상적인 취급에 있어서는 우선 공동선 개념이 매우 중요하다. 이제 공동체는 커뮤니케이션이 필요하고 그렇기 때문에 개인들은 의사소통의 과정에 참여할 의무가 있

119 토마스 아퀴나스에 의하면, '올바른 이성'을 행위의 규범으로서 정하는 모든 것은, 또한 자연법적 원리로부터의 연역이든 구체적 상황과의 씨름에 있어서이든, 진정한 자연법이다(참조. S.Th., Ⅰ-Ⅱ 94, 3, 본문의 끝부분). 토마스 아퀴나스에 의하면 이성법은 자연법칙 혹은 자연법과 동일하다. 그러므로 자연적 경향성뿐만 아니라 "인간이 추가로 자신의 이성으로써 유익하다고 인식하는" 모든 것이 문제가 된다.(a.a.o.). "이성법 안에, 이성에 의해 규제될 수 있는 모든 것이 포함되어 있다."(S.Th. Ⅰ-Ⅱ 94, 2 ad 3)

다는 것이 확인된다. 그것은 거꾸로 말하면, 개인들이 공동선의 범위에서 의사소통에 대한 권리를 갖는다는 뜻이다. 이제 구체적으로는 이 개인의 권리가 어떻게 보이느냐는 문제이다. 우리는 실제로 개인을 커뮤니케이션에 완전히 통합하는 것을 요구할 수 있으며 그와 함께 정보에 대한 무제한의 권리를, 적극적인 것과 소극적인 것을 수호할 수 있는가? 이 문제는, 사회적 환경을 경험적으로 탐구하고 이러한 사정을 보다 상위의 자연법 원리들과 비교하며, 언론 자유에 대한 권리를 구체적으로 정식화할 수 있기 위해, 이성적으로 해결되어야만 한다.

언론의 자유에 관한 토론에서 우리가 관계하는 인간은, 첫째로 자신의 이익을 꾀하는 개인주의자이고, 둘째로 일반적 가치상실의 결과로서 정열에, 우리의 연관에 있어서는 이성보다는 특히 음란한 호기심에 더 복종하는 인간이며, 셋째로는 언론의 자유가 도덕적으로 규제되지 않은 발전의 가능성을 갖는 가치 다원주의적 민주주의의 인간이다.

이러한 구체적 사정을 고려하여 우리는 실제로 공동선이나 집단의 요구와 함께 시작할 수 없고, 공동선 요구가 어떻게 가장 확실하게 실현되는가를 알기 위하여 우선 사회 구성원들의 견해에 주목할 수 있다. 즉 개인권에서 시작하고 공동선 명령이 실현되는 방법을 숙고하는 것이다.[120] 모든 경우에 사생활의 보호를 위하여 정보에 대한 권리(수동적 언론의 자유)는 제한되어야만 한다. 일반적인 자연법적 원리들로

120 최상의 원리들로부터 구체적인 법적 정식화까지 방금 서술된 이성의 이러한 과정은 이미 다른 논고에서, 즉 세계의 물질적 재화의 사용에 대한 일반적 권리로부터 사유재산에 대한 자연(법)적 권리를 연역하는 것에서 이미 알려져 있다. 이러한 사용은 경제적으로, 즉 낭비 없이 행해져야 하므로 일반적 사용권은 사유재산에 대한 일반적 권리로 되지만, 이 권리는 사회적으로 규제되어야만 한다.

부터 구체적 권리를 올바르게 자연법적으로, 즉 이성적으로 연역함으로써 인격의 권리는 언론의 자유의 영역에서 우월한 가치를 획득한다.

물론 언론의 자유의 영역에서 당연히 인격의 권리에 귀속해야 하는 이 우월한 지위는 엄밀하게 규정되어야만 한다. 여기에 자연법적으로뿐만 아니라 개인주의적이고 실증주의적으로 정향된 정의에 대한 문제점이 있다. 자연법적 정의는 개인주의적 정의에 대하여, 논리적으로 작동한다는 이점이 있다(204쪽 요약을 보시오).

현대 법사상에 있어서 언론의 자유의 정식화

현대 법철학은 자연법론의 추상(방법)을 더 이상 알지 못하므로, 이미 이론적으로(실천적으로 뿐만이 아니라) 실재에 관한 유일한 개념이 개인에서 시작한다. 그러므로 공동선은 개인권의 합계라고만 이해된다. 그것은 오직 평화의 질서에서만 존재한다. 이것이 가치다원주의를 지닌 현대 민주주의의 상황인 것이다. 그럼에도 그 상황도 평화질서가 선량한 개인도덕에 의해 뒷받침되어야만 한다는 진정한 자연법적 요구를 피할 수 없다.

민주주의적 평화질서는, 한 사람의 자유가 다른 사람의 자유를 방해하지 않을 것만을 요구하므로, 개인도덕은 사생활에 포함된다. 사생활은 일반적 인격권에 의거하여 정보권(수동적 언론의 자유)에 우선한다. 이제 실제적 문제는 이 두 가지 권리의 경계를 구분하는 것이다. 주관주의적으로 정식화한 인격권은 민주주의적인 정보권과 충돌한다. 언론인들은 자신들의 직업에 입각하여 정보를 수집하는 권리를 주장한다. 우리는 센세이션을 겨냥하는 그들의 호기심을 충분히 알고 있다. 개별적 사실에 대한 법률이 존재하지 않는 한, 판결은 재판관의 재량에 맡겨져 있다. 재판관은, 의견 발표의 정당성에 대하여 결정해야만 하는 분쟁에서 절대적으로 타당한 추상적 도덕규범에 의거할 수 없다. 그러므로 그는 실제로 다수에 의해 인정된 가치감정에 방향을 정한다. 이 다수는, 우리가 알다시피 스스로 결정을 하지 않는다면, 역시 호기심에 사로잡히게 되어 미디어를 따른다. 즉 민주주의적 원리를 우선한다. 이 원리로부터 의견 발표가 이루어지는 문화영역의 상이가 참조사항으로 지적된다. 그리하여 예를 들면 스위스 베른의 재판소는, 종교적으로 고약한 표현 때문에 제기된 소송을, 예술은 일반적인 가치형성에서 일정한 지도적 역할을 떠맡는다고 지적하면서 기각했다. 이 예에서, 도덕적 확신도 그것에 속하는 인격권이 얼마나 쉽게 민주주의적으로 정향된 정보권에 의해 평가절하 되는지가 분명해진다.

이 예가 또 보여주는 것은, 우리가 자연법의 가치질서를 떠난 경우에, 언론의 자유가 얼마만큼 정의할 수 없게 되느냐는 점이다. 정의는 재판관의 재량 판단에, 아마 심지어는 일반 사람들에게 맡겨질 위험에 처해 있다. 재판관은 단순한 방식으로 비판을 피한다. 그는 될 수 있는 대로 순수하게 형식적인, 법률로 명확히 표현된 자유권에 의거한다. 이 자유권은 가치중립적이며 개인주의적이므로 윤리적으로 더 이상 통제되지 않는다. 그리하여 인격권도 상대화된다.

실천의 관점에서 보면, 독일의 입법은 커뮤니케이션 영역에서는 개인의 자기결정권, 즉 인격권이 민주주의적으로 규정된 커뮤니케이션 기구에 우선하는 결정적 규범이라고 하는 견해를 취하고 있다. 그런 한에서 개인주의적으로 정향된 언론 자유의 정의는 자연법의 정의와 일치한다. 다만 이미 언급된 것처럼, 개인주의적인 기본권의 이해에 공동이익을 논리적으로 삽입해 넣는 것에는 성공적이지 않다. 이제까지 타당한 법질서에서 민감한 결함들이 확인된 이후에, 늘 임시 해결책이 찾아진다. 우리가 미리 공동이익을 고려했다면, 이러한 결함 중 많은 것은 예견할 수 있었을 것이다. 이에 대한 전형적인 예는 난민 인정 신청자에게 완전한 언론의 자유를 허가하는 것이다.

우리가 개인주의적으로 이해된 언론의 자유권을 일반적으로 동등한 인권이라고 평가한다면, 국가는 난민 인정 신청자를 자국민과 달리 처우하지 않도록 할 수밖에 없다. 그러므로 난민 인정 신청자가 난민 수용국의 국가적 법질서를 훼손하지 않는 한, 정치적 시위에 대한 권리가 그에게 주어진다. 난민 인정 신청자와 같은 생각을 가지고 조국에 머물러 있는 자들은 은밀한 방법으로 난민 인정 신청자들의 정치적 선동활동을 재정적으로 지원할 수 있다. 이들은 그렇게 하여 정치적 선동활동가로서 국제적 차원에서 이용된다. 난민 인정 신청자들이 언론의 자유에 대한 확실한 개인주의적 권리를 정당하게 누릴 수 있다면, 이에 대하여 누가 어떤 조치를 강구할 수 있는가? 공산주의를 반민주주의적인 운동이라고 비난하는 공산주의적 난민 인정 신청자들이 자신들의 조국에 있는 형제들의 공산주의적 정치를 위해서만 선전활동을 하는 한, 난민수용국은 그들에 대하여 무력하다. 거기에 어디엔가 모순이 존재한다.

현대 커뮤니케이션 기술 영역에 있어서 언론의 자유

비교적 최근에 마이크로 전자공학 기술의 결과로 언론 자유에 대한 구체적 규정이 엄청나게 복잡하게 되었다. 이것은 늘 변경되는 정보 수집, 정보 처리, 정보 사용에 관한 법률 규정의 홍수 속에서 이미 나타난다. 1977년 1월 2일의 독일연방 정보 보호법은 데이터 파일(die Datei)을 "거기에 적용된 방법에도 불구하고, 특정한 특징에 따라 파악되고 배치되며, 또한 다른 특정한 특징에 따라 개편되고 정리될 수 있는 동종으로 구축된 데이터의 수집"이라고 정의했다. "문서와 문서 수집이 자동화한 방법으로 개편되고 이용될 수 있다는 경우를 제외하고, 문서와 문서 수집은 여기에 속하지 않는다." '데이터뱅크'는 중앙에서 관리된 기억장치이고, 이 안에서 커다란 노동영역의 중요한 정보가 수집되고 정보 처리장치의 도움으로 최신의 상태에서 보전된다. 정보 처리 덕택에 상상할 수 없을 정도의 규모로 다양한 종류와 출처의 정보를 축적하고 결합하여 가장 짧은 시간에 이용할 수 있게 되었다. 개인은, 얼마나 많은 파일에 자신이 들어있는지, 그리고 어떤 불법의 방식으로 자신의 개인정보가 이미 이용되었는지를 모른다. 그는 원하든 원하지 않든 개인과 관련된 수많은 정보를 공공 행정부서(국고, 주민과, 재판소, 학교 등)와 사설기관에 제공한 셈이다. 누가 이 데이터들을 검토할 수 있고 사용해도 좋으며 어떤 목적으로 그렇게 해도 좋은가? 이것은 데이터 보호 영역에서, 즉 언론의 자유에 관한 권리의 가장 어려운 현대적 문제이다.

이러한 여러 가지 질문은, 우리가 그 경우에 자연법적으로 근거를 둔 어떤 논거로 되돌아가 이야기하지 않고서는, 논리적으로 해답되지 않는다.[121] 법률가는, 인격권의 사회적 연결을 정의해야 하는 경우에, 자신의 익숙한 개인주의적인 시야 밖에서 움직인다. 덧붙여 말하면, 그는 진리발견에 대한 언론의 자유의 본질적인 연관도 잃어 버렸다.

서술되었듯이, 언론의 자유에 대한 권리는 현대의 법사상에 따르면 아직도 개인들로부터만 정의될 수 있다. 개인은 어떤 데이터가 파일에 기록되어도 좋은가를 결정한다. 그는 또한, 축적된 데이터가 어떻게 이용되는 것이 좋은가를 결정한다. 그것이 소극적 언론의 자유권, 즉 다른 측면에서는 정보에 대한 권리를 정의할 수 없게 협소화하는 것은 당연하다. 법률가들은 이러한 사정을 민주주의적 과정에 대한 이해의 상실이라고 개탄한다. 그러나 이것은 바로 언론의 자유에 대한 개인주의적 개념의 결과이고, 법률가들 스스로 이 개념에 책임을 져야 한다. 의심스러운 모든 경우에는 일반적 인격권에 우선권이 주어지므로, 실제로 개인 정보에 대한 모든 접근은 개인의 의지에 의해 봉쇄된다. 독일연방공화국의 '정보의 자기결정에 관한 기본권'에 따르면 모든 개인은 "기본적으로 언제 그리고 어떤 한계 안에서 자신의 생활 형편이 드러나게 되는가를 스스로 결정할" 권한을 갖는다. 이것이 예를 들면, 신용대출의 경우에 널리 뒷받침된 정보에 의존하는 은행에 무엇을 의미하는가를 우리는 상상할 수 있다.

'정보의 자기결정'에 관한 권리와 같은 그러한 권리는, 정보 수집도

121 법학의 관점으로부터 전체 문제점에 대한 매우 유익한 설명을 제공하는 다음의 문헌을 참조할 것. H. Ehmann, Informations - und Meinungsfreiheit in unserer Kinderzeit und heute, in: W.Hadding, Hrsg, Festgabe, Zivilrechtslehrer der Jahrgänge, 1934/35, Berlin 1999, 73-101.

정보 사용도 관계자의 의지에 의존하지 않는 무수한 구성 요건의 목록을 작성해야만 한다. 그리하여 이러한 규칙들은, 개입이 정당화되어야 하는 그때그때의 목적을 법률적으로 정의한다는 조건 아래서만 작성될 수 있다. 그런데 제한의 목적은, 사회질서와 국가 질서, 즉 사회적으로 또한 국가적으로 정당화된 제도들의 기능을 보장하는 것이다. 그러므로 공공의 혹은 국가의 목적과 사적인 목적은 분명하게 구별되어야만 한다. 이것은 아마 정보 수집을 법률적으로 규제하는 경우에 쉽게 될 수 있을 것이다. 그러나 정보 사용의 정의에는 그렇지 않을 것이다. 왜냐하면 공공의 목적으로 수집된 매우 많은 정보들이 사적 영역에서도 쓸모 있고 경우에 따라서는 심지어 긴급하게 필요하기 때문이다.

어떤 기혼 남성이, 자신의 자동차 번호가 공적으로 접할 수 있는 자동차 등록 대장에 등재되어 있는 경우에, 사람들이 자신의 바람기를 알아차릴 수 있다는 공포에서 자신의 자동차의 번호판의 기록이 중지될 것을 요구하는 사례를 가정해 보자. 그와 같은 욕구는, 자동차 소유자의 도덕적 태도와 아무런 관계가 없는 다른 조건들 아래에서도 정당화 될 수 있기 때문에, 이 구성요건의 법률적인 규정은, 모든 개별적인 경우에 공공의 관심 혹은 개인권이 우위를 차지하는가 아닌가가 결정될 수 있을 정도로 정식화 되어야만 한다. 똑같은 사례는, 데이터 기록 장치가 구비되어 있는 자동차를 임대한 경우이다. 자동차를 빌린 사람의 주행은 후에 정확히 검사할 수 있다. 이 데이터는 보호되어야만 한다. 그러나 이 데이터는 범죄 조사나 그 밖에 공공의 목적과 관련하여 이용될 수밖에 없다. 이제 공공의 목적이 인격권에 불리하게 민주주의적 정보의 자유와 동일시되는 것을 방지하기 위하여, 입법자는 개인의 자기결정의 보호를 우선하였다. 따라서 어쩔 수 없이 언론의 자유에 대한 권리는 개인의 목적 규정에 결합되어 버렸다. 이에 의하여 물론 공공의 의견 형성이 때때로 몹시 방해를 받는다. 이것은 일반적 인격권의 이익을 위하여 감수된다.

요약

자연법적 논증에서 모든 숙고의 시초에는 모든 활동과 제도의 최고 규범인 포괄적 공동선이 자리 잡고 있다. 그러나 공동선의 실현에서 우리는, 인간이 자신의 도덕적 소질에 따라 공동선의 명령에 복종함으로써만 자기완성을 이룰 수 있다는 것을 안다고 해도, 일반적으로 공동선보다는 자기이익을 우선하는 경향을 지니고 있다는 것을 고려해야만 한다. 그러므로 사회 안에서 어떤 것을 실현하기 위해서 우리는 현대 법철학의 주관주의적 기본 테제를 떠맡지 않으면서, 우선 현명하게 행위 주체의 본성들로부터 출발해야만 한다. 적어도 인격권의 자연법적 정식화는 주관적 권리들에 대한 법적 정의와 유사하다. 이러한 권리들 가운데 언론 자유의 영역에서는 인격권이 우선한다. 자세히 말하면, 우선 타인들의 인격권에 의해서만 제한되어 있는 적극적 언론의 자유에 대한 권리(자유로운 의견 표명의 권리)로서 인격권이 우선한다. 그러므로 소극적 언론의 자유에 대한 권리(정보권)는 경시된다. 그러나 이 권리는 민주주의의 유지라는 관점에서, 특히 공동선의 관점에서도 완전히 배제되어서는 안 된다. 그러나 우리는 커뮤니케이션 과정의 기능에만 주목해서는 안 되고 -그렇다면 그것은 인격권의 몰락일 것이다–, 국가 공동체 안에서 사회적 공동생활에 대하여 생기는 결과들도 비교하여 신중히 고려해야만 한다.

언론의 자유에 대한 실정적 · 법학적, 주관주의적 정의에 따르면 논증은 공동선에서가 아니고, 개인의 사생활에 대한, 자유로운 의견 표명에 대한, 정보의 자유로운 접근에 대한 권리에서 시작한다. 이익형량에 입각하여 인격권(사생활)이 우선된다. 주관주의적 논증은 –최소한 외적 정식화에 따르면– 공동선 명령의 실제적 적용을 다루는 경우에 자연법적 논증으로 귀결된다. 그러나 이러한 논증은, 개별적으로 이익형량을 우선시하는 공통분모를 제시할 처지에 있지 않다. 그러므로 논리적으로 보면, 이 논증은 이러한 기초 위에 착수된 가치선호를 오직 실용적으로 정당화할 수 있다. 이 논증은 늘 개별적 가치들을 비교하는 범위 안에 머물고, 따라서 재판관이 제어할 수 있는 규범을 적용할 수 있기 위하여 문제가 되는 모든 개별적 사례에서 특별법을 공포하지 않을 수 없게 된다. 물론 아직 알려지지 않은 커뮤니케이션 기술이 발전하는 경우에 입법자는 과중한 짐을 지고 있는 것이다.

Ⅳ. 시민권인 종교의 자유

정의

종교의 자유는 그 뿌리를 양심의 자유에 두고 있다. 양심의 자유가 의미하는 것은, 아무도 자기 양심이 금지하는 것을 행하도록 강요되어서는 안 된다는 것이다. 양심판단은, 그것이 전력투구하는 행위와는 구별되어야 한다. 그것은 오직 어떤 행위에 대한 책임의 표현, 즉 모든 자유행위에 대한 인격적 제어 심급(기관)일 뿐이다.

신앙은 자기 인생의 최고 가치에 대한 인격적 결단이고, 그 자체로 인간의 최고도의 내적 관심사이다. 이러한 관점으로부터 종교의 자유는 양심의 자유라고 하는 특권을 누린다. 즉 특정 신앙을 받아들이는 것이, 동료 인간이든 국가든, 타인의 모든 침해로부터 보호되어야만 함을 의미한다.

이제 신앙은, 그것이 활발하게 될 수 있는 여러 차원을 갖는다. 우선 신앙은, 이미 언급된 것처럼 절대적으로 타당한 인격적 생명가치에 대한 내적인 긍정이다. 우리는 이러한 관점에서 양심의 자유라는 의미로 신앙의 자유를 말한다. 그런데 신앙은 또한 고백으로서 본질적으로 집단 형성의 경향이 있으며 자체의 힘을 선교에서(im Apostolat) 드러낸다. 이것은, 종교에 내재하는 절대적이며 전 세계를 지배하는 가치에 근거해 있다. 그러므로 종교는 문화의 한 요소로서 자체의 힘으로 최종적인 정치적 결정에까지 영향을 미친다. 그렇기 때문에 우리는 신앙고백의 자유를 말하고 있는 것이다. 그 밖에 모든 종교는, 예컨대 전례행렬, 시위운동처럼 공공적으로 중요한 특정 활동을 전개한다. 그러므로 종교의 자유의 개념은 명백하지는 않다. 그러나 근대의 기본권 목록에는 양심의 자유, 신앙의 자유, 신앙고백의 자유와 종교 활동의 자유가 같은 수준에서 적혀 있다. 양심의 자유가 전부이다. 영국의 헨리 8세 치하에서 재상이 었던 토마스 모어(Thomas More)가 지상권의 서약(역주: 1534년 이후 19세기까지 영국에서 관리나 성직자가 국왕을 영국 교회의 수장으로서 인정해야 하는 의무의 서약)을 거부했을 때, 그는 당시에 아직 인정되지 않았지만, 그 자신이 요구한 양심의 자유에 의거하여 행동하였다. 그러므로 우리는 그와 같은 사례에서 신앙의 자유를 양심의 자유와 일치시킬 수 있다. 이러한 의미에서 신앙의 자유라는 개념이 인권 목록에 수록되어 정리되었다. 그러므로 우리는 아직은 신앙의 자유에 대한 다양한 표현 형태를 고려하지 않은 셈이다.

그러나 오늘날 우리가 신앙의 자유에 관하여 말하는 경우에, 어떤 신앙행위–내적 행위인 신앙, 신앙고백인 신앙, 즉 신앙의 선교인 신앙, 마지막으로 국가헌법이나 국가 법률에서 신앙의 내용을 법적으로 관철하기 위한 자신의 신앙의 확신에서 유래하는 정치적 행위인 신앙–를 의미하는지를 명백히 진술해야만 한다. 마지막으로 제시된 정치적 신앙의 자유에는 그 본질에 따라, 그것에 의해 아무도 신앙을 강제로 받아들이도록 해서는 안 된다는 조건이 포함되어 있다. 왜냐하면 그것에 의해 일반적 인권인 개인의 신앙의 자유가 부정될 것이기 때문이다. 적어도 종교적 확신에 의해 고취된 특정한 법률이 법적 효력을 획득한다는 내용이 그 안에 포함되어 있다. 민주주의적 시민의 다수에 의해 뒷받침되어 있다면 종교적으로 근거를 둔 혼인의 입법만을 참조할 수 있다고 치자.

오늘날 인권으로서 정의되는 것과 같은 종교의 자유의 규범

일반적이고 세분화하지 않은 종교의 자유에 대한 정의의 범위 안에서 윤리적 관점으로부터 한계를 제시하기는 쉽다. 윤리적 한계는 윤리법과 이에 일치하는 공동선에 의해 규정된다.[122] 그러므로 국가에는 "바로 그 자체가 사회의 공동선인 시민의 법적 평등이 종교적 이유로 공공연히 또는 암암리에 침해되지 않도록, 그리고 시민들 사이에 어떠한 차별도 일어나지 않도록 하는" 방식으로 만인의 종교의 자유를 보장하는 배려가 부과되어 있다.[123] 문제들이 가져다주는 것은, 윤리법을 무엇으로 이해해야 하느냐는 설명뿐이다. 절대적 규범들은 오늘날 더 이상 질문의 대상이 아니다. 사회에서 실제로 다수가 따르는 행위 규칙이 윤리법으로서 통용된다. 그리고 이 규칙은 순수하게 주관적으로 이해된 양심의 자유의 결과일 뿐이다.[124]

---

122 이것을 가톨릭교회의 제2차 바티칸 공의회도 다음과 같이 선언한다: "모든 자유의 사용에서는 개인적·사회적 책임의 도덕 원리를 준수하여야 한다. 개인이든 사회단체이든 자기 권리를 행사할 때에는 다른 사람의 권리와 다른 사람에 대한 자기 의무, 그리고 모든 이의 공동선을 고려해야 한다는 도덕률을 지켜야 한다(종교의 자유에 관한 선언, 7)."

123 제 2차 바티칸 공의회, 종교의 자유에 관한 선언 6에서 직접 인용함.

124 다음의 문헌을 참조 바람. A.F.Utz, Gewissensfreiheit und gesellschaftlicher Niedergang, in: A.F.Utz, Ethik des Gemeinwohls, Gesammelte Aufsätze 1983-1997, hrsg. von W.Ockenfels, Paderborn 1998, 101-104

더 이상 관용이 아니고 동등한 권리

보편적으로 타당한 양심의 자유와 종교의 자유라는 근대적 인권개념에 따라 모든 종교에 동일한 문화기능이 귀속되는 것으로 인정되는 것처럼 보인다. 그 이유는 양심의 자유가 종교의 자유와 동일시됨으로써 문화 창조적인 사정을 유지하기 때문이다. 그러니까 우리는 신앙고백의 영역에서 이제 더 이상 관용에 관하여 말할 수 없고, 오직 만인의 동등한 권리만을 말할 수 있을 뿐이다. 관용에서 우리는 자기 자신의 세계관과 비교하여 낯선 세계관을 지지할 수 없고 오류가 있는 것이라고 설명하지만 그런 세계관을 가질 수 있는 것으로 간주한다. 오늘날 법률적으로 정식화한 종교의 자유의 시민권에 따르면 자기 자신의 신앙과 타인의 신앙은 완전히 동등한 가치를 지닌 것으로서 간주된다.

신앙의 자유의 근대적 정의에서 유래하는 열린 물음들

앞에서 서술된 내용이, 시민사회에서 다수를 차지하고 있는 교회에도 타당한가? 바꾸어 말하면, 민주주의의 규칙에 따르면 세계관적으로 정향된 국가는 더 이상 존재할 수 없는가? 우리는 이 문제들을, 특히 가톨릭교회가 콘스탄티누스 대제 이후 근대 초기에 이르기까지 결정적인 정치적 역할을 수행한 유럽 역사의 관점에서 다룰 것이다. 그런데 훨씬 더 긴급하고 불안한 것은, 예컨대 이슬람교와 같이, 모든 종교 공동체가 통제되지 않고 그리스도교적으로 정향된 서양사회 안에 뿌리를 내릴 수 있느냐는 문제이다.

우리가 역사로부터 알고 있듯이, 그리스도교적, 더 정확히는 가톨릭의 신앙고백에 의해 각인된 중세국가는 다른 종교 공동체의 모든 통제되지 않은 이주에 대하여 보호되었다. 그러므로 우리는 우선 이 역사적으로 제한된 현상을 분석해야만 한다.

중세 가톨릭교회에 있어서 종교의 자유라는 개념

중세의 유럽 사회는 세계관적 통일을 가톨릭-그리스도교의 신조에 대한 공동고백에서 발견했다. 모든 정치적 대결과 투쟁에도 불구하고, 동일한 신앙은 시민사회의 본질적 유대였다. 이제 다른 종파에 대한 가톨릭교회의 때때로 다른 태도를 이해하기 위해, 우리는 결코 가톨릭 신자가 아니었던 이교도와 유다교 신도와 같은 '불신자'와 전에는 가톨릭 신앙을 고백했지만 나중에는 등을 돌린 배교자를 구별해야만 한다. 가톨릭교회는 예로부터, 그리고 모든 시대에, 늘 사실상 여기저기에, 특히 게르만족의 개종에 있어서 법적 압력이 행사되었던 것처럼, 개종을 위해 강제 수단을 사용하는 것을 거부했다. 가톨릭교회가 모든 시대에 강조한 것은, 아무도 가톨릭교회의 신조를 받아들이도록 강요되어서는 안 된다는 점이다. 그렇지 않으면 교회는, 양심에 따른다고 하는 모든 도덕적 행위에 타당하는 기초적 의무를 부정하는 꼴이 될 것이다.

토마스 아퀴나스는 이 신학적 입장의 주요 증인이다. 그는, 이교도와 유다교도(오늘날의 유다인이고, 구약성경의 유다인이 아니다)처럼 신앙을 받아들이지 않은 이들에 관하여 다음과 같이 말한다. "그들은 결코 신앙을 갖도록 강요되지 않는다. 그들은 자발적으로 믿어야 한다. 왜냐하면 신앙은 의지의 문제이기 때문이다."[125] '불신자'에게, 특히 유다인 부모에게 자기 아이를 세례 받게 하라고 강요해도 좋은지 어떤지 하는 중세에 토론된 문제에서 토마스[126]는 구원의 질서에서도 파괴되지 않는 자연법을 참조하도록 지시한다. 모든 경우에 아이는 부모에게 속하고, 그 때문에 불신자였던 부모(또한 그리스도교적 통치 하의 시민생활에서 제한된 권리만을 누렸던 유다인들)의 의사를 거슬러 어느 누구에 의하여, 세속적 분야에서 통치하는 교회에 의해서도 세례를 받을 수 없다는 것이다. 그 이유는 부모가 아이의 종교를 결정할 자연법적인 권리를 가졌고, 이 권리는 계시를 통하여 폐기되지 않는다고 여기기 때문이다.

배교자, 즉 한때 가톨릭 신앙을 고백하다가 그것에서 등을 돌린 인간과 관련하여 신학자들은 다르게 판단했다. 이러한 변화, 즉 이러한 배교는, 가톨릭 신학자들의 견해에 따르면 도덕적 결함(죄)에 의거해서만 가능하다. 교회의 공직자가 상응하는 교회의 처벌 조치, 예컨대 파문에 의해 외적으로 공표했을 때에, 그가 그와 같은 배교에 대해 저항했다는 것을 모든 법률가는 인정해야만 한다. 시민사회도 이에 상응하여 반응한 것은 국가와 교회의 정치적 결합의 결과였다. 교회의 소란은 국가의 통일도 위태롭게 했다. 중세의 국가는 세계관의 국가, 즉 가톨릭 국가로서 이해되었으므로, 공공연하게 등장하는 배교자는 그리스도교의 통일을 파괴하는 자로서뿐만 아니라 동시에 국가 통일의

125 S.Theol. Ⅱ-Ⅱ 10,8.

126 참조 S.Theol. Ⅱ-Ⅱ 10,12.

파괴자로서도 간주되었다.

언급된 것처럼, 근대적 국가법에 있어서 신앙의 자유는 양심의 자유와 같은 것이다. 그 이유는 신앙의 자유의 국가법적 개념이 참 신앙과 거짓 신앙을 구별하지 않기 때문이다. 양심의 자유가 일반적으로 개인적으로 책임져야 하는 모든 행위와 관계하는 한, 유일한 구별은 대상에 있다. 반면 신앙의 자유는, 그것으로부터 행위의 결정적 동기가 생기는 삶의 의미라고 지칭할 수 있는 내용과 관계가 있어야 한다. 원래 신앙을 위한 결심은 동시에 진리를 위한 결심을 의미한다. 그런데 근대의 민주주의의 이해에 따르면 진리는 주관적 견해나 확신으로서만 이해되고, 따라서 객관적 진리와의 관계는 이탈하기 때문에, 신앙의 개념은 형식적인 양심 결심이라고 하는 내용이 빈개념의 수준으로 하강한다. 그러므로 신앙은, 국법학자에게는 양심의 판단과 같이 유일하게 이론적 이성과는 아무 관계가 없는 실천적 이성의 행위이다.[127] 이와 반대로 신앙은 그 본질에 있어서 이론적 이성의 행위이다. 즉 우리가 객관적으로 참이라고 생각하는 것에 대한 진술이다. 신앙의 진술은 통찰에서 유래하는 진술과 단지 다음과 같은 점에서 구별된다. 즉 그것은 자체 확실성을 지적 명증성이 아니라 믿을 만한 증인의 진술에 의거한다. 신앙은 사정에 따라서는 자신의 통찰에서 유래하는 인식보다 더 확실하다. 그러나 법률가는 그것을 고려하지 않을 수 있다. 그는 신앙에서 자유로운 개인적 결단의 행위만을 본다. 이 행위는, 객관적 진

127 그 자체로는 양심도 실천이성의 판단으로서 진리를 향해 있다. 그러나 이 진리는 '실천적 진리'라고 불린다. 그 이유는 이 진리의 본질이 최고의 실천적 명령(존재에 적합한 선을 행할 것)에서 시작하여 현명에 의한 구체적 적용에 이르는 올바른 과정에 있기 때문이다.

리와 관계 없는 다른 모든 인간의 행위처럼, 자유로운 양심에서 유래하는 모든 행위와 똑같은 사회적 인정을 받아 마땅하다.

진리로부터의 이러한 결별에, 즉 자유로운 결단 안으로 신앙이 이동하는 데에, 가톨릭교회가 오래 전에 정치적 활동무대로부터 축출되어 버렸다는 사실에, 교회가 20세기에 들어서기까지 종교자유의 일반적 선언을 지지하여 결정할 수 없었던 이유가 있다. 가톨릭 신앙을 제거하는 것은 공공 도덕의 토대를 뒤흔드는 것이리라.[128] 물론 여기에는 분명히, 가톨릭 신앙이 참된 신앙이라는 견해가, 그러나 다른 한편으로는 가톨릭의 신앙고백 안에서 유럽의 인문주의적 전체 유산이 효력을 발휘한다는 확신도 관련되어 있다. 가톨릭교회는 오늘날에 비로소 다음의 사실을 확신하게 된다. 즉 우리가 신앙을 아직도 양심 판단과는 다른 객관적 진리 인식이라고 정의하던 시대는 지나갔다는 것이다. 양심의 결단과 어떤 종교를 지지하는 결단은, 전적으로 개인화되었기 때문에, 진리에 따르는 모든 통제는 환상적인 것으로 되었다.

종교의 자유가 형식적이고 주관적인 양심의 자유와 이렇게 동일시되었으므로 가톨릭교회는 자체의 정책을 새롭게 정의할 필요에 직면하게 되었다. 가톨릭교회에는 자체의 고유한 신앙의 확신과 자유를 유지하는 것이 가장 중요할 수밖에 없었다. 그러므로 교회는 이제 종교의 자유라는 개념을 국가법에 의한 통제만을 염두에 두고 정의한다. 이러한 관점에서 교회는, 가톨릭교회가 참된 그리스도교 교회라는 자

128 교황 그레고리오 16세, 비오 9세, 레오 13세와 비오 12세의 발표를 볼 것. in: A.F.Utz, Die Religionsfreiheit aus Katholischer Sicht, in: Ethik des Gemeinwohls, Gesammelte Aufsätze (1983-1997), hrsg. von W.Ockenfels, Paderborn 1998, 282.

체의 근본 확신을 떠나지 않으면서, 종교의 자유의 정의를 이전의 교의적인 연관으로부터 떼어 내었다. 이것은, 국가법 학자인 뵈켄푀르데(E.-W.Böckenförde)가 잘못 생각하는 것처럼, 교의의 변천과는 아무 관계가 없다.[129] 종교의 자유는 이제부터 민주주의적인 국법의 토대위에 세워진다. 그리하여 교회가 바로 '종교의 자유에 관한 선언'에서 스스로를 정치적 영역에 제한하고, 모든 인간은 인격으로서 자신의 양심의 결단으로부터 자신의 신앙을 결정할 권리를 갖는다고 선언하는 것이 이해된다.

뵈켄푀르데는, 종교의 자유의 문제를 향한 신학적 접근(방법)이 설명되는 종교의 자유에 관한 바티칸 선언의 첫머리를 간과한다. 왜냐하면 거기에는 참된 종교를 추구할 모든 인간의 의무에 관한 언급이 있기 때문이다. 교회는 자신을 여전히 신의 계시의 정당한 관리자라고 여긴다. 그러나 교회는, 인간이 충분한 숙고와 흠 잡을 데 없는 양심으로써 가톨릭 신앙을 갖기로 결정하지 않는다는 것을 이해한다. 이 비밀스러운 과정을 교회는 개인의 책임의식에, 결국은 신의 판단에 맡긴다. 그것에 관해서는 다른 인간이 판단하지 않아야 한다고 교회는 말한다. 그러니까 교회는 종교의 자유를 양심의 자유와 동일시하지 않는다. 양심의 결단은 객관적으로, 즉 사태로부터 고찰하고 이론적으로 판단하는 경우에 참이 아닐 수 있지만 실제적으로, 즉 실천이성의 행위로서 참

129 참조. 제 2차 바티칸 공의회, 종교의 자유에 관한 선언, 라틴어와 독일어, E.-W.Böckenförde의 머리말 수록, Münster 1968. 이 머리말이 독일주교단의 위촉에 의해 이루어진 독일어 번역에 수용된 것은 스캔들이라고 지칭된다. 다음의 문헌도 참조바람: E.-W.Böckenförde, Schriften zu Staat-Gesellschaft-Kirche, Band Ⅲ, Religionsfreiheit, Die Kirche in der modernen Welt, Freiburg i. Br. 1990 (Gesammelte Aufsätze).

일 수 있을 것이다. 실천적 진리를 밝혀내기 위하여, 우리는 어떤 이가 결단한 신앙 내용을 기준(참이든 참이 아니든)으로 삼아서는 안 되고, 정신적 과정을, 즉 양심판단이 이루어진 방법을 -예컨대, 경솔하고 이기적인 이유(자신의 생활양식에 적합한)로부터, 혹은 노력의 결과가 반드시 객관적 진리인식으로 이끌지 않는다는 것을 알면서도, 객관적 진리를 얻기 위한 진지하고 성실한 노력에서- 탐구해야만 한다. 우리는 Veritas speculativa(theoretica) 사변적(이론적) 진리와 Veritas practica 실천적 진리의 구별을 기억해 내야만 한다. 양심의 판단은 사변적 진리가 아닌, 실천적 진리에 대한 판단이다. 이론적 진리를 얻으려는 성실한 노력에도 불구하고, 그리스도교에 이르는 길은 발견하지 못한 인간은, 교회가 그의 신앙을 객관적으로 참되지 않다고 여길지라도, 교회에 의해 추방되지 않았다. 그러므로 이론적 확신으로부터 교회는 신앙이 다른 자를 승인할 수는 없으나 허용해야만 하고 시민적 교제에 있어서 신자에게처럼 동일한 권리를 그에게 승인해야만 한다.

그러므로 제 2차 바티칸 공의회가 이제 비오 12세에 반대하여 관용 테제로부터 결별했을 것이라고 한 뵈켄푀르데의 견해는 맞지 않는다.[130] 이 테제에 따르면 신학적 입장에서는 다른 신앙고백이 용인될

130 비오 12세는 1953년 12월 6일에 이탈리아의 가톨릭 법률가 단체를 향한 연설에서 다음의 내용을 강조하여 말했다. 즉 진리와 도덕법에 일치하지 않는 것은 객관적으로 존재, 선전과 활동의 권리를 갖지 않는다. 그럼에도 불구하고 더 고차적이고 포괄적인 선의 관심에 있어서 국가법과 강제 조치에 의해서 개입하는 것이 아닌, 다른 말로 관용을 행사하는 것이 정당화 될 수 있다. 참조. A.F.Utz, - J.F.Groner (Hrsg.), Aufbau und Entfaltung des gesellschaftlichen Lebens. Soziale Summe Pius' XII., Freiburg/Schweiz 1954-1961, Nr. 3978. 비오 12세의 발언은 아직 관용의 민주주의적 이해에 대한 명백한 진술을 포함하지 않고 있다. 이 발언은 대략 다음의 문장에서 전적으로 신학적으로 각인되어 있다. 즉 "가톨릭교회의 신앙으로부터 우리는, 신앙과

수 있지만, 진리의 기준에 따라서는 동등하게 정당하다고 간주될 수 없다. 우리는 서로 배제하는 이론적 진술을 '똑같이 참되다'라고 지칭할 수 없다. 그러나 국가가 세계관적으로나 신앙적으로 정향된 진리의 기준을 국적의 기준으로 삼지 않는 경우에, 우리는 그러한 진술을 국가법적으로 동등하게 정당하다고 선언할 수 있다. 이와는 다르게 중세에서는 사정이 그러했다. 근대에 변화한 것은 순수하게 정치적인 상황이었다. 이러한 변화에 동조하기 위해 교회 측에서는 교의적이 아니지만 정치적인 전환이 필요했다. 이러한 전환은 제 2차 바티칸 공의회에서 장엄하게 선언되었다. 교회와 국가의 동일시는 결코 가톨릭교회의 교의에 속한 것이 아니었다. 이것은 아우구스티누스(Augustinus)가 그의 '하느님의 나라'에서 명백히 묘사했다. 여기에서 가톨릭교회에 관하여 언급된 것은, 일반적으로 자체의 세계관을 국가법의 강제수단으로 관철하려고 하는 모든 세계관적으로 정향된 단체에 해당된다. 자체의 고유한 진리인식을 배반하지 않으면서 세계관적으로 정향된 그와 같은 단체는 관용으로써 다른 단체들과 만날 수 있고 국가법의 차원에서 자기 자신과 동일한 권리를 승인할 수 있다. 여기에서도 관용이 제일 중요한 위치에 있다. 그 이유는, 자신의 세계관을 확신하는 어떤 인간도 타인의 세계관을 똑같이 참되다고 간주할 수 없기 때문이다. 그러므로 도덕적 관용과 국가법에 의한 동등한 권리의 인정을 긍정하는 것 사이에 아무런 모순이 없다.

일치하는 발언에처럼, 불신앙에 신적으로 근거를 둔 동일한 권리를 승인할 수 없다." 제 2차 바티칸 공의회는 신학적 개념 규정을 부정하지 않으면서, 전적으로 국가법적인 토대 위에 자리를 잡았다. 신학적 차원에서 제 2차 바티칸 공의회는 아무것도 변한 것이 없다.

모든 종교의 국가법적 평등의 실패

국가는 자국 영토 안에 뿌리를 내리려고 하는 모든 종파를 사회의 문화체제와의 양립가능성에 따라 재검토해야만 할 것이다. 왜냐하면 종교는 문화의 범주에 속하기 때문이다. 그런데 언급했듯이, 실제로 다양한 종파는 더 이상 진리에 의해서가 아니라 양심의 자유에 의해서만 판단된다. 이로부터 특정한 종파의 문화적 결함에 대항할 수 없음이 설명된다. 그런데 문화들은 양심의 자유에 의거해서가 아니고 –이것은 어디에서나 같다– 실질적인 차이에 의해 구별된다. 모든 민족은 역사적으로 형성된 자체의 문화를 갖고 있다. 이 고유성은 매우 중요할 수 있어서 다른 문화권에서는 특정한 조건 아래에서만 받아들여질 수 있다.

이것은 오늘날 그리스도교적 뿌리로부터 성립한 유럽 문화권 안으로 다수의 이슬람교도들이 이주하는 것에서 명백해진다.[131]

종교의 문화적 적응능력

종교의 자유라는 기본권은 신앙의 자유, 신앙고백의 자유, 종교 활동의 자유를 구별할 수 없다. 각자는 자신이 원하는 것을 믿고 집단에

---

131 이에 관해서는 다음의 꼼꼼하고 균형 잡힌 숙고를 참조할 것. Christian Hillgruber, Der deutsche Kulturstaat und der muslimische Kulturimport. In: Jahres- und Tagungsbericht der Görres-Gesellschaft, Köln 1998, 87-114. 종교의 문화와의 관계에 관해서는: Justin Stagl, Kulturelle Bildungskräfte der Religionen, ebda 115-131.

서 사적으로 예배를 거행할 수 있을지 모른다. 그러나 그 때문에 각자는 자신이 원하는 모든 것을 공개적으로 표명해서는 안 되고, 더욱이 좋다고 생각하는 대로 자신의 신앙에 따라 공공연하게 등장해서는 안 된다. 우리가 인종을 서로 혼합할 수 없는 것처럼, 이제까지 온전히 낯선 종교 공동체에 이미 뿌리 내린 신앙고백 공동체와 동등한 권리를 승인할 수 없다. 물론 독일 연방공화국은 국제 조약법 에 의해 터키에 대해서도 유럽 인권 협정으로써 종교의 자유의 존중을 자체의 통치권 아래에 있는 모든 사람에게, 그러므로 단순히 자국의 영토 주권 아래에 있는 외국인들에게도 기본적으로 보증했다.[132] 오늘날 보복을 당하고 있는 이러한 현명하지 않음은 요컨대 종교의 자유를 양심의 자유와 동일시하는 것에 탓이 있다. 크리스티안 힐그루버가 보고하듯이, 이주의 초기 단계에서 이슬람교도들은 가톨릭교회에, 공동기도를 위한 공간을 제공할 것을 요청했다. "그리하여 1965년 2월 3일에는 심지어 이슬람교의 예배까지도 쾰른의 주교좌 성당(대성당)에서 거행되었다 –최초인 동시에 마지막으로–. 왜냐하면 이슬람교도는 그 결과, 그들이 기도하는 장소는 그들에게 속한다는 종교적으로 각인된 자신들의 종교관념에 일치하여, 쾰른 대성당을 지금부터 그들의 재산으로서 간주한다는 것을 쾰른 대교구에 대한 감사의 말에서 암시했다."[133]

첫째 조건으로서 상호성이라는 국제법의 원리가 적용된다. 예컨대, 그리스도교의 신앙고백이 이슬람 국가들에서 동등한 권리를 획득하지 않는다면, 종교 활동의 자유에 대한 완전히 유효한 승인은 이슬

132 유럽 인권 협정, Art. 1, 9, 참조. Chr.Hillgruber,1.c.94,Anm.9.

133 A.a.O. 91

람교도에게 배제되어 있다.

물론 타종교들의 신도에게 공립학교 쪽 입구는 개방되어 있어야만 한다. 그러나 공립학교에 있어서 종교교육의 문제는 독특한 문제인데, 여기에서 우리는 그것에 대해 상론할 수 없다. 잘 모르는 낯선 종교 공동체도 다음의 사실을 알고 있어야 한다. 즉 종교의 자유의 권리는, 오직 제3자가, 또한 국가가 자체의 종교에 개입하는 것을 반대하는 방어권일 뿐이고, 따라서 예배를 위해서든 자체의 학교들을 위해서든 재정적 지원의 권리는 아니다.

다른 모든 종교처럼 이슬람교도에게는 고유한 혼인법이 인정된다. 그러나 이혼의 경우에 유일하게 이슬람교의 종교 공동체로부터의 배제만이 법적인 제재로서 간주되어야 한다. 따라서 이혼자에게 자녀에 대한 접근이 늘 열려 있어야만 한다. 더군다나 우리의 법문화의 이해에 따르면 가족집단으로부터의 배제의 위협과 심지어 이슬람교 신앙을 그리스도교 신앙으로 바꾸는 가족 구성원에 대한 죽음의 위협은 상상할 수 없다. 마지막으로 신의 국가라는 의미에서 권력 장악을 목표로 하는 경향이 있는 종교들은 마땅히 배제되어야 한다.

종교의 자유를 구별하여 설명하지 않은 데서 생기는 여기서 열거된 문제들은, 우리가 종교의 자유를 단순히 양심의 자유라는 의미에서 해석할 수 없다는 것을 증명하기에 충분할 것이다.

자유주의적 세계관 국가의 문제

정당의 모든 강령은 기본적으로 어떤 세계관으로부터 생겨난다.

이것은, 모든 윤리적 구속을 법질서로부터 배제하는 자유주의적 정당에도 해당된다. 허무주의도 하나의 세계관이다. 이제 어떤 국가에서 다수가 통일된 가치 확신에 의거하여 국가의 세계관적 정향을 결정한다면, 다수결 원리에 의거하여 세계관 국가는, 최소한 이 다수가 실권을 장악하는 동안 출현한다. 그러므로 소수는 다수의 가치 선택을 따른다. 물론 그렇게 함으로써 시민이 다수의 종교를 받아들이도록 강요되지는 않는다. 다수의 어떤 구성원도 자신의 종교에 머물러야 한다고 강요되지 않는다. 그런데도 자유주의가 얻고자 애쓰는 것은 실현될 수 없다. 즉 종교의 자유에 대한 일반적 권리에 의거하여 세계관의 국가는 전적으로 불가능하다. 예컨대, 아일랜드에서 다수가 혼인의 불가해소성을 찬성하여 투표한다면, 이것은 달리 생각하는 이들의 종교적 자유에 대한 예민한 제한일 수 있다. 민주주의의 모범이라고 자주 칭송받은 스위스에서 가톨릭교회는 교구의 법규를 국가의 허가 없이 처리할 수 없다는 항목이 아직도 존속한다. 이것은 문화 투쟁시기에서 유래한다. 이 항목은 1999년에 국민에 의해 채택된 새로운 연방헌법에서도 아직 존속한다. 그러므로 스위스의 가톨릭교회는 아직 종교의 자유를 보장받고 있지 않다. 여러 예들은, 종교의 자유가 정치세력의 책동의 지배를 받고 있고, 마침내는 민주주의도 세계관 국가를 세계로부터 배제할 수 없다는 것을 보여준다. 그러므로 민주주의와 세계관 국가를 대립시키는 것은 키메라(역주: 그리스의 전설에 나오는 괴물로서 머리는 사자, 몸은 산양, 꼬리는 뱀으로 이루어졌다.)이다.

우리가 유럽에서 기피되는 인구통계학적 전개를 생각하면, 이러한 확인은 더욱 불안한 느낌을 준다. 유럽인들은 이미 이주한 이슬람교도와 아직도 이주하고 있는 수많은 이슬람교도와 비교하여 점점 그 수가 감소하고, 특히 이슬람교도의 출생 수는 유럽인들의 그것을 훨씬 앞지르고 있다. 이러한 사태에서 유럽인들은 머지않아 이슬람교의 신의 국가 안에 있게 된다는 것을 예상해야만 한다.

이슬람교도의 정치적 전진은 막을 수 없다. 그 이유는 신앙의 자유가 형식적이고 제어할 수 없는 양심의 자유라는 의미로 정의되었기 때문이다. 그리스도교적 신앙고백이 유럽의 정치문화를 결정적으로 각인했다는 것은 종교의 자유를 정의하는 경우에 완전히 무시되었다.

V. 비호권 (Das Asylrecht)

정 의

망명의 허용, 즉 특별한 개인적, 공간적 혹은 시간적 조건에 입각하여 박해에 대한 보호를 허용하는 것은, 더 확실한 보호는 신의 쪽으로부터만 기대된다는 예로부터 통용되어 온 종교적 관념에 역사적 뿌리를 두고 있다. 위협받은 인간은 신의 보호를 확인하기 위해 어떤 예배소로 도피하거나 거룩한 물체를 접촉한다. 이러한 관념은 오늘날까지 유지되었고, 우리는 그것을 교회안의 난민보호를 허용하는 것에서 확인할 수 있다.

부당하게 박해받은 자를 받아들일 권리는 인간의 사회적 본성에 의거하여 생긴다. 어떤 인간도 자신이 인간의 공동체에 속하는 것을 부정할 수 없다. 그러므로 모든 인간은 곤경에 처한 동료인간을 응급조치할 의무가 있다. 일반적으로 시민법도 이러한 사정을 고려한다. 사고를 당한 자를 무관심하게 지나쳐 가버리는 자동차 운전자는 도움을 주지 않았기 때문에 처벌을 받는다. 사고를 당한 자는 이러한 도움에 대한 권리를 갖는다. 마찬가지로 박해받은 자의 비호권은 응급 조치권과 비교된다. 법률가들이 비호라는 개념을 응급 조치를 받아들이는 것과 위험을 제거하기까지의 장기체류로서 구별했더라면, 현명했을 것이다.

여기에서 유일하게 화제가 되어 있는 정치적 비호는, 정치적이거나 종교적인 이유로 다른 국가에 의해 박해받는 사람들에게 어떤 국가가 자체 영토 안에서 허용하는 보호권이라고 정의된다. 그런데 자연법적으로 고찰하면 비호권은 특정한 국가가 아니라 민족 공동체 전체로 향해 있다. 그러므로 국가들은, 비호신청자가 폭풍처럼 몰려오는 경우에 (수용 가능한) 할당 비율의 규제를 결정해야만 한다. 이러한 규제가 존재하지 않는 한, 어떤 국가도 국경을 열어 둘 의무가 없다. 자기 조국에서 저항활동을 감행하는 어느 누구라도, 이것을 생각해야만 할 것이다. 이런 사람은 단순히 비호권을 원용하여 어떤 타국에 수용될 것을 예상하지 않아야 한다. 비호권이, 모든 국가가 동일한 방식으로 의무를 지고 있는 인권이라고 우리가 이해하는 한, 그것은 우선 오직 첫째 피난처에 대한 권리라고 이해해야만 한다. 이제 어떤 국가가 장기 피난처인 원래의 비호에 대하여 의무를 질 수 있느냐는 문제는 실정법에 맡겨져 있다. 국가에 의해 보장된 다양한 기본권에 있어서는 자세히 구별하지 않고 정치적으로 박해 받은 모든 이가 자신들을 위해 요청할 수 있는 주관적 비호권에 대해서만 화제가 되어 있기 때문에, 해당 국가들은 그때그때의 구체적 상황에 따라 이른바 이 '인권'을 수정하도록 강요된다. 우리가 인권의 주관주의적 정식화를 회피했다면, 이 모든 것은 저지되었을 것이다.

이중의 비호권 남용

비호권의 남용은 두 단계에서, 즉 첫째로는 도착점에서, 둘째로는 비호 기간 중에 가능하다. 첫째 남용은 조국으로부터의 도주의 사실과 이유를 철저하게 조사함으로써 밝혀진다.

우리는 망명을 구하는 자가 일단 체류하고 있는 경우에, 그를 더 이상 내칠 수 없으므로, 대량 난민 신청자의 세찬 밀려듦에 의해 위협받은 국가는 '망명여행'의 욕구를 미리 억누르기 위해 적절한 법적 규제를 때맞추어 공표하는 것이 좋다.

비호권, 즉 이미 주어진 비호권의 두 번째 남용을 일반적으로 생각하는 것은 오직 다음의 경우에 한정된다. 즉 비호국가에서 통용되는 형법에 따라 제재 받는 망명(신청)자의 법률위반이 문제가 되는 경우이다. 그 밖에 망명 신청자는 모든 본토인과 같은 자유를 누린다. 예컨대 그에게는 언론의 자유가 보장되어 있다. 그러므로 그는 비호국에 상당한 손해와 정치적 불이익을 가져올 수 있는 시위를 자기 조국의 대사관 앞에서 조직할 자유를 갖는다. 망명(신청)자는 자기 조국의 정부에 반대하여 성공적인 정치활동을 전개할 수 있어서 (망명 중의 호메이니 참조) 몇 년 뒤에는 승리에 넘쳐 자기 고향으로 다시 돌아갈 수 있고, 사정에 따라서는 자신의 도주 이전에 있었던 것보다 훨씬 반민주주의적인 정체를 세울 수 있다. 비호국은, 망명(신청)자의 출신국의 내적인 관계에 대하여 상세한 정보를 거의 갖고 있지 않다. 그러므로 우리는 자유로운 정치활동의 보장을 조심스럽게 다루어야 한다.

망명(신청)자가 비호국 내에서 최종적인 새로운 피난처를 발견하려는 의도를 갖고 있느냐 아니냐의 문제가 결정적인 것이다. 그 다음에 우리는 문화적으로 통합되기를 그에게 기대해야만 한다. 비호국은 들어오는 모든 민족 집단에 고유한 소수지위를 보장할 수 없다. 무엇보다도 —이 경우에는 특히— 이중국적의 허용과 함께 우리가 겪은 나쁜 경험을 곰곰이 생각해야 한다. 받아들이는 국가는 국내의 평화라는 관심사에서 보존할 필요가 있는 자체의 고유한 문화적 역사를 갖고 있다. 잠시 체류하는 망명(신청)자들에 있어서는 사정이 다르다.

비호권의 비대

언론의 자유와 종교의 자유는, 정치적으로 박해를 받은 자가 자신을 위해 비호권을 요청할 수 있는 보다 깊은 근거이다. 언론의 자유와 종교의 자유가 순수하게 형식적인 구성 때문에 제3자의 실질적 통제를 허용하지 않듯이, 비호에 대한 요구도 어떤 실질적 이의를 받아들이지 않는다. 즉 비호에 대한 권리는, 오직 누구인가 자신의 견해나 종교 때문에 박해를 받는다는 사실로부터만 생긴다. 이 박해를 받는 자가 자신의 표현과 정치행동에 있어서 필요한 현명과 신중함이 지배하도록 했는지 어떤지, 그가 특히 혁명의 비밀 운동 시에 결과를 꼼꼼히 숙고했는지 어떤지, 그것에 대해서는 누구도 판단할 수 없다. 그것은 그의 양심의 자유의 문제이다. 이러한 법적 상황에서는 부당하게 박해 받은 자와 실패한 공산주의 혁명가 사이에 구별이 없으므로, 모든 혁명가는 비상시에 비호권으로써 타국에 피난할 수 있다. 원래 비호권을 확립할 당시에 이러한 결과를 생각하지 못했고, 아직 생각될 수 없었던 이유는 바로 주관적 법의 순수하게 형식적인 정의 안에 존재한다. 비호법이 그 당시에 극히 의심스러운 선동자들에 의해 요청될 수 있었다는 것을 아무도 생각하지 못했다. 더욱이 비호를 구하는 그러한 수상한 자들도 새로운 국가에서 먼 곳으로부터 정치적 선동을 더욱 효과적으로 행사할 수 있다는 것이 고려되지 않았다.

비호권을 이렇게 위험하게 이용하는 경우에, 비호를 구하는 이들로 가득찬 국가들의 국민이 비호권의 제한을 요구하는 것은 이해할 만하다. 물론 이에 대하여 같은 정도로 맹렬하게 인도주의적이며 인보(隣保)적인 조직들이 나타난다.

비호권의 제한에 반대하는 인도주의적 조직들의 투쟁

피난 비호문제를 해결하기 위하여 더욱 중요한 것은 비호권의 모든 제한에 저항하는 인도주의적이고 인보적인 조직들의 돌봄이다. 이들 조직의 저항은 특히 강제로 추방된 망명(신청)자의 불법적인 숙박시설에서 나타난다. 이 불법적인 행위가 특별한 폭파력을 얻는 것은, 국가 당국이 재고하도록 강요하기 위해 교회피난[134]을 원용하여 교회의 시설들에 의해 공적으로 수행되는 경우이다.

인도주의적이고 인보적인 조직들 중에서 특히 그리스도교 교회들은 비호권의 제한에 대해 항의하기 위한 적임자라고 느낀다. 이들 교회는 성경을 증거로서 내세운다. 성경에 따르면 곤경에 처한 모든 인간은 우리의 이웃이고, 우리는 이웃에 동정과 도움을 보여주어야만 한다. 그리하여 그리스도교 교회들은, 모든 박해받는 자가 거룩한 장소에서 자신의 더욱 안전한 피난처를 발견하는 비호권의 원천으로 되돌

---

134 참조. Rupert Hofmann, "Kirchenasyl" und ziviler Ungehorsam, in: Wandel durch Beständigkeit, Jens Hacker zum 65. Geburtstag, hrsg. von K.G.Kick, St. Weingarz und U.Bartosch, Berlin 1998, 363-388.

아간다. 교회 비호의 시설은, 아직 국가에 의해 규제된 비호권이 없던 시대에 그 중요성을 갖고 있었다.

인도주의적 단체들의 이러한 태도는 전적으로 이해할 만하다. 이들 단체의 과제는 모든 개별적인 경우에 돕고 비난하지 않는 것이다.

그러한 저항의 전형적 사건은 1997년 독일의 딩클라게(Dinklage)에서 발생했다. 이때 경찰은 '교회의 비호권'에 의거하여 베네딕토회 수녀들에 의해 숨겨져 숙식을 제공받은 우크라이나 출신 가족을 체포했다. 수도회 수녀들은 1997년 7월 4일의 독일교회들(역주: 가톨릭교회와 루터교회)의 공동성명, 즉 '이주와 도피에 의한 도전에 관한 공동성명'에 의거할 수 있었다. 이 성명은 '교회 비호'라는 표현은 피하지만, "교구가 개별적인 특정한 경우에 자세한 조사를 한 이후에 어떤 인간에게 주어지는 기본권의 보호가 거부되는 것을 피하기 위해, 그를 보호해야만 한다는 결과에 이른다면", 실질적으로 교회 비호의 행위는 '이해 가능하고' 또한 '정당하다고' 선언했다. 그러한 행위의 적법성은 국가에 의해 인정된 교회의 목표, 즉 가난한 이들과 박해 받는 이들을 위한 사랑의 활동을 지적함으로써 확증된다. 그리하여 교구는 양심에 따른 행위에 대한 일반적으로 인정된 권리에 근거를 둘 뿐만 아니라 부가적으로 또한 사랑의 활동이 성립하는 자체의 고유한 결정 권한에 의거한다.

확신범들이 폭력적으로 망명 허가를 얻어내기 위해 바티칸 대사관을 점거한다면, 교회는 곤란한 상황에 교묘히 빠져들게 된다. 한편으로 교회는 이웃사랑과 인도주의적 원조에 대한 자체의 의무를 다해야만 하고 다른 한편으로는 공공질서를 위반한다는 것이다.

우리는 사태를 구체적으로 관찰해야만 한다. 독일연방공화국은 유럽연합(EU)의 모든 다른 국가들보다 더 많은 망명(신청)자를 받아들이고 있다. 부담의 분배와 관련하여 여기에서는 뚜렷한 불의가 드러난다. 조국에서 박해 받는 많은 이들이 독일로 향하는 이유는, 이와 관련하여 독일의 불리한 지리적 위치뿐만 아니라 '전설적으로 풍요로운' 국가에서 다른 국가에서보다는 더 좋은 대우를 받기 때문이다. 물론 받아들이는 국가의 관청에 의해 실시되는 엄격한 감독은 필요하다. 국가는 자국 내의 사회적이고 정치적인 관계들도 고려되고, 국가들 사이의 불의한 부담의 분배와 관련해서도 고려되도록 비호권을 미리 정식화해야만 할 것이다. 물론 비호를 구하는 이는 우선 최초로 향했던 국가에 의해 받아들여져야만 한다. 그런데 그가 이 국가에서 최종적 비호를 발견해야 하는지 어떤지는 미정이다. 망명(신청)자를 받아들임과 관련하여 더 좋은 위치에 있는 다른 국가가 있는 한, 그는 아마 그곳으로 보내질 수밖에 없을지도 모른다. 모든 경우에 국가는, 그의 조국에서 어떤 반대가 더 이상 위협하지 않는다면, 망명(신청)자를 그의 조국으로 되돌려 보낼 권리를 갖는다.

국가는 주관적 법(권리)인 비호권을 정식화함으로써 스스로를 제한하고 어느 정도 희생했다. 국가는, 비호를 구하는 이가 실제로 박해 받는 자라고 간주되는지 아닌지를 조사할 권리만을 보류한다. 사회 일반의 상황과 관련하여 무엇을 할 수 있는가를 고려하지 않고서, 국가는 비호에 대한 주관적 권리를 무제한으로 인정함으로써 난민을 받아들이는 의무를 떠맡는다. 그리하여 국가는 최고의 도덕적인, 복음에서 요구된 의무를 자신에게 법적으로 구속력 있는 것이라고 선언하고, 자기가 실제적으로 극복할 수 없는 상황에 빠져 버리게 되었다.

이제 누가, 정의의 기준에 따라 국가 관청의 결정을 판단할 자격이 있는가? 예컨대, 비호를 구하는 자인가 비호 신청자의 곤경을 가까이에서 경험한 타인인가 혹은 교회가 사랑과 정의를 위해 봉사하라는 신적인 위임을 받았기 때문에, 어느 곳에서 오든지 간에 그리스도의 정신에 따라 곤궁에 처한 이들을 마땅히 보호해야 하는가?

박해 받은 이가 언젠가 선택한 국가에 도착해 있다고 하면, 이 국가는 그의 행동이 현명한지 아닌지에 대하여 연구하여 밝힐 수 없다. 그는 이제 여기에 와 있고 교회뿐만 아니라, 법의 규정에 따라 인간적으로 대우 받아야 하는 동료 인간으로서 제한 없이 모든 이에게 중요하다. 물론 비호국가가 외교적으로 부담이 되는 정치적 표명을 할 자유를 그에게 주어야 하는지 어떤지는 다른 문제이다. 이제 조국에서의 위험이 제거되었다는 것을 비호국의 관공서가 확인하고 그 때문에 추방을 명령한다면, 관공서가 법적으로 유효한 최종 결정권을 갖는다.

물론 망명(신청)자는 대개의 경우 불의를 당한다고 느낄 것이다. 이것은, 그가 피난처에서 잘 적응했고 전쟁으로 파괴된 자신의 조국에서보다는 여기에서 더 좋은 기회를 발견하는 경우에 더욱 그렇다. 망명(신청)자를 존중하기를 배운 이들도 그에게 동의한다. 특히 가난한 이들과 박해 받는 이들의 원조를 자체의 소임이라고 간주하는 교회들은 국가를 초월하여 모든 수단으로써, 심지어 교회의 비호로써 도와주는 권리를 강력히 주장할 것이다.

그런데 교회조직이 교회의 비호로써 국가에 의해 명령된 망명(신청)자의 강제 추방에 대한 반대를 표명한다면, 교회의 책임자들은, 교구가 아니고 자신들이 개인적으로 책임을 지고 법률에 의한 형벌을 떠맡는다는 표시로 서명을 하여 조치해야만 한다. 그와 같은 기획은 언제나 과감하게 결행된 것이다. 왜냐하면 교회의 해당 대표자들은, 자신들이 사정에 따라서는 전체 교회의 명예를 위험에 빠뜨리게 한다는 것을 곰곰이 생각해야만 하기 때문이다. 국제법적인 분배의 열쇠가 존재하지 않는 한, 우리는 이미 언급한 대로 자연법적 정의의 개념으로써 국가에 반대하여 논거를 제시할 수는 없다.

VI. 저항권?

저항의 일반적 정의

저항은 양심의 자유에 근거를 둔, 법이나 정부의 명령에 대한 복종의 거부이다. 이런 종류의 저항은, 비폭력일 경우에, 윤리적으로 문제가 되지 않는다. 특히 복종을 거부하는 이가 법적인 제재를 감수하는 경우에 그렇다. 모든 시민은 자신의 양심에 따라 어떤 법률에 대하여 거부할 권리가 있다. 이러한 관점에서 저항은 시민의 기본권에 속한다. 더욱이 그것은 국가의 법률과 관련해서는 (단순히) 저항은 아니고 양심의 자유의 표현인 것이다.

어떤 시민이 법률을 반대하여 어떤 것을 행하는 경우에 비슷한 사정이 있게 된다. 여기에서는 어떤 이가 양심의 이유에서 복종을 거부하는 것이 문제일 뿐만 아니라 그가 스스로 적극적으로 개입하는 것이 중시된다. 여기에서 우리는 금지에 대한 저항과 명령에 대한 저항의 구별이라는 문제와 만나게 된다. 법률가들은 이러한 구별에 특별한 가치를 부여한다. 명령을 포함하는 국가의 법률은 적극적 행위, 실적에서 표현되는 시민의 도덕적 태도를 전제한다. 따라서 이 경우에 복종의 거부는 소극적 저항, 법에 어긋난 부작위(행하지 않음)에 존재한다. 어떤 이가 국가에 의한 금지에 맞서 행동하는 경우에는 사정이 다르다. 이 경우에 저항은 순수한 절제가 아니고, 법률에 대한 반대가 표현되는 (행위 금지의 침해) 고유한 행위에 존재한다. 법률가들은, 이제 독일 기본법에 보장된 양심의 자유의 권리가 명령의 사례에만 적용되고, 그렇기 때문에 저항은 소극적인 태도에만, 따라서 보통의 시민 불복종에서 표현된다고 선언한다.[135] 그러므로 법률가들의 선언에 따르면, 금지 법률에 반대하는 이는 더 이상 (독일)기본법에 보장된 양심의 자유에 의거하여 자신을 정당화할 수 없어야 한다. 실제로 금지 법률을 거슬러서 행동하는 이는 자신의 양심에만 호소할 수 없다. 그의 행위는 이를테면 입법자에게 상정되는 것 보다 본질적으로 -개별적 판단에 따라- 더 나은 지식에 근거를 두고 있다. 평범한 시민의 그와 같은 더 나은 지식은 실질적으로 확실할 수 있지만, 법률의 효력이 결여되어 있다. 그러므로 금지법에 반대하는 저항을 위해서는 양심의 판단뿐만 아니라, 그것에 더하여 특정한 사례에 있어서 법률의 효력에 관한 현명한 숙고, 즉 최소한 저항의 도덕적 정당화도 필요하다. 여기에서 명령의 법률의 경우보다 더 명백하게 제기되는 것은, 유효한 국법의 위법성을 자연법적으로 그 근거를 밝히기 위해 어떤 조건들이 충족되어야만 하느냐는 윤리적 문제이다.

법학은 법률의 효력(Geltung), 실효성(Wirksamkeit)과 구속력(Verbindlichkeit)을 구별한다. 여기에서 우리는 이러한 구별을 포기할 수 있다. 그 이유는 우리의 질문에서 늘 중요한 문제는, 현실적으로 존재하고 시대에 뒤떨어지지 않으며, 국가권력에 의해 승인될 수 있고 따

---

135 참조. Rupert Hofmann, "Kirchenasyl" und ziviler Ungehorsam, in: Wandel durch Beständigkeit, Studien zur deutschen und internationalen Politik, Jens Hacker zum 65. Geburtstag, herausgegeben von K.G.Kick, St. Weingarz und U.Bartosch, Berlin 1998, 385

라서 대부분의 시민에 의해 구속력이 있다고 인정되는 법률뿐이기 때문이다. 물론 문제는 '구속력 있는', 즉 복종을 요구하는 개념에 있다. 자연법을 인정하지 않는 법률가들은 원래 동물의 복종과 인간의 복종을 구별할 수 없다. 동물은 이미 처벌의 위협에서 두려워하는 물리적 힘에 복종한다. 그러나 정부의 요구의 구속력은 인간에 있어서는 법률에 대한 내적인 동의 혹은 최소한 법률에 대해 중립적인 양심의 판단에 기초를 두어야만 한다. 사실 법률에 대한 복종을 정당화하기 위하여 개별적 법률관계의 통찰이 필요한 것은 아니다. 그러나 시민은, 입법자가 해당 법률을 신중함과 책임의식을 가지고 작성했다는 신뢰를 가져야만 한다. 저항은 비록 개별 법률로만 향해 있을 것이라 해도, 그것은 기본적으로 최고의 법의 주무관청에 대하여 이러한 신뢰를 취소하는 것이다. 이 사정은 너무 적게 고려된다. 법치국가는, 국가 당국이 우리가 의거할 수 있는 최종 심급기관이라는 특징을 갖고 있다. 그러므로 양심의 이유에서 어떤 법률에 반대하는 저항에 관한 '권리'라는 것은 기본적으로 법의 혼돈된 이념이다. 왜냐하면 그것이 법치국가의 통일을 헛되게 만들기 때문이다. 저항에 의해 국가의 법은 구속력이 없는 것, 즉 위법적인 것이라고 부르게 된다. 이 행위를 정당화하기 위해 법률의 내용에 반대하는 합리적 근거뿐만 아니라 더욱 높은 입법자를 원용하는 것도 필요하다. 법률의 구속력이라는 개념에는 저항권의 원래의 문제가 존재하고, 법체계에 그것을 논리적으로 편입하는 것은 실증주의적 관점을 지닌 법률가에게는 성공할 수 없는 일이다.[136] 우리는

136 여기에서 언급된 법철학적 문제에 관해서는 다음의 훌륭한 설명을 참조할 것: Wolf-Dietrich Grussmann, Das Widerstandsrecht im Lichte der Reinen Rechtslehre, In:

이 기초적인 복합적 문제를 다시 화제로 삼을 것이다.

다양한 저항개념

저항의 문제는 그 의도에 따라 다양하다. 즉, 1. 개별법에 반대하는 저항, 2. 새로운 정부의 수립을 위하여 전체 정부에 반대하는 저항, 3. 국민의 집단들, 예컨대 어떤 인종을 이제까지의 국가연합으로부터 분리하려는 의도에서 국가에 반대하는 저항, 4. 예컨대, 민주주의를 폐지하기 위해 현존 국가형태를 반대하는 저항. 이러한 중점에 따라 윤리적 숙고는 매우 다르다.

법률에 대한 저항의 윤리적 근거 제시

모든 시민은 현존하는 법률을 비판하는 권리를 갖는다. 시민은, 복종을 책임질 수 없는 경우에 법률에 대한 자신의 복종을 취소하는 권리도 갖는다. 대개의 경우 이 불복종은 조세법에 대하여 일어난다. 개인은 참으로 국가의 수요를 개관할 수 없다. 다른 한편으로 개인은, 관공서가 세금을 경제적으로 운용할 줄 모른다는 것을 양심의 가책이 없는 낭비에서 알아차릴 수 있다. 조세법은 명령의 법률이므로, 모든 이는 자신의 양심을 신중하게 검토한 후에 형평의 학설에 의거하여 탈세의 형태로 복종을 거부하는 것을 정당하다고 느낄 수 있다. 개인의

Johann J.Hagen/ Peter Macher, Hrsg.: Gewalt und Recht, Frankfurt 1997, 211-229.

목표 설정에 따라 법률 자체와 싸울 필요는 없다. 그러나 법률 위반이 적발되는 경우에 제재를 전폭적으로 받아들일 준비가 미리 되어 있어야만 한다.

이와 반대로 금지의 법률이 문제가 되는 경우에, 개인적 복종의 거부는 법률 자체를 반대하는 공격적 행위에 그 본질이 있다. 어떤 시민이 양심의 이유에서 저항의 의무를 느끼는 경우들도 존재한다. 입법자가 예견할 수 없었던 선의의 피해도 존재한다. 자유롭게 사용할 수 있는 법적 수단이 없는 경우에, 국가의 명령에 맞서는 적극적 불복종만이 남게 된다. 예컨대, 어떤 이가 형법적으로 소추된 이를 숨기는 경우에 그런 사례가 존재한다. 가톨릭 성인용 교리 문답서[137]는 이 윤리적 문제의 정확한 해결을 다음과 같이 정식화한다: "항의와 반대의 모든 법적 수단이 소진하고, 성실한 검토 후에 공동선과 정의에 어긋난다고 감지되는 국가의 조치들에 대한 반대를 폭력 없는 불복종 행위에 의해 표현하는 이외에 다른 가능성이 없는 예외 상황에서, 시민 불복종 행위(법의 위반)는 위법이기는 하지만 도덕적으로 정당화할 수 있다. 그와 같은 행위는 민주주의적 질서의 손상과 파괴를 겨냥하지 않고 그것의 유지와 촉진을 겨냥한다. 시민 불복종의 그러한 행위에, 더욱 격화된 반대를 통하여 달리 제거되지 않는 폐해에 대한 주의를 사회에 환기시키는 것이 정당화될 수 있다는 도덕적 판단이 반영되어 있는 것이다. 확신과 추구된 관심의 진지함은, 실행된 법률에 대한 불복종에 부과된 제재가 감수됨으로써 표현되고 있다."

137 Katholischer Erwachsenen Katechismus, 2.Band, 1995, 258.

정부에 대한 저항

여기에서 우리가 언급하는 것은, 내전과 동일시되는 혁명(seditio)의 권리가 아니고, 정부를 무너뜨릴 의도에서 반대하는 조직된 저항이다. 이러한 행동은 소극적으로도 적극적으로도 실행될 수 있다. 즉 소극적으로는 정부가 마비되는 총파업에 의해서이고, 적극적으로는 현존하는 권위를 반대하는 직접적 폭력행위에 의해서이다. 마지막에 제시된 저항의 형태에는 중세와 특히 16, 17세기에 토론된 폭군의 살해(occisio)가 속한다. 독일어권의 문헌에서는 언제나 폭군 살해가 언급된다. 그러나 이 용어는 개인적이고 복수심에 불타는 동기에서 유래하는 살해에만 적용될 수 있다. 통치자의 제거의 권리에 관한 윤리적 토론에서는 누가 자연법에 따라 그런 행위에 대한 전권을 위임받고 있는지, 그리고 어떤 조건 아래에서 그러한지가 문제가 된다. 토마스 아퀴나스는 이 살해의 권리를 모든 시민에게 허용했는데, 물론 다음에 언급될 조건을 고수하는 한에서 그렇다.[138] 그는 공동선에 대한 명백한 위반과 관련하여 폭군에 대한 폭력적 저항을 방어권이라고 간주했다. 공동선은 국가의 권위에 우선하는 것이므로, 전제적으로 지배하는 통치자는 자신의 권리를 잘못 사용함으로써 잃어버렸다. 그는 우리가 방어해야만 하는 강도이다(Ⅱ－Ⅱ 69,4). 찬탈자는 자체로는 도둑으로서 간주되지만, 공동선을 보살핀다면 그의 말을 따라야 한다(Ⅱ.Sent.

138 토마스 아퀴나스에 있어서 폭군 살해에 관해서는 다음의 문헌을 참조할 것. Ⅱ.Sent., d.44, q, 2, a.2; Ⅱ-Ⅱ 42.2 ad 3; Ⅱ-Ⅱ 69,4; De Regimine Principum, Lib. 1, c.Ⅶ (Marietti-Ausgabe c.Ⅵ).

44,2,2). 자연법의 대표자들은 모두 성공과 사회적 관계의 개선에 대한 더욱 확실한 전망이 존재해야 한다는 것을 폭력적 저항의 조건으로 내세웠다. 토마스 아퀴나스는 폭군 살해를 인정하면서도 이러한 행위에서 분명히 있을 법한 손해를 숙고하라고 충고한다. 왜냐하면 사정에 따라서는 최대의 사회적 손해를 끼치는 것보다는 폭군의 통치를 감수하는 것이 더 나을 것이기 때문이다. 그는 또한 더 나쁜 폭정을 염려했다. 역사는 그가 옳았다는 것을 보여주었다.

토마스는 물론 지극히 신중하고 자제하기를 충고하는 경우에 사람들이 그와 동시에 정의의 요구를 철회한다는 것을 의식하고 있었다. 그러므로 그는 논리적으로 모순이 없는 해결을 찾아야만 했다. 그는 이 해결을 종교에서만 발견할 수 있었다.[139] 가톨릭 예수회의 수도자였던 로베르트 프란쯔 로물루스 벨라르미누스(Robert Franz Romulus Bellarmin SJ, 1542–1621)와 프란쯔 수아레쯔(Franz Suarez SJ, 1548–1617)는 토마스가 따랐던 전통과는 반대로 저항권을 공동선에 포함된 정당 방위법에 의해서가 아니고 국가권력의 본래의 소유자인 국민에 근거를 두어 정당화했다. 같은 의미로, 알투지우스(J. Althusius), 그로티우스(H. Grotius), 밀튼(J. Milton), 로크(J. Locke), 볼프(Chr. Wolff) 등. 국가권력의 원천에 관한 이 이론이 국민주권이라는 루소의 이념과 가깝기 때문에 정치적, 윤리적으로 매우 의심스러울지라도,[140]

---

139 그러므로 토마스는 다음과 같이 설명한다: “그런데 폭군들에 대항하는 인간적 도움이 없는 경우에, 우리는 만인의 왕인 하느님께 매달릴 수밖에 없다. 하느님은 좋은 시기와 고난중에서 돕는 분이시다.” De Regimine Principum, a.a.O.

140 그러므로 토마스는 다음과 같이 설명한다: “그런데 폭군들에 대항하는 인간적 도움이 없는 경우에, 우리는 만인의 왕인 하느님께 매달릴 수밖에 없다. 하느님은 좋은 시기와

여기에서는 (전통적 이론과) 같은 결론에 도달한다. 그 이유는 국민이 저항을 공동선의 관점에서만 윤리적으로 정당화할 수 있기 때문이다.

국가결합에 대한 저항- 지금 있는 국가와의 절연

고유한 국가를 건설하기 위하여 민족을 힘으로 분리하는 문제는 실제적으로 극히 논란의 소지가 크다. 그 자체로 모든 국가는 소수 민족들에게 부합하는 자유의 공간을 보장할 의무가 있다. 소수가 자체의 법적인 조직을 손에 넣을 처지에 있는 한에서, 연방제 질서는 가장 좋은 수단이다. 이제까지의 국가연합으로부터의 완전한 분리는 우선 상호교섭의 방법으로 시도되어야 하고, 이 경우에 분리를 재촉하는 민족은 어느 정도 양보할 준비가 되어 있어야만 할 것이다. 왜냐하면 민족은 자신이 정주하고 있는 영역을 간단히 무제한의 자기소유라고 선언할 수 없기 때문이다. 사정에 따라서는 그 지역에 가치가 있는 지하자원이나 공업단지가 있을 수 있고, 이것들의 상실은 국가에 큰 타격을 줄 것이다. 개인주의적으로 해석된 자유권은 순간적으로 우리가 국가구성체의 점증하는 민족화를 맞이하는 것처럼 매우 그렇게 보일 수 있지만, 자동적으로 더욱 큰 사회 및 국가체계 안으로 진입하는 통합에 의해 저절로 닳아 없어진다. 스위스에서는 매우 다른 4개 민족이 국가의 통일을 위해 결집할 수 있었다. 물론 이 정치적 자세는 상호간의 관용을 위해 노력하는 가운데 지속적인 긴장을 필요로 한다. 여기에서는

고난중에서 돕는 분이시다." De Regimine Principum, a.a.O.

다만 현재 유라(Jura)주와 베른(Bern)주의 분리가 상기될 만하다. 그런데 이 과정은 오직 완결되지 않은 상태이다.

민주주의적 헌법의 보호를 위하여 분리집단에 대한 저항을 법률적으로 규정하기

민주주의는 시민 다수의 자유주의적 태도에 의존하므로, 어떻게 민주주의를 혁명으로부터 보호할 수 있는가, 즉 보호조치가 헌법에 의해 정식화될 수 있는지 없는지, 또 무슨 도움이 되느냐는 문제가 제기된다.

독일연방공화국은 기본권에 합치하는 본문을 헌법 제 20조, 제 4항에서 다음과 같이 정식화했다: “이(민주주의적) 질서를 제거하려는 모든 이에 대하여 다른 개선책이 가능하지 않은 경우에, 모든 독일인은 저항권을 갖는다.” 이 저항은 이렇게 법에 의해 보호되지만 시민의 의무로는 되지 않는다.

개인주의화한 그와 같은 저항권이 실제로 어떻게 실현되는가는 계속 문제로 남아 있다. 그러나 우리는 저항권의 이러한 법적 파악을, 다름 아닌 민족주의적 방법으로 권좌에 오른 히틀러의 권력 장악과의 역사적 연관에서 생각해 보아야만 한다. 그러한 정치적 전개를 저항권에 의해 차단할 수 있다는 것이 제 2차 세계대전 이후 독일 헌법의 아버지들의 이념이었다.

민주주의는, 개인주의적 자유의 관념으로서는 권위주의적 정부를 지지하는 다수의 소리에 대하여 보호되지 않는다. 민주주의적인 정부가 가장 어려운 사회적 폐해를 통제하는 데 성공하지 못하면, 민주주의에 대한 불신을 피할 수 없게 된다.

민주주의의 폐기를 도모하는 집단에 대한 저항은 민주주의적이며 또한 정치적, 윤리적으로 동기화한 사회를 전제한다.

마지막 숙고

기본권에서 양심의 자유의 권리가 그렇게 주관주의적으로 정식화되어 있지 않고, 명백히 전체사회의 틀이 함께 언급되어 있고, 그 틀 안에서 주관적 법(권리)이 비로소 자체의 자리와 효력을 갖는 경우에 저항에 관한 모든 토론은 회피되었을 것이다. 여기에서 배경으로 한 역할을 하는 것은, 양심의 자유가 결정의 자유와 같다고 하는 오해이다. 다른 곳에서 이미 강조되었듯이 양심의 판결은 자유의지의 문제는 아니고, 혹은 칸트의 정식화에서 쓰여 있듯이 자의(Willkür)의 문제도 아니다. 양심은 존재에 정향된 실천적 인식의 통제기관이다. 그러므로 양심의 논리적 과정은 제 3자에 의해, 예컨대 재판관에 의해, 실천이성의 전적으로 구체적인 판단들의 불가피한 다양함에도 불구하고, 물론 사회에 일반적인 도덕적 기본합의가 존재하는 한에서, 추체험하면서 이해될 수 있다. 그런데 이것은 오늘날에는 드문 사례이므로, 개인주의적 양심의 인정만이 있을 뿐이고, 결과적으로는 국가의 정부가 어느 정도 기능하는 질서의 유지를 위해 비논리적으로 구성된, 즉 기본법에 규정된 개인의 양심의 자유에 실제로 모순되는 조치를 취할 수밖에 없다.

5 전쟁

5 전쟁

I. 평화를 위한 합리적 노력의 대상인 전쟁

모든 윤리학의 대상인 선

윤리학은 기본적으로 인간의 완성이라는 관점에서 선한 행위를 다룬다. 윤리학도 동시에 인간의 행복을 향한 도로표지이고자 한다. 전쟁은 늘 불행의 표징이므로, 그것은 정의의 경계에서 유지하는 것이 문제가 되는 한에서만 윤리학의 대상일 수 있다.

그러므로 평화의 윤리학에서는 평화를 위한 노력이 전쟁에 선행해야만 한다. 따라서 이 전체 논문에서 의도되어 있는 대로, 평화를 위한 노력이 아직 윤리학에서 추구된 목적에 기여하느냐는 문제가 우선 제기된다. 수년 이래 우리는, 윤리적 책임에서 모든 폭력 사용의 전적인 거부를 요구하고 모든 군사적 전쟁 준비도 비난하는 평화주의(Pazifismus)라고 지칭된 평화운동을 알고 있다. 평화주의는 동시에, 자기방어를 위해 무장하고 준비할 필요성을 부정하지 않는 평화를 위한 노력과는 구별된다. 죄는 인간생활의 개인적 영역에서도 집단적 영역에서도 근절될 수 없다는 것을 우리는 알고 있다. 그러므로 평화주의는 환상이다. 실제적 현실에서 평화주의는 이러한 근본적인 의미에서 다른 국가들의 정복을 목표로 삼고 있는 그런 국가들에게 전쟁을 권유하는 것이라고 이해될 수 있을 것이다. 이러한 위험과 관련하여 합리적 윤리학은 평화주의를 찬성할 수 없다. 이 윤리학에서 평화를 위한 노력은 다음의 두 개의 대상에 집중해야만 한다 :1. 민족(국민)들간의 평화관계에 관한 국제적 교육학, 2. 정의의 의미에서 전쟁의 제한. 이 두 번째 대상은 a) 전쟁에 관한 권리(jus ad bellum), b) 의로운 전쟁수행(jus in bello)에 관한 두 개의 개별적 문제를 포함하고 있다.

국민교육학에 있어서 평화를 위한 노력

여기에서는 가정안의 아동교육이 중요한 문제이다. 가정은, 인간의 평화로운 공동생활을 익히는 자연적 본거지이다. 그러므로 여기에서 평화의 교육학이 시작한다. 더 나아가서 서로 다른 국적을 가진 젊은이들의 평화로운 만남을 생각해야 한다. 이와 연결하여 사회단체와 정치단체들은 상호간의 이해를 위해 노력해야 한다. 이러한 관점에서 이미 존재하는 개별적 노력은 여기에서 열거할 필요가 없다.

평화를 위한 합리적 노력에 관한 철학적 논문의 중심은 전쟁에 관한 그리고 전쟁 중의 정의에 대한 문제가 차지하고 있다.

II. 의로운 전쟁

전쟁의 정의

전쟁이라는 개념을 규정함에 있어서 저자들은, 그들이 윤리학자가 아닌 한에서, 일반적 언어 사용에 대한 사회학적인 혹은 법학적인 분석에 의거하는데, 이 언어 사용에 따라 폰 클라우제빗쯔(C.Von Clausewitz, 1832)는 전쟁을 우리 의지의 실현을 위해 적에게 강요하기 위한 폭력행위라고 지칭했다.[141] 사람들은 보통 전쟁을 국가의 존망과 연결하므로, 전쟁은 더욱 정확히는 두 국가의 폭력적 대결이라고 정의된다. 우리는 유비적으로는 국가 안이나 밖에서 두 집단이 폭력으로 대결하는 경우에 전쟁에 관하여 말한다. 그러나 우리는 여기에서 다른 폭력적인 다툼을 전쟁개념의 유비적 적용의 하나라고 간주하면서, 두 국가의 폭력적 대결의 경우에 관한 서술에 집중하고 있다. 그러므로 저항, 반란, 혁명, 시민전쟁과 같은 전투적 현상들은 다른 표제어 아래에서 다루어져야 한다.

그런데 우리가 보게 되듯이, 우선 살해문제와 관련하여 사적 영역에 있어서 폭력적 다툼에 관하여 언급하는 것이 불가피하다. 바로 이러한 관점들로부터 우리는 서로 다른 난폭한 싸움의 논리적 관계에 대하여, 즉 어떤 개념에 첫 번째 유비관계의 지위가 주어지느냐에 관하여 논쟁할 수 있을 것이다. 폭력적 다툼은 비슷한 사례이다. 윤리학으

141 C. Von Clausewitz, Vom Kriege, Ausg. Frankfurt 1980, 17.

로부터 볼 때, 첫 번째 유비관계는 두 사람 간의 폭력적 다툼이고, 두 번째 유비관계는 두 국가 사이의 전쟁이다. 사회윤리학자는 정의와 관련해서만 전쟁에 관하여 언급할 수 있다. 그에게 전쟁에 관한 실제적 정의는 의롭다 혹은 의롭지 않다는 개념에 의해 평가되어야만 하고, 이 경우에 정의의 개념은 자연법적 개념이라고 이해된다. 전쟁에 관한 국제법은, 어떤 국가의 전쟁선포의 조건들(ius ad bellum이라고 지칭됨), 전쟁수행의 방법(ius in bello) 및 전쟁 수행자의 중립국과의 관계를 결정하는 국제법의 법규범을 포함하고 있다. 그것은 관습법과 여러 가지 서로 다른 개별협정에서 생기고 자연법의 요소도 포함하는 실정법적인 계약법이다. 국제법의 관심사는 오직 전쟁과정의 인간화와 정당화이다. 그런데 사회윤리학자에게는 전쟁에서 두 상대가 다툰다는 것을 확인하는 것으로는 충분하지가 않다. 그는, 어느 조건이 객관적으로 정당화되는지, 그것도 양편의 정의관념에서 독립하여 그런지를 알려고 한다. 그러므로 그는 전쟁의 정의를 판단함에 있어서 다투는 양편 위에 존재하는 규범에 의거한다.

클라우제빗쯔는 그의 전쟁과정의 분석에서, 전쟁이라는 현상이 한 상대가 자기방어를 하는 데서 비로소 발생한다는 흥미로운 소견을 말했다. 어떤 국가가 다른 국가를 습격하는 경우에 실제로 아직 전쟁이 일어나지 않는다. 그것은, 클라우제빗쯔가 말하듯이, 순수한 점유 획득이지 전쟁은 아닌 것이다. 우리가 보게 될 것처럼, 윤리학자도 우선 방어를 참고하기 마련이다. 제1차 세계대전까지 용인된 자유로운 전쟁 수행권 대신에 국제법에서는 고전적 자연법에서 진작부터 존속했던 공격전쟁의 금지가 들어섰다. 공격전쟁을 금지한 1928년의 브리앙

켈록 조약(역주: der Briand Kellog Pakt, 전쟁의 추방을 위해 1928년 8월 27일에 프랑스 파리에서 우선 11개국의 서명으로 맺어진 국제법에 의한 조약. 당시 프랑스 외무장관 A.Briand과 미국 외무장관 F.B.Kellog의 이름을 따른 조약의 명칭이다.)은 거의 모든 국가에 의해 비준되었다. 공격의 금지는 유엔 정관 제 2조 4항에도 나타나 있다. 개인적 및 집단적 자기방어의 권리가 허용된다(유엔 정관 51조). 다수의 국가 헌법도 공격전쟁을 금지하는데, 독일 기본법 제 26조가 그렇게 한다. 계약에 의한 명백한 의무를 넘어서 공격전쟁의 금지는 일반적 법 확신과 국제 관습법의 명제로 되었다. 물론 공격 전쟁이라는 개념에는 아직 유비적 개념에 대한, 특히 예방전쟁의 유비적 개념에 대한 약간의 중요한 경계 설정이 결여되어 있다. 이웃 국가에 의한 혁명적 반란자의 지원에 대하여 어떤 조치가 허락되어 있는가? 폭력적으로 경계를 넘어가는 것은 자신을 적시에 방어하기에는 충분하지 않은 것 같다. 특히 자국 내에서 전쟁이 일어나게 될 것이기 때문에 그렇다.

정의 규범의 탐색

경험에 의해 우리는 전쟁이 사회생활의 불가피한 현상이라는 인상을 쉽게 갖게 된다. 따라서 상위의 규범에 따라 모든 숙고는 불필요한 것으로 밝혀질 것이고 우리는 마침내 순수하게 실정법적인 규정에 만족해야만 할 것이다. 자연현상인 전쟁을 법적인 형태로 주조하려는 이 욕구는, 적어도 전쟁이 마침내는 두 상대편을 구속하는 정의를 요구한다는 것을 알려준다. 그런데 이제 부합하는 권위자의 재결합 없이는 어떤 법률도 권리도 존재하지 않는다. 이러한 의미에서 윤리학은 모든 세기를 관통하여 전쟁을 선포할 자격이 누구에게 있느냐는 문제를 다루어 왔다. 유일한 답변은 군주를 참조하는 것이었다. 군주는 이렇게 공격자에 대한 전투적 방어가 정당한지 아닌지를 선언할 권한을 갖고 있었다. 그러므로 중세 사람은 전쟁의 정의에 대한 책임이 군주에 있다고 하는 논거로써 진정될 수 있었다. 그러므로 프란치스쿠스 수아레쯔(Franciscus Suarez, +1617)는, 전쟁을 지지하는 결정에 책임을 질 수 있기 위해, 전쟁의 정의와 관련하여 군주가 어떤 확신을 가져야만 하느냐는 문제를 다루었다.[142] 그러나 그것으로 문제가 해결되는 것은 아니다. 만일 반대편, 즉 공격자의 군주도 어떤 이유에서 정의에 관한 자신의 해석을 끝내 주장한다면, 영원한 전쟁이 고정되기 마련이다. 의로운 전쟁(bellum iustum)에 관한 중세의 이론은,[143] 정의를 논거로 내세우는 이러한 양편의 입장에서 본다면, 구체적인 사례에 있어서 정의의 문제를 해결할 수 없다. 의로운 전쟁의 문제가 기습에 대한 방어의 사례에 맞도록 조정되었고, 그런 사례에서 자연법에 근거를 둔 국가의 긴급사태법을 고려하여 방어의 정의가 확고했다는 것을 우리가 중세의 신학자들과 함께 가정한다고 해도, 정의이념의 실현은 정당방위 행위의 결과에 의존해 있었다. 신학자들은, 쓸데없는 방어는 책임지어지

142 De bello, disp. XⅢ, s.Ⅵ.§2, in Tract.Ⅲ von: De Fide, Spe et Caritate.

143 의로운 전쟁이라는 개념의 역사적 발전에 관해서는 다음의 Margit Hintersteininger의 좋은 분석을 참조할 것, Der Kosowo-Konflinkt und die Renaissance der Bellum iustum-Doktrin, in: Wiener Blätter zur Friendensforschung 99, Wien, Juni/ 1999, 24-41(내용이 풍부한 참고문헌 제시; Heribert Franz Köck, Rechtliche und politische Aspekte der Nato-Aktion im Kosowo, a.a.0. 17-23.

지 않는다는 데에 일치했고, 따라서 오직 항복의 조건에 대한 협상만이 남게 되었다는 것이다. 정의에 더 접근하기 위해 사람들은 군주보다 상위에 있는 평화의 심급을 발견해야만 했었을 것이다. 이러한 심급은, 방어와 공격이라는 개념이 자주 구체적으로 규정되기 어렵다는 이유에서도 필요하다.[144] 중세 사람들은 두 국가의 법적인 다툼이 있는 경우에 교황(교종)의 권한을 생각했다. 이것에 관해서는 두 식민지 세력이었던 스페인과 포르투갈에 대한 영토 분배를 참조할 만하다(경계선, 1493). 최근에 사람들은 유엔에서 그와 같은 초 국가적인 심급의 위치를 확인하려고 했다. 그러나 이러한 심급은, 특권을 가진 소수의 국가가 자신들의 거부권으로써 자신들의 본래의 정치적 의도를 성공적으로 관철하는 동안에는, 아직 실제로 상위에 있는 것으로서 나타나지 않는다. 유엔이 협력하여 선출된 상위의 평화기구로 발전해 나아간다면, 적어도 실정법적, 즉 계약의 차원에서, 이를테면 평화의 파괴자를 처벌하기 위해 필요한 수단을 갖고서, 전쟁 발생의 상위에 있는 권위가 정의를 보장한다는 결정적인 자연법적 요구가 대체로 실현될 것이다. 유엔의 판단이 실제로 협력하여 내려졌다면, 그것은 우리가 비판적으로 판단할 수 있는 오직 실정법적인 최종 문구임에 틀림이 없을 것이다. 그러나 이성적으로, 그렇기 때문에 자연법적인 관점에서도 이러한 법원의 판단에 대하여 순종하는 수용만이 있을 뿐이다.

개별 국가들보다 상위에 있는 평화의 심급이 없는 동안, 우리는 전쟁 중의 정의에 대한 숙고에 있어서 일시적으로 중세의 신학자들보

144 국가 사회주의자들에 의해 야기된 세계 제 2차 세계대전은 독일인들에 의해 우선 베르사이유 조약의 비참한 결정에 대한 방어라고 해석되었다.

다 더 앞서 있지 않다. 모든 경우에 의로운 전쟁에 대한 그들의 사상의 뒤를 따라가는 것은 새로운 지식을 얻게 한다. 특히 여기에서 적용되는 수많은 윤리적 규범들이 체계적으로 정리되어 있기 때문에도 그렇다. 비로소 여기에서부터, 언제 그리고 어떤 조건 아래에서 어떤 전쟁이 자연법적 관점으로부터 정당화되느냐는 인식에 이르는 논리적 방법을 발견할 수 있게 된다. 프란치스코 데 비토리아(Francisco de Vitoria, +1546)는 토마스 아퀴나스를 본받아 고전적 자연법의 입장에서 의로운 전쟁에 대한 문제를 집중적으로 다루었다.[145] 그러므로 이후의 서술에서는 계속 이 자연법적 입장과 관련이 있을 것이다. 물론 자연법에 제한하는 것은, 주제가 전쟁의 정당화(ius ad bellum)에 집중되고 전쟁 중의 정의(ius in bello)가 오직 전쟁할 권리가 있는 자만을 고려하여 취급되는 결과를 가져온다. 반면에 전쟁 수행권의 근대적 개념은 의로운 전쟁에 관한 문제를 배제한다. 근대법에서 전쟁이라는 사실은 어느 정도까지 불가피한 사건으로 받아들여지므로, 표면적으로는 전쟁 수행권이 중요한 문제이다. 자연법으로부터 보면, 우리는 의로운 전쟁수행(das Recht in bello)을 전쟁에 관한 권리(혹은 전쟁선포의 조건)로부터 분리할 수 없다. 구체적인 경우에 전쟁에 관한 권리를 결정하기 위한 상위의 심급은 아마 아직은 희망의 대상일 것이라는 점을 고려하여, 우리는 근대 국제법에서 정식화된 것처럼, 전쟁 수행권에 대한 합의에 만족해야만 한다.

---

145 Alberico Gentilis(De iure belli, 1588)와 Hugo Grotius(De iure belli ac pacis, 1625)는, 이미 그들의 저서의 제목이 보여주듯이, 전쟁 수행권에 더 많은 관심을 두었다.

전쟁의 자연법적 정당화에 대한 역사적 회고

전쟁의 현상이 방어의 순간에 비로소 시작한다는 클라우제빗쯔의 사상을 수용하지 않고서도, 우리는 윤리적으로 방어의 개념과 함께 시작해야만 한다. 왜냐하면 공격전쟁에 관한 권리가 없기 때문이다. 물론 방어권이라는 개념은 매우 양가적인 것이다. 이제 우리가 방어(die Verteidigung)를 방위(die Abwehr)의 가장 좁은 의미에서만 이해하여도 좋을 정도로, 공격에 직접적으로 보복하는 그러한 방어가 윤리적으로 정당한 전쟁의 근거라고 지칭되어야 하는가, 혹은 결국 방어의 개념이 공격전쟁의 가까이에 올 정도로, 방어가 또한 반격에 있어서 어떤 불의를 주장할 수 있는가?

토마스 아퀴나스에 있어서는 전쟁의 정당화와 직접 관계되는 일반적 원리들만이 발견된다.[146] 토마스에 의해 열거된 의로운 전쟁에 관한 조건들을 비토리아가 특별히 발전시켰다. 전쟁의 최초의 정당화는 공격자에 대한 방위에서 발견되므로, 의로운 전쟁에 관한 학설을 사적 방어와의 유비와 구별해서 다루는 것은 당연하다고 생각되었다. 이러한 이유에서 저자들은 전쟁의 본래 특징들을 공격자에 대한 국가의 방어라고 명시하기 위해, 두 사적 개인 간의 폭력적 다툼으로 시작했다.[147]

---

146 참조 S. Theol. Ⅱ-Ⅱ 40,1;66,8 ad1:71,3 ad3;123,5.

147 참조할 것. Francisco de Vitoria, De jure belli, Questio secunda, Secunda propositio, in: Francisco de Vitoria, 강의Ⅱ(Relectiones), hrsg. von U.Horst, H-G. Justenhoven, J.Stüben, Stuttgart 1997, 550 f. "Quaelibet res publica habet auctoritatem indicendi et inferendi bellum. Pro probatione est notandum, quod differentia est quantum ad hoc inter hominem privatum et rem publicam. Quia privata persona habet quidem ius defendendi se et sua, ut dictum est, sed non habet ius vindicandi iniurias, immo nec

1. 사적인 방어

토마스 아퀴나스에 의하면 사적 개인과 국가의 방어에 있어서 근본적으로 서로 다른 두 개의 가치기준이 중시된다. 이 두 경우에 비상사태가 문제가 되어 있다고 해도 그렇다. 사적 개인이 공격을 당하는 경우에 자신을 방어할 수는 있지만, 어떤 방식으로든 적의 죽음을 직접적으로 의도해서는 안된다. 교황 그레고리오 9세의 교황 법령집에 의하면 다음의 규칙이 유효한다: "Vim vi repellere licet cum moderamine inculpatae tutelae."("폭력을 폭력으로 물리치는 것은 비교적 균형잡힌 잘못이 없는 방위의 유지 아래에서 허용된다."). 그러므로 방위의 경우에는 적절함이 주목되어야만 한다. 이에 관하여 토마스가 설명하듯이(S.Theol. Ⅱ－Ⅱ 64,7), 살해하려는 직접적 의도가 있어서는 안 된다. 그러므로 살해는 오직 간접적인, 원하지 않은 결과로서만 감수될 수 있을 것이다. 이러한 규칙은 오늘날에도 법률의 실무에 있어서, 심지어는 경찰관들에게도 유효하다. 그러므로 어떤 경찰관

---

repetundi ex intervallo temporis res ablatas. Sed defensio oportet, ut fiat in praesenti, quod iurisconsulti dicunt in continenti. Unde transacta necessitate defensionis cessat causa belli. Credo tamen, quod per iniuriam percussus posset statim repercutere, etiam si invasor non deberet ultra progredi." (모든 국가는 전쟁을 선포하고 개시할 권한을 갖는다. 증명을 위해서는 이에 관하여 사적 개인과 국가 사이에 차이가 존재한다는 것을 주목해야 한다. 그 이유는 사적 개인은, 언급했듯이, 자신과 자신의 재산을 방어할 권리를 가지고 있지만 불의를 처벌할 권리, 약탈한 재화를 일정기간 후에 갖고 돌아올 권리조차 갖지 못하기 때문이다. 오히려 방어는 즉각 이루어져야 하고, 이것을 법률 전문가들은 '즉시'(in continenti)로써 지칭한다. 그러므로 방위를 위한 필요성이 더 이상 존재하지 않는 즉시, 전쟁을 위한 이유가 없어지게 된다. 그러나 공격자가 더 이상 무엇을 행하지 않을 것이라고 기대하지 못할 경우에는 불의를 당한 자가 즉시 반격할 수 있을 것이라고 나는 믿는다.)

이 방위에 있어서 법률 위반에 대한 적절함을 지키지 않은 경우에 주민들의 불만이 생긴다. 그러나 오늘날 어떤 사람을 습격하는 대다수의 도둑이 총기로 무장되어있는 경우에 적절함이라는 요구를 정확히 지키는 것은 어렵다. 어쨌든 습격당하는 사적 개인은, 범인이 자신의 위법을 느끼게 하는, 즉 불의를 보복할 법적인 권력을 갖고 있지 않다. 그것에 대해서는 형사법원이 결정해야 한다. 습격당한 사적 개인은 형벌권을 갖지 않는다.

2. 위법자의 국가와의 관계에서 법적인 상황

위법자의 자기국가와의 관계가 문제인 경우에 전혀 다른 법적인 상황이 생긴다. 국가의 권위는 법질서의 감시자이다. 그러므로 이 권위는 공동선의 정의를 위해 위법자를 처벌할 의무를 갖는다. 그 밖에 이 권위는 위법자를 위협하여 더 이상 위법행위를 못하도록 할 의무가 있다. 국가의 권위는 이 이중의 의무를, 즉 속죄와 징계의 목적을 갖는 형벌을 부과함으로써 이행한다. 형벌이 어느 정도 이 두 번째 효과, 즉 징계의 효과를 오늘날에도 아직 갖는지는 여러 가지로 서로 다르게 판단된다. 국가는 그 자체로 각기 위법의 무거운 정도에 따라 사형을 선고할 권리도 갖는다. 그러므로 국가는 이미 언급했듯이 사적 개인과는 달리 공동선의 유지가 문제가 되는 한, 죄인의 죽음을 직접 원할 수 있다. 우리가 오늘날 사형을 비난하는 이유는, 국가가 사형선고를 위한 권한을 갖지 않을 것이라는 가정에 있지 않고, 사형이 경험에 따르면 징계의 수단이 아니라는 점과 늘 걱정거리인 오판이 어떤 일이 있더라도 회피되어야 한다는 사정에 있다. 그 밖에 고려해야 할 것은, 국가의 권위가 그 때문에 사형을 선고할 권한을 갖는 공동선은 윤리학의 관점에서 볼 때 진정한 공동선이어야만 한다는 점이다. 위엄 있는 국가권위의 어떤 소유자도 진정한 공동선을 대표한다는 것을 절대적 확실성을 가지고 주장할 수 없다. 그런데 사형선고에는 그러한 확실성이 필요할 것이다. 고대 철학자들과 토마스 아퀴나스를 포함한 중세 신학자들도, 사형의 정당화를 공동선의 최고의 추상적 개념에 의거한다는 데 대하여 아직 공공연하게 설명하지는 않았다. 그러나 사형에 대한 형법의 약한 정당화를 제거하고 남는 것은, 국가의 권력 소유자는 공동선을 위하여 법률 위반자를 직접 죽일 권한을 윤리적으로 위임받는다는 토마스 아퀴나스의 견해이다. 이러한 명제로부터 실제적 현실에서 생기는 불가피한 문제들에 관해서는 여기에서 다루지 않는다. 이 문제들은 '저항'이라는 주제 안에서 다루어진다.

3. 두 국가 간의 법률적 상황

이제 외부의 적에 대한 한 국가의 방어, 즉 실제의 전시 상황은 어떠한가? 토마스 아퀴나스는 신학대전, Ⅱ-Ⅱ 40,1에서 전쟁 중 방위의 적절함을, 그가 Ⅱ-Ⅱ 64,7에서 다루는 사적인 싸움에서와는 전혀 다른 의미로 이해하고 있다. 전쟁에서 중요한 것은 공격에 대한 방위뿐만 아니고, 다른 국가에 의해 불의를 당한 국가가 공격의 형식으로 다른 국가를 처벌할 권리가 있다고 선언할 수 있느냐는 문제이다. 토마스 아퀴나스는 어쨌든 앞에서 언급된 곳에서 이것에 동의하고, 그의 주석자인 카에타누스(Cajetan)는 이 내용을 힘주어 강조한다. 불의는 처벌되어야만 하고, 이것은 주관적 복수심과는 아무 관계가 없다. 사적 영역에서는 법원이 그것에 대하여 판결을 해야 한다. 국가들 사이의 관계와 관련하여 판결은, 토마스가 설명하듯이, 자율적 국가권력을 소유하는 자의 의무이다. 그와 같은 형벌을 선고할 수 있을 국제사법재판소는 생각되지 않았다. 국제 형사재판소가 전쟁 중에 자행된 인권침해들을 자체의 활동영역으로 친다고 할지라도, 이러한 의미에서 국제 사법재판소는 오늘날의 유엔에서조차도 아직 존재하지 않는다.[148] 따라서 불의를 당한 국가만이 공직자에 대한 형벌 부과의 심급으로서 존재하게 된다. 물론 국가는 적절함의 계명을 따라야 한다. 그러나 이것은 더 이상 사적 방어와 관련하여 언급된 그러한 적절함은 아니다.

중세 신학자들의 이러한 사상은 오늘날 두 국가 사이에 끝장을 내야 되는 경제전쟁과 관련하여 폭발력을 갖는다. 예로서 유럽연합을 향한 미국의 보이콧 위협을 들 수 있을 것이다. 왜냐하면 유럽연합이 미국 농업의 특정 생산물의 수입을 금지하기 때문이다. 실제로 미국은 그에 대해 오직 경제적 폭력이라고 할 수 있을 정도로 자국의 농업 생산물 가격을 치솟게 했다. 중세 신학자들의 이론을 따르면 유럽연합은 반격할 권리를 갖는다.

프란치스코 데 비토리아(Francisco de Vitoria, +1546)는 그의 시대에 스페인 사람들의 인디언과의 관계를 고려하여 공격에 있어서

148 Otto Triffterer: Gewalt und Völkerrecht, Ein neues Gewaltmonopol zur Bekämpfung von Gewalt? In: J.J.Hagen, P. Mader, Hrsg: Gewalt und Recht, Frankfurt/M 1997, 147-209.

방어의 확장을 계속하여 강화했다. 그러나 그는 유스텐호벤(H.-G. Justenhoven)이 생각하듯이 이러한 확장에 대한 최초의 전문가는 아니었다.[149] 카예타누스(+1534)는 1517년에 완성한 자신의 토마스 주석에서 토마스(Ⅱ-Ⅱ 40,1) 이후에 그와 같은 확장을 요구하는 이유들을 자세히 제시했다.

토마스가 공격전쟁에 대한 속죄행위를 오직 불법적인 도발의 관점에서 본 반면, 이제 비토리아는 이 공격전쟁도 자국의 국가권력에 의한 가혹한 학대에 직면해 있는 죄 없는 사람들을 구하기 위해 정당화될 수 있느냐 아니냐는 문제를 추구한다. 이 경우에는 불의한 공격에 대한 방어와 관련하여 더 이상 속죄가 중요하지 않고, 자국의 국가권력에 의해 생명의 위협을 받고 있는 사람들을 위한 원조행위가 중요한 문제이다. 이 경우에 비토리아는 인디언 국가들에 있어서 잔인한 인권유린을 생각한다. 그와 같은 법의 근거는, "야만인들이 죄 없는 사람들을 희생으로 하거나 뭔가 특별한 방법으로 품행이 방정한 이들의 살을 먹기 위해 그들을 죽이는" 경우에 존재한다.[150]

현대적 관계들에 전용하면, 비토리아는 중대한 인권유린들-여기서는 예컨대, 인종 청소를 생각할 수 있다-을 처리하기 위해 어떤 국가가 다른 국가에 전쟁을 통해 개입할 권리를 인정한다.

149 Heinz-Gerhard Justenhoven, Francisco de Vitoria zu Krieg und Frieden, Köln 1991,125. 이에 대해서는 나의 비평을 참조할 것. in: Die Ethik des Gemeinwohls, Paderborn 1998, 591-593.

150 De Indis, Pars Prima, Sectio Tertia, Quintus Titulus, in: Francisco de Vitoria, Vorlesungen Ⅱ(Relectiones), 480. 또한 다음의 문헌을 참조할 것: A.F.Utz, Francisco de Vitoria: Naturrecht im Völkerrecht. In: Die neue Ordnung, 53 Jg. 1999, 200-211.

국제법에 따라-비토리아는 이렇게 설명한다- 원주민들과 무역거래를 진척시키기 위해 평화스러운 방식으로 인디언의 지역에서 활동할 권리가 스페인 사람들에게 당연히 주어져야 한다. 이러한 기회에 스페인 사람들이 인디언들에 의해 곤경에 처하고 생명의 위협을 당한다면, 그들은 자신들을 무력으로 방어할 수 있다. 그러나 그 경우에 그들은 순수한 방어의 조건에 따라 행동해야만 할 것이다. 즉 비교적 잘못이 없는 균형잡힌 방위조치를 유지하기 위해서만 무력을 사용해야 하고, 따라서 공격 전쟁이나 정복 전쟁으로 이행해서는 안 될 것이다.[151]

비토리아의 상세한 서술은 늘 토마스 아퀴나스가(Ⅱ-Ⅱ 40,1) 의로운 전쟁을 위해 언급한 다음의 조건들과 연계하여 판단되어야 한다. : 1. 전쟁 선포는 국가의 권위에 의해 행해져야만 한다. 2. 의로운 사정이 중요해야만 한다. 3. 전쟁은 '올바른' 의도로 수행되어야만 한다. 즉 어떤 부수적인 의도가 그것과 연결되지 않아야 한다. 토마스는 전쟁의 전체적 문제점을 방어라는 동기로부터 전개하므로, 모든 전쟁행위는 이 목적에 의해 억제되어야만 한다.

따라서 의로운 전쟁은 중세 저자들의 견해에 따라 자체로 이미 정의되어 있다. 만인의 자연적 느낌에 따라 모든 개인과 공동체가 공격자에 대해 스스로를 방어하는 것은 당연하다. 개인적 영역에서의 이러한 방어는 직접적 죽임을 금지하는 비교적 잘못이 없는 균형 잡힌 유보조건에 대한 고려와 연결되어 있다는 것, 반면에 국가에 의해 명령된 전쟁에서 직접적 죽임이 허용된다는 것은 이미 언급되었다. 이제 국가

151 De Indis, Pars Prima, Sectio Tertia, Primus Titulus, op.cit.468f.

의 방어권 안에 동시에 손해 보상과 당한 불의의 보복에 대한 권리가 포함되어 있어서, 언급했듯이 방어가 저절로 공격으로까지 확장된다.

따라서 전쟁의 정의에 관한 문제는 더욱 복잡해진다. 어느 정도의 기간에 어떤 국가가 자체에 저질러진 불의에 복수를 할 수 있는가? 평화조약의 경우에 전쟁에 진 국가가 부당하게 분할되어 버렸다면, 어떻게 정의가 보장되어야 하고, 어떻게 그 국가가 다시 자체의 권리를 회복하게 되는가? 각 당사자가 정의가 자기 편에 있다는 확신을 가지고 있다면, 정의는 어느 편에 있는가?

프란치스코 데 비토리아는 이 문제들을 언급한다. 그는 결국, 공격자에 의해 위협받은 땅을 지금까지 확실한 점유상태에서 소유한 자가 정당하다는 견해를 갖고 있다. 그러나 그는,– 그 밖에 전쟁 결과에 대해 필요한 고려를 분명히 언급한 그의 스승 토마스 아퀴나스를 본받아– 양편에 매우 중대한 손해가 생길 경우에, 전쟁은 양편 때문에 불의한 것으로 간주한다.[152] 전쟁의 정의에 관한 모든 숙고에 있어서 전쟁의 결과가 고려된다는 것은 특히 비토리아다운 생각이다. 사정에 따라서 참전하지 않은 자들이 함께 해를 입게 될 수 있다고 해도, 특히 무고한 이들이 고려되어야 할 것이다.[153] 비토리아에 의하면, 전쟁포로를 죽이는 것은 허용되지 않는다.[154] 그는 또한 패배자의 처벌을, 패배자를 위협하여 더 이상의 전쟁음모를 하지 못하게 한다는 의미로 이해할 지라도, 이 행위에 복수심이 끼어들 위험이 있다는 것을 지적한다. 패

152 De iure belli, Quaestio quarta(I Pars), in: Vorlesungen Ⅱ(Relectiones), 578.

153 De iure belli, Quaestio quarta (Ⅱ Pars), op. cit. 584.

154 De iure belli, a.a.0., op. cit. 594.

전국을 분할하는 것을 비토리아는 큰 불의라고 판단한다. 이러한 판단은 아리스토텔레스의 국가 이론과 관련하여 생각되어야 한다. 이 이론에 따르면 국가는 가정에서 시작하여 마을, 도시와 지역을 거쳐 '완전한 사회'로서 건설된다. 그러므로 분할은 가정의 파괴와 같을 것이다. 병역에 소집된 자는 비토리아에 따르면 전쟁의 정의를 검토할 의무가 없다. 그러므로 의심스러운 경우에 병역을 치르라는 명령에 따라야 한다고 한다. 다른 한편으로 비토리아는, 병사도 분명히 알아차렸을 불의한 전쟁의 명백한 징후가 있다고 생각했다. 다른 편의 공격에 대하여 전쟁에 의해 방어하는 것은 이론의 여지가 없이 의로운 행위이다.[155] 그러나 전쟁에 소집된 자가 어떤 전쟁의 불의를 확신한다고 하는 경우에는 병역을 거부해야만 할 것이다. 전쟁이 실제로는 의롭다고 해도 그렇다.[156] 오직 개인의 양심에만 관계하는 이러한 주장은 병역의무의 거부와 관련해서는 현대적 법에 합치된다.

전쟁에 대한 중세 윤리학의 공헌

근세에 전쟁에 의한 국가들의 싸움을 판결하는 법정이 없는 동안에는, 비토리아의 상세한 논의는 적어도 의로운 전쟁(bellum iustum)의 정의를 위한 모범으로서 유용할 수 있다. 의로운 전쟁수행과 관련하여 국제법의 대부분의 법률규정조차도 비토리아에 의해 도덕적 명

155 De iure belli, a.a.0., op. cit. 574.

156 De iure belli, Quaestio quarta(I pars), op. cit. 568.

령이라고 정식화되었다. 그가 자신의 논문을 끝내는 결론은[157] 이에 대하여 명백히 증언한다.

1. "전쟁수행을 위한 전권을 가진 통치자들은 가능하다면 모든 이들과 함께 평화를 유지하도록 노력해야만 한다."

2. "전쟁이 정당한 이유들에서 선동되었다면, 공격당할 수밖에 없는 국민을 전멸시킬 의도에서 이 전쟁을 수행하지 않아야만 하고, 전쟁에서 언젠가 평화와 안전이 생기기 위해 자체의 권리를 주장하고 조국을 방어할 의도에서 수행되어야만 한다."

3. "싸워서 승리를 얻은 이후에 그리고 전쟁의 종식 이후에, 사람들은 자신들의 승리를 신중하게 그리고 그리스도교의 중용으로써 사용해야만 한다. 승자는 자신을 두 국가, 즉 손해 본 국가와 불의를 자행한 다른 국가 사이에 자리 잡는 재판관으로서 간주해야만 한다. 그 결과 승자는 원고로서 선고를 하지 않고 재판관으로서 손해 본 국가에 배상을 마련한다. 그런데 이것은, 손해를 입힌 국가에 불이익이 없이 발생할 수 있는 한 그리고 더욱이 무엇보다도 전체 책임이 대체로 특히 그리스도교 신자들에게, 통치자들에게 있기 때문이다. 왜냐하면 신민들은 그들의 통치자를 위해 신뢰하면서 싸우기 때문이다."

이러한 경고는 그리스도교 신자들에게만 유효하지 않고, 원래 자연법으로부터 추론되었기 때문에 만인에게 유효하다. 비토리아는 토마스 아퀴나스처럼 자연법에 합치하여 우선 인류가족의 행복을 위해 노력했고, 자연법으로부터 개별 권리들의 체계를 세워 정리해 놓았다.

---

157 De iure belli, Conclusiones, op. cit. 602 ff.

이러한 관점으로부터 전쟁 문제들을 판단함에 있어서 손해와 관련해서 전쟁이 도대체 정당화되는지 아닌지 그리고 얼마만큼 그러냐는 문제가 자꾸 떠오른다. 오늘날에도 이러한 문제는 중세보다 더 많이 제기된다. 그 이유는 현대의 모든 무기가 전 세계의 실존을 위협하기 때문이다. 여기에서, 토마스 아퀴나스가 반란에 관하여 설명하면서, 더 큰 악을 일으키는 것보다 전제정치(독재)에 굴복하는 것이 더 낫다고 말한 경고를 곰곰이 생각할 필요가 있다.

우리가 보다시피, 이른바 '의로운 전쟁'은, 전쟁을 도대체 윤리적으로 정당화하는 것이 어렵게 된다는 그러한 조건의 지배를 받는다. 그렇다면 정의는 어디에 있는가? 모든 윤리학과 모든 이성에 반대하여 늘 국가의 영역에 대한 부당한 간섭이 있을 것이다. 윤리적으로 현명한 작전은 아무래도 고작 전쟁에 대한 상호간의 위협을 위한 군비확장일 수 있다. 국가들이 스스로를 국제적인 평화 법정의 관할 아래 두어야만 한다는 것을 이해하기를 희망할 뿐이다.

6 정치적 위기

6 정치적 위기

1. 절대적으로 타당한 도덕규범과 민주주의의 질서 규범 간의 경쟁

여기에서는, 어떤 실질적인 이유에서, 예컨대, 정당들의 곤경 때문에 혹은 합법적인 권위를 방해하는 거센 테러의 폭력행위 때문에 통치가능한 행위가 실현되지 않는 다양한 정치적 위기에 관하여 언급하는 것은 아니다. 우리의 관심사는 국가를 위협하는 위기이다. 이 위기는 윤리적으로 완전히 중립적 제도인 민주주의의 본질에서 싹트고 국가권위의 활동을 엄하게 제한하여 사정에 따라 심지어는 마비시키기도 한다. 국가권력의 소유자는 어느 시점까지는 양보할 수 있다. 그러나 위축되어 있는 도덕과의 타협을 경유하는 길(방법)위에서 평화로운 질서를 실현할 모든 가능성이 입법자에게 없게 되는 순간이 온다. 대중의 도덕규범에 순응할 수밖에 없는 입법자의 속수무책이 여러 가지 예로써 입증되었다. 예를 들면 대다수의 임신중절은 특히 경제적으로 풍족한 시민들의 성 행태와 관련이 있다. 예기치 않은 신속한 기술 진보는, 물질주의적 생명관에 지배된 과학자들이 생식기술을 안락사(Eugenik)의 도구로 만들게끔 했다. 오늘날 우리는 국가사회주의(나치)의 안락사로부터 더 이상 멀리 떨어져 있지 않다. 그렇지만 이번에는 절대 권력을 가진 어떤 정당 때문이 아니고 민주주의자들의 물질주의 때문이다.

민주주의는 당연하게도 어떤 절대적으로 타당한 규범들을 인정할 수 없다. 그런데 이제 현대 국가는 나쁜 경험에 의거해서 일반적 인권협정을 받아들임으로써 절대적으로 타당한 어떤 규범들을 준수하기로 결정했다. 이 인권협정에서는 특히 각자의 생명권이 확정되었다. 그와 동시에 국가는 자가당착의 망에 걸려들게 되었다. 한편으로 민주주의적 헌법은 개인의 자기 결정권을 보장해야 하고, 다른 한편으로 다른 사람의 생명권이 문제인 경우에는 이것을 부정해야만 한다. 임신한 여성이 임신을 중절하느냐 혹은 아이를 끝까지 잉태하고 있어야 하느냐는 결정의 갈림길에 있는 경우에, 이 여성은 자체로 민주주의적으로 합법화한 자결권을 내세워 스스로를 정당화할 수 있다. 그러나 이 여성은 그와 동시에 아이의 생명권과 모순관계에 있게 된다. 이 모순을 제거하기 위해 국가의 권위는 이른바 이익형량(die Güterabwägung, 역주: 헌법 규범 간에 혹은 기본권 간에 충돌이 있는 경우에, 상위 규범이나 상위 기본권에 우선적 효력을 인정하는 원칙)으로써 자구책을 강구한다. 임신한 여성이 자기 자신의 생명을 위해서 혹은 아이의 생명을 위해서 결정해야 할 양자택일의 입장에 있는 경우에, 입법자의 판단에 따라 어머니의 생명이 아이의 생명보다 더 높게 평가될 수 있다. 그럼에도 입법자는 헌법에 의해 보장된 태어나지 않은 아이의 생명권을 폐지할 수 없으므로—생명권을 먼저 태어난 아이를 위해 예정하는 헌법들을 제외하고—, 그는 임신중절에 대한 자신의 허가를 위장하기 위해 법률적으로 빠져나갈 수 있는 구멍을 발견해야만 한다. 이러한 구멍은 특정한 경우들에 있어서 임신중절의 무죄라고 한다.

물론 이 조작은 아직도 하나의 모순을, 즉 '국가의 법률' 개념의 '무처벌(무죄)의 보증'과의 모순성을 포함한다. 정의(定義)에 따르면 법률은 효력을 갖는 사회적 규범이다. 국가법의 경우에 효력은 형벌권에 의해 보장되어 있다. 그러므로 국가는 절대적으로 유효한 법률은 제정할 수 없고, 특정한 경우에는 처벌할 의무가 없다고 미리 선언할 수 있다. 대부분의 경우에 형벌을 완화하거나 심지어는 중단할 이유들이 있다는 것을 국가가 가정하거나 알고 있다면, 국가는 또한 처벌할 수 없다. 절대적 생명권은 자연법에서 유래하고, 그렇기 때문에 국가권력에 앞서 존재하며 국가권력에 의해 인권협정에서 함께 받아들여졌다. 국가는 결과를 함께 시인해야만 한다. 즉 형벌을 법률과 연결해야만 한다. 입법자는, 예를 들어 공포의 상황에서 자기 자신의 생명권을 주장하기 위해 동료 인간을 짓밟거나 좁은 다리 위에서 바다에 밀어 떨어뜨리는 자를 미리 무죄라고 선고할 수 없다. 이러한 숙고는 형벌 확정의 영역에 속한다.

이렇게 국가의 입법자는 인권이라는 자연법적인, 즉 국가에 앞서 있는 개념을 논리적으로 법체계 안에 세워 놓을 수 없었다.

2. 절대적 법률규범의 수호자인 종교 공동체

절대적으로 유효하고 국가에 앞서 존재하는 권리라는 개념은 충분한 내용으로 아직까지 종교 공동체들 안에서 유지되어 남아 있다. 이러한 사실은, 형이상학적 인식을 불합리한 것으로서 종교적으로 논거를 둔 세계관과 같은 것으로 보고 그렇기 때문에 정치에 대해서는 근본주의의 의심 때문에 거부하는 경험주의적 관점을 지닌 정치학과 근대 법철학의 대표자들을 확인해 주는 것처럼 보인다. 세계관적이며 도덕적으로 중립적인 민주주의의 관점에서 본다면, 경험주의자들이 정치적 근본주의를 더 이상 합리적으로 정당화할 수 없는 정치적 수법이라고 개념 규정의 기초를 놓은 것은 들어맞기는 한다. 그러나 우리가 어떤 종교 공동체를 포괄적으로 근본주의에 분류하여 넣기 전에, 그 공동체의 정치적 진술들을 개별적으로 검토해야 한다. 특히 우리가 합리적이라는 말을 어떤 의미로 이해하는지가 정의되어야만 할 것이다. 형이상학적 추상에 의해 인식된 인간의 본성은 합리적으로 논거를 둔 자연법의 철학을 가능하게 한다. 이 철학에서 존재(Sein)와 법(Recht)은 실제로 한 몸을 이루고 있으므로, 국가에 앞서 존재하는 자연권들이 순수히 도덕적이며 종교적인 요구라고 하는 견해는 틀린 것이다.

특히 국가에 앞서 존재하는 권리들에 대한 가톨릭의 자연법적 해석은 이 틀린 견해에 반대한다. 생명권에 대한 이 해석의 논거는 전적으로 합리적인 자연법적 성질을 지니며 전형적으로 종교적인 성질을 지닌 것은 아니다. 이러한 논거는 실증적인 신법에 의거하지는 않는다. 오히려 신의 의도는 피조물의 본질에서 인식할 수 있다. 존재와 법률의 일치에 대한 이러한 설명은 가톨릭 자연법론의 중심을 차지한다. 인간과 만물이 신의 피조물이라는 전제 아래 자연권들, 즉 인간의 본성과 함께 주어져 있는 권리들도 신의 명령(규정)이다. 창조주이기도 한 영원한 입법자에 대한 이러한 고려 아래에서만, 우리는 본질의 구조들이 동시에 법의 구조들이라는 것을 이해할 수 있다. 현대의 법률가는 아리스토텔레스의 형이상학과의 접촉을 잃어버린 이후, 존재와 법의 이러한 연결을 더 이상 이해할 수 없다. 그러므로 정치학에 있어서 자연법의 지지자들이 관념론적이며 종교적인 세계관의 지지자들과 구별 없이 동일시되고 근본주의자라고 낙인찍히는 것은 놀랄 만한 것이 아니다. 이와는 반대로 가톨릭교회는 이미 자체의 신앙이론에서 존재와 법의 일치는 오직 이성적으로 창조질서로부터 이끌어내어 질수 있다고 설명하기 때문에, 가톨릭의 자연법을 '가톨릭적'이라고 부른다. 이 경우에 신의 계시라는 의미에서 실증적인 신법을 증거로 삼지 않아야만 한다. 개신교(Protestantismus)에서–루터 교회의 노선을 제외하고– 우리는 어떤 본래의 자연법을 발견할 수 없다. 이것은 신앙과 이성의 관계에 대한 다른 종류의 이해와 관련되어 있다.

서로 다른 다양한 종교적 확신들을 그것들의 근본주의적 경향을 겨냥하여 조사하는 것은 불가능하다. 여기에서는 다만 가톨릭 신앙의 확신들과 이들 확신에 의해 선포된 자연법을 좀 더 상세히 다루기 위해 간략하게 이슬람교에 관해서 언급할 것이다.[158]

158 유다교와 종교적으로 확고한 토대를 둔 국가를 향한 그것의 경향은 여기에서 다루지 않는다.

이슬람교

우리 사회에서 활약하고 있는 종교 가운데 이슬람교는 온전히 모하메드의 계시에 의거하는 정치이론 때문에 주목을 끌고 있는데, 이 정치이론은 분명히 근본주의의 경향을 보여준다. 이슬람교가 서양의 민주주의 이해에 편승할 가능성을 얻기 위해 코란에서 가르친 평화의 신념이 자주 언급되기는 한다. 그러나 우리는 역사적 현실에 더욱 주목해야만 할 것이다. 제 2차 바티칸 공의회가 정했듯이, 종교의 자유에 관한 선언은 코란의 의미를 자기 나름대로 해석하지 않도록 한다. 이슬람교는 동시에 정치적 이데올로기이기도 하다. 이슬람교는 절대적 이슬람 국가를 향한 자체의 충동을 숨길 수 없다.

가톨릭 신앙의 확신

모든 종교적 신앙의 확신은, 신자의 개인적 생활태도와 관련하여 절대적 특징을 지니고 있다. 이것은 가톨릭 신앙에도 해당된다. 그리스도 편에 가담하려는 자는 누구나 이제까지 자신에게 애착이 가고 소중한 모든 것을 떠나야만 한다. 그는 순교조차도 감수하면서 자신의 신앙을 고백해야만 한다.

가톨릭 신앙은 법적으로 조직된 교회 안에서 모습을 보이므로 국가와 교회의 활동이 일치를 이룬 경우에 신앙의 요구에 대한 인정을 정치적 압력으로 관철할 수 있었던 한에서, 교회에는 근본주의를 향한 유혹이 가까이에 있었다. 모든 세기에 걸쳐 아무에게도 신앙이 강요되어서는 안 된다는 원칙이 통용되었다고 해도 그렇다. 물론 중세의 국가에서는 신앙 공동체로부터의 탈퇴도 자유로운 결정에 맡겨지지는 않았다.[159] 제 2차 바티칸 공의회를 통하여 교회권력과 세속권력의 이러한 뒤섞임이 마침내 세계에서 사라졌다.[160] 다른 모든 도덕적 태도가 일반적 선거권 및 투표권에 대한 정치에 영향을 미치듯이, 교회는 이제 신자들의 투표권에 의해 정치생활에 개입할 수 있을 뿐이다.

오늘날 가톨릭교회는 정치적 차원에 있어서 자체의 종교적 위임을 더 이상 온 세계를 그리스도와 그의 교회를 위해 손에 넣으라는 선교의 위임으로써 정당화하지 않는다. 오늘날 가톨릭의 교도직은, 도덕규범들이 자연법에 일치하듯이 자체의 정치활동을 이 규범들의 순수한 유지에 집중하고 있다. 가톨릭 사회론은 전적으로 자연법적이어서 합리적으로 이해할 수 있다. 그러므로 우리는 이 이론을 근본주의라고 비난할 수 없다. 예컨대 혼인, 동성애 등에 대한 것처럼 가톨릭 교도직의 매우 많은 발언이 오늘날의 민주주의자들에 있어서 아무런 공감을 얻지 못하는 것은 사회의 일반적 도덕 상태의 왜곡에 그 이유가 있다. 일요일을 거룩하게 지내라는 계명조차도 합리적인 논거로써 설명된다. 그 이유는 자연법적 규범들에 대한 논거는 최종적 분석에서는 존경할 만한 창조주의 권위에 대한 인정에 의거하기 때문이다.

창조주인 신을 이렇게 곰곰이 다시 생각하는 것만이 자연법을 모든 종류의 물질주의에 대해 보호할 수 있다. 알베르투스 마뉴스는 이러

159 종교의 자유에 관한 장에서 서술되었듯이, 중세에는 태생의 불신자가 아니라 신앙을 시인하고도 '이단'(Häresie)에 입각하여 다시 그것을 부정한 이단자가 신학적 논쟁의 중심에 있었다. 이단자는 그와 동시에 사회의 세계관적 동질성에 상처를 입혔다. 그러므로 이단자는 처벌 받도록 세속의 권력에 넘겨졌다.

160 이에 관해서는 종교의 자유에 관한 단락을 참조할 것.

한 위험을 일찍이 간파했다. 그는 아랍의 아리스토텔레스 주석가들의 물질주의로부터 아리스토텔레스 수용을 보호하기 위해 자신의 아리스토텔레스 주석을 썼고, 이어서 토마스 아퀴나스가 이것을 완성했다. 따라서 토마스의 인식론이 가톨릭 자연법론의 토대가 되었다.

오직 자연법적 규범들의 도움으로 정치행위를 합리적으로 그리고 동시에 일반적으로 감독할 수 있게 만들고, 그것을 주관적이며 시간적으로 제한된 가치표상에 의한 왜곡으로부터 보호할 수 있다. 정치가는 무엇이 '그 자체로' 선하거나 악하고, 무엇이 자신의 판단에 맡겨져 있는지를 알아야만 한다. 그것에 대해 어떤 토론도 있어서는 안 되는 '그 자체로' 타당한 규범들이 정치인들의 손에 맡겨지는 데 성공하지 못하는 동안에는, 정치적 토론이 광신자들 사이에서가 아니라 해도 이데올로기의 대표자들 사이의 싸움으로 남게 된다. 그러므로 우리는 무엇이 정치에서 '그 자체로' 선하거나 악한 것으로 간주되어야 하고 무엇이 정치가들의 판단의 관할 아래 있느냐는 문제를 상세하게 다루어야만 한다. 이를 위해 아리스토텔레스와 토마스 아퀴나스의 자연법론은 우리에게 유일하게 안전한 전제를 제공한다.

3. 아리스토텔레스와 토마스의 자연법론에 따라서 그 자체로 타당하고 정치인들의 판단에 맡겨진 규범들

신에 의해 창조된 세계와 이성에 의해 생산되지 않은 어떤 내용이 우리 인식의 대상이라는 전제 아래 인간의 지성은 추상에 의해 자체에 미리 주어진 존재로부터 창조의 본질질서를 인식하려고 노력해야만 한다.

본질에 대한 진술은–여기에서 문제가 되는– 그것의 타당성에 의해 '그 자체로' 특징지어져 있다. 이에 따라서 우리는 '선 자체'(bonum in se)와 '악 자체'(malum in se)에 관하여 언급한다. '악 자체'는 어떤 사정 아래에서도 결코 얻으려고 애써서는 안 된다. 선한 의도도 이러한 취지를 수정할 수 없다. 모든 악 자체나 선 자체가 인간의 의지와 관계가 있는 것은 확실하다. 그러나 어떤 특정한 의지가 아니고 일반적으로 인간적 의지와 관계가 있어서, 개인적 해석 안으로 도망갈 길은 배제되어 있다. 독성이 있는 음식물은 특정한 주체와의 모든 관계가 없이도 '그 자체로' 먹지 못하는 것으로서 기피되어야 한다. 이 음식은 물건으로서 인간에게 악 자체이다. 마찬가지로 무고한 인간을 죽이는 것은 '그 자체로' 범죄이다. 어떤 사정 아래에서 개인이 구체적인 경우에 그러한 죽임을 정당화하기 위해 자신의 양심을 조정하는가는 중요한 문제가 아니다. 무고한 자를 죽임은 죄이며 '그 자체로' 죄이다. 무고한 자를 죽이는 경우에 협력하는 것은 '그 자체로' 죄이다. 그것으로 인해 임신중절의 수가 더 자유주의적인 다른 법률과 비교하여 축소되어야 하는 어떤 법률을 지지하는 것도 '그 자체로' 죄이다. 왜냐하면 '미누스', 즉 더 적은 수라는 뉘앙스가 임신중절로부터 분리될 수 없기 때문이다. '악 자체'는 모든 경우에 기피되어야 한다. 그 때문에 더 큰 악과 더 작은 악 사이에 차이가 없다. 회피의 요구는 절대적인 것이다. 더 크고 더 작은 회피는 존재하지 않는다.

그러므로 무고한 사람을 죽이는 것은 '그 자체로' 유죄이며 처벌에 해당된다. 다른 행위와의 이익형량은 절대로 있을 수 없다. 더 작은 도덕적 범죄행위도 악 자체로서 이익형량이나 손해형량에 의해 옹호될 수 없다. 그것은 '그 자체로' 범죄행위이다. 우리가 이러한 내용을 받아들이지 않는다면, '그 자체로'죄인 것에 대한 모든 숙고는 헛된 것이다. 왜냐하면 우리는 모든 죄에 대하여 여전히 더 큰 죄를 머리에 떠올릴 수 있을 것이기 때문이다. 그렇다면 어떤 행위를 전혀 '그 자체로' 악하다고 지칭하지 않고 도덕적 행위를 사태의 본질로부터 분리하여 오직 행위자의 의도에 따라 판단하는 것이 (논리적으로) 더 필연적일 것이다. 그러나 그와 동시에 전체 도덕은 오직 우리의 사고에 의한 짜맞춤(Kombination)의 문제, 더 정확히 말하면 막스 셸러(Max Scheler)의 가치론의 의미에서 우리의 주관적 가치느낌의 문제일 것이다. 그러나 도덕적 판단에 결정적인 것은, 행위로부터 분리될 수 없는 만들어진 자연(본성)과의 인과관계 안에서 그리고 그와 동시에 인간의 삶의 목표로 향해 있는 행위의 현실(die Realität)이다. 그러므로 토마스 아퀴나스는 결코 '가치들'에 관하여 언급하지 않고 인간의 본성에서 생기는 목표를 향한 결정(Zielentscheidungen)에 관하여 언급한다. 따라서 인간의 최종 목적에 따라 자신의 사태에(seinem Sachverhalt) 도움이 되는 것이 큰 가치가 있다. 인간의 실재적이며 만들어진 존재를 목표로 한 토마스 아퀴나스의 이러한 윤리학은 헤겔(Hegel)의 관념론적 인식론의 영향을 받는 셸러의 현상학과는 반대관계에 있다.

자주 강조되듯이, 창조질서의 개념은 신앙의 인식에 그 논거를 두고 있지 않다. 이 개념은 전적으로 합리적이다. 그러므로 여기에서 악 자체에 대하여 설명된 것은 전형적으로 신앙의 영역에 속하지 않고 합리적 윤리학에 속한다. 그러므로 모든 정치가는 거기에서 생기는 요구를 실현할 의무가 있다. 이것이 장기적 전망에서 볼 때, 사회도덕의 타락에 직면하고 동시에 정치적 위기에 직면한 국가의 사회를 보호하기 위한 유일한 방법이다. 그러므로 정치학에 의해 일반적으로 정치행위의 대상으로서 내세워지는 정치적으로 가능한 것은 자연법적으로 정향된 정치윤리학에 의한 원칙적인 수정이 필요하다. 그렇지만 이러한 정치윤리학이 도덕적으로 거의 혹은 전혀 교육되지 않은 사회에서 언젠가 명백한 성공을 거두어야 하는가? 정치적 차원에서 성공을 거두려고 하는 자는 사회의 경향에 적응해야만 한다. 즉 실제로 한 위기상황으로부터 다른 위기상황으로 이동해야만 한다. 이 경우에 손해제한의 윤리학, 즉 더 작은 악과의 지속적인 타협이 진정하고 멀리 내다보는 윤리학을 위한 대용물이어야 한다.[161]

선 자체의 복합성

그런데 '선 자체'와 이에 대응하는 '악 자체'는 보편적 타당성에도 불구하고 구별된다. 인권의 일반적인 선언에 따라서 모든 인간은 노동에 대한 권리, 자세히 말하면 그의 실적 능력이라는 의미에 포함되어 있는 노동에 대한 권리를 갖는다. 이 권리는 공동선의 일부로서 일반적인 사회적 결합 안에서 존재한다. 개별적으로 그렇게 다양한 이 권리들을 실천하기 위하여, 국가는 완전 고용의 정책을 추진해야만 한다. 이 정책은 오늘날의 경쟁경제처럼 물질적 복지의 성장만이 아니라

161 참조. A.F.Utz, Die Ethik der Schadenbegrenzung und die Politik. In: No 54. Jg.,Heft1,Februar 2000, 44-49.

국가에 우선하는 포괄적 공동선에 주목한다. 그러므로 노동에 대한 인권은 실적의 질을 다양하게 세분화하는 관점에서는 순수한 실존에 대한 권리처럼 일의적(univok)이지 않고 유비적이다. 권력은 자연법적 의무를 수행함에 있어서 짧은 기간 동안 제한되어 있다. 그런데 권력이 정치행위의 규범이어서는 안 된다. 현재의 상황이 아닌, 국가에 우선하는 공동선이 선 자체로서 간주되어야 한다. 권력은 오직 유토피아적인 기대에 대한 빗장으로서 유용하다.[162]

이러한 사태의 전형적인 예는 혼인법에 의해 표현되어야만 하는 경우이다. 혼인은 하나의 사회적 제도이다. 그것은 그 자체로 자연법적으로 해소되어서는 안 되는 단혼제라고 정의되어야 한다.[163] 그런데 혼인은 생명권처럼 명료하지는 않다. 혼인은 이미 아이들에 관하여, 원래 자유이혼을 배제해야만 할 명백한 실정법적 규정을 요구한다. 그런데 정치인은 시민들의 도덕적 성숙도를 고려해야만 한다. 토마스 아퀴나스는 이 관점에서 매우 너그럽다.[164] 그러나 그는 그것에 관해서, 도덕의식의 최악의 상태는 더욱 높은 곳에서 하락하는 것이 아니고, 아직 진보되지 않은 바로 그런 상태라고 가정했다. 오늘날 도덕법의 새

162 이것이, 토마스(S.Theol. Ⅰ-Ⅱ 94,5)가 자연법이 변화할 수 있다고 설명한 이유이다. 참조. Thomas von Aquin, Naturgesetz und Naturrecht, 1996, Kommentar von A.F.Utz, 205f. 자연법적 규범들은, 사회적 결합에서만 자체의 정의를 찾아내기 때문에 유비적이다.

163 이에 대해서는 다음 문헌을 참조할 것. A.F.Utz, Sozialethik, Teil Ⅲ: Die soziale Ordnung, Bonn 1996, Drittes Kapitel 67-114.

164 S.Theol. Ⅰ-Ⅱ. 96,2 이에 관해서는 단혼제에 관한 토마스 아퀴나스의 견해도 참조할 것. S.Theol.Suppl.65,2 (Sent.Ⅳ,dist.ⅩⅩⅩⅢ,q.1,a.2에서 이어받음);Contra Gent., lib.Ⅲ,c.124;lib.Ⅳ,c.78.

로운 파악은 대부분의 경우에 있어서 이전의 법률과 비교해서는 내리막길이다. 정치인에게 충고해야 할 것은, 악 자체에 협력하지 않고 자신의 신용을 잃지 않기 위해 이혼에 대한 투표에서 기권하는 것이다. 새로운 법 규정들이 더 이상 지켜지지 않자마자, 국가는 스스로 사회적 사건을 법적인 범위 안에서 다루기 위해 더 이상의 완화에 착수할 필요가 있다고 본다.도덕적 쇠퇴는 계속 일어난다. 이 과정의 끝에서 믿음직한 더 완전한 성격의 소유자들이 언제나 유용하게 쓰여지지 않으면 안 된다. 언젠가는 정치적 과거를 극복할 시기가 온다. 신용이라는 시각 아래에서는 마침내 윤리적으로 흠 없는 정당들과 정치인들이 신뢰를 누리게 된다.

4. 사회적 쇄신을 위한 활동

의회 안에서의 정치에 대한 모든 숙고보다 더 중요하고 긴급한 것은 의회에 선행하는 활동이다. 이 활동에 의해 사회가 변화되어야만 한다. 아리스토텔레스는 시민들이 선하고 행복하게 되도록 돌보는 과제를 정치인에게 맡겼다. 오늘날 우리가 도덕의 영역에서 정치인에게 아직도 기대하는 것은, 그가 악한 쪽으로 기울어지는 경향을 올바른 궤도에 올리는 일이다. 그러므로 무엇보다도 사회적 경향의 변화가 중요한 문제이다. 그렇기 때문에 정책을 결정하는 의회의원은 오직 더 작은 악과의 엉터리 타협을 억제해야 하고 예로부터 도덕교육의 작업장이라고 입증된 제도들과 구조들을 떠받치는 데에 전력투구를 해야 한다. 여기에서 그러한 제도들은 가정, 학교, 그리고 교회이다.

역자 후기

이 책의 번역에 대해 역자에게 먼저 문의하고 추천한 이는 뮐러-슈미트(Peter Paul Müller-Schmid) 박사이다. 그는 이 책의 저자인 우쯔교수의 직계 제자이면서 우쯔재단의 이사이다. 역자는 이 재단의 이사장인 슈핀들러(Wolfgang H. Spindler, OP) 교수의 의뢰를 받아 번역에 착수하게 되었다. 뮐러-슈미트 박사와 번역을 지원한 슈핀들러 교수께 감사를 드린다. 이제 우쯔교수의 생애와 업적, 그리고 우쯔재단에 대하여 간략하게 정리하여 아래와 같이 소개하고자 한다.

1. 우쯔와 독일어권 도미니코 학파

아르투어 프리돌린 우쯔(1908-2001)는 로마 가톨릭교회 내 도미니코 수도회의 수사신부이며 오랜 기간 동안(1945-1978) 스위스 프리부르 대학교의 「사회철학과 사회윤리학」 담당 교수로서 봉직했다. 그는, 1945년 이래 '국제 법철학 및 사회철학회'와 긴밀하게 협력했고, 한때는 이 학회의 이사로서 학회를 세계적으로 확장하는 데 이바지 했으며 1979년에 명예 회장직을 맡게 되었다. 도미니코 수도회(Ordo Fratrum Praedicatorum, 설교자 수도회. 약칭: OP)는 이탈리아 출신 성 도미니코(St. Dominicus)가 1216년에 설립한 수도회로서 청빈과 교육을 근본으로 하는 설교자 수도회이다. 이 수도회는 복음의 세계적인 평화를 목표로 삼아 지적인 연구와 활동을 중시하고 있다. 이 수도회에서는 창설 이래 수많은 학자들이 배출되었는데, 이 가운데 가장 널리 알려진 빼어난 학자는 성 알베르투스 마뉴스(St. Albertus Magnus)와 성 토마스 아퀴나스(St. Thomas Aquinas)이다. 1930년대와 특히 제2차 세계대전 이후에 독일의 도미니코 수도회 회원들은 전통적인 활동영역(설교, 사목, 신학연구)을 넘어 공공의 영역에서 중요한 역할을 했다. 이들은 사회원리와 사회정책을 제시하여 독일(서독)재건을 위한 정부의 정책에 큰 도움을 주었다. 도미니코 수도회원들은 당시 서독의 수도인 본(Bonn)과 쾰른(Köln) 사이에 위치한 작은 마을인 발버베르크(Walberberg)에 있던 수도회 소속 철학-신학대학을 중심으로 활약했으므로 '발버베르크 학파'(Der Walberberger Kreis)라고 불렸다. 당시 이 학파에는 다음과 같은 5명의 저명한 도미니코회 학자들이 속해 있었다. 라우렌티우스 지이머(Laurentius Siemer, 1888-1956), 에버하르트 벨티(Eberhard Welty, 1902-1965) 아르투어 프리돌린 우쯔(Arthur Fridolin Utz, 1908-2001), 에드가 나브로트(Edgar Nawroth, 1912-2010), 바실리우스 슈트라이트호펜(Basilius Streithofen, 1925-2006) 등이다. 이 중에서 우쯔교수는 법 철학자와 사회철학자, 토마스 주석자, 가톨릭 사회론의 해석자로서 이론적인 체계를 세우는 데 뛰어난 학자로서 인정을 받았다. 그는 독일 출신이었지만 후에 스위스 국적을 취득했다. 이른바 발버베르크 학파의 체계는 연역적인 방법으로 토마스 아퀴나스의 원리들을 고수하려고 한다.

이 학파는 '개인'을 중시하는 독일의 예수회 학파와는 달리 형이상학적, 사회윤리학적 방법으로서 '전체적'이며, '사회적'인 것의 관점을 중시한다. 따라서 개인에 대하여 사회를, 개인선에 대하여 공동선을 강조하는 입장을 견지한다.

2. 우쯔의 업적과 윤리사상의 특징

우쯔는 그 자신이 당시 성 토마스 사상의 가장 출중한 주석가라고 높이 평가한 스페인 출신 도미니코 회원 라미레즈(S. Ramirez OP.) 교수의 지도를 받아서, 1937년에 토마스 아퀴나스의 덕론에 관한 논문을 제출하여 스위스 프리부르대학교에서 박사학위를 취득했다.

그의 주저는 5권으로 된 다음과 같은「사회윤리학」이다:

Die Sozialethik (Ⅰ.Teil, Die Prinzipien der Gesellschaftslehre, Heidelberg 1958, Ⅱ.Teil, Rechtsphilosophie, Heidelberg 1963, Ⅲ.Teil, Die soziale Ordnung, Bonn 1986, Ⅳ.Teil, Wirtschaftsethik, Bonn 1994, Ⅴ.Teil, Politische Ethik, Bonn 2002). 이 번역서는 그의「사회윤리학」중 5부「정치윤리학」을 번역한 것이다. 그 밖에 그는 토마스 아퀴나스의 신학 대전에 포함된 자연법과 정의론을 다음의 책에서 상세하게 주해하였다: ① Recht und Gerechtigkeit. Thomas von Aquin, Theologische Summe Ⅱ-Ⅱ, Fragen 57-79. F.H.Kerle, Heidelberg-München / Anton Pustet, Graz-Wien-Salzburg 1953. ② Thomas von Aquin, Naturgesetz und Naturrecht, Theologische Summe Fragen 90-97, Übersetzung von Josef

F.Groner / Anmerkungen und Kommentar von Arthur F.Utz, Scientia Humana Institut, Bonn-WBV Bonn-1996. 또 그는 교종의 회칙에 대한 주해, 교종 비오 12세의 사회회칙 대전 등을 편찬하기도 했다. 우쯔의 사회 및 윤리사상은 그리스도교 인간관, 아리스토텔레스와 토마스 아퀴나스의 사회철학과 윤리이론을 기반으로 삼고 있다. 그의 사회윤리학의 체계는 추상적인 실재의 인식을 토대로 하여 이루어지고 자연법적인 논증을 사용한다. 또한 그는 가톨릭 사회론을 자연법적으로 정당화하는 데 기여했다. 여기에서 가톨릭 사회론은 성경적인 계시의 토대에만 의거하지 않고 고전적인 가톨릭 자연법론을 참고한다. 가톨릭 사회론에서 그리스도교의 인간관을 구체적인, 그때그때의 다양한 사회현실에 적용하려는 방법은 '계시진리'에 봉사하는 자연적 이성의 인식 능력에 대한 그의 확신에 힘입고 있다. 이러한 방법을 제시한 것이 그가 남긴 학문적 업적이다. 우쯔의 사회윤리학의 특징은 다음과 같다.

1) 개인윤리학에 대한 사회윤리학의 독자성. 사회윤리학은 자체의 방법론적인 진행의 방향을 내적 경험에 두고 있다. 절대적으로 타당한 책임의식인 양심에서 출발할 때에, 인간의 도덕적 인식은 최고명령(선을 행하고 악을 피할 것)으로부터 일상의 구체적 문제 제기로까지 확장된다. 여기에서 지침은 인간의 본성에서 유래하는 원리들이다.

2) 그의 사회윤리학의 중심개념은 인간의 본성에서 유래하는 '공동선'이다. 개인선과 공동선의 관계는 유비적 관계이다. 원래 '비례의 유비'는 '관계들의 유비'를 표현한다. 우쯔는 유비(analogia)를 '존재의 유비'(analogia entis)라고 이해하고, 이것을 공동선 개념의 기초로 삼는

다. 이러한 관계에서 개인선과 공동선은 상호간 모순이 없어야 하고, 공동선이 개인선들의 총화라는 의미에서 양자가 일치해서도 안 된다. 모든 개별자의 선은 공동선 안에 충분히 포함되어 있다. 여기에서 개인선은 공동선의 부분적 기능이다. 또 공동선의 본질은 개인적 완성에 있다. 공동선의 내용에 관한 정의는 추상적이다. 그 이유는 공동선이 그때그때 사회 구성원들에 의해 규정되어야 하기 때문이다. 공동선은 모든 사회 구성원이 자신들의 사회적 본성에 의거하여 존재론적으로 향해 있는 공통적 가치실현의 표상이다. 따라서 그것은 개인들이 개인적 완성을 추구할 수 있는 외적 조건들에 포함되지 않는다. 우쯔는 신을 우주의 최고 공동선이라고 이해했다. 모든 피조물의 존재는 이 우주적인 공동선에 참여한다. 또 공동선은 일반적으로 인간의 본성에서 유래하는 목표 가치라고 이해할 수 있다. 공동선 개념은 우쯔의 사회윤리학에서 매우 중요한 요소이다. 왜냐하면 이 개념에서 개인선을 넘어 추구해야 할 의무, 가치들이 생겨나기 때문이다.

3) 인식론적 기초는 추상이론과 유비론에서 칸트와 구별되는 고전적 존재론에 의거하고 있다. 서양의 고전적 사상에서 존재는 사실(성)이 아니라 본질의 실현으로서 파악된다. 의지의 영역에서 '존재적인 존재'만이 자연 필연적으로 행위 규범으로서 인정된다. (존재적으로) 좋은 것은 행해져야 한다. 당위는 존재자의 존재에서 도출된다. 최종적으로는 신의 명령에 의거한다. 따라서 고전철학의 목적론적 사상에서는 존재와 당위의 오류 추리(혹은 '자연주의적 오류')가 가능하지 않다.

4) 개인주의와 전체주의를 반대한다. 우쯔의 중요한 관심사는 사회적, 정치적 및 경제적 삶의 총체적 영역을 파악하는 사회윤리학을

정립하는 것이다.

3. 우쯔재단의 설립과 목적

우쯔교수의 생애와 업적을 기리고자 그의 저술들을 출간하는 우쯔교수재단(Die "Stiftung Professor Dr. A.F.Utz")은 1976년 8월 24일에 프리브르 대학에서 그의 오랜동안의 조력자(조교)였던 Brigitta Gräfin von Galen 박사(초대 이사장)의 주도로 설립되었다. 당시 프리브르 대학 윤리신학 교수였던 Josef Groner박사(+1997)와 우쯔의 조교였던 Wolfgang Ockenfels 박사가 이사직을 맡았다. 2012년 이래 이사장은 Wolfgang Spindler 교수, Wolfgang Ockenfels 교수, Niklaus Schmid-Heimes, Hubert Foerster, Peter Paul Müller-Schmid 박사 등이 이사로서 참여하고 있다.

이 재단은 저서를 비롯한 다양한 학술자료들을 정리하여 출판할 뿐만 아니라 외국어(예, 이탈리아어, 프랑스어, 스페인어, 포르투갈어, 일본어, 중국어 등)로 번역하여 세계의 학계에 널리 알리고 있다. 또한 우쯔의 관점에서 가톨릭 사회론을 연구하고 확장하려는 독일어권 도미니코 수도회원들과 우쯔의 제자들도 후원하고 있다. 나아가서 이 재단은 우쯔교수의 이니시어티브로 설립된 로마 소재 교황청 사회과학 아카데미를 지원하고 있다.

우쯔 교수는 『정치윤리학』의 말미에서 수많은 국제적 참고문헌을 제시하고 있는데, 양적으로 너무 방대하므로 독자들께서는 다음과 같은 우쯔재단의 홈페이지를 찾아보시기를 바란다: http://www.

stiftung-utz.org/index.php?cID=9 에서 Arthur F. Utz, Politische Ethik (= Sozialethik. Mit internationaler Bibliographie, V. Teil). Unter Mitarbeit von Brigitta Gräfin von Galen, Sammlung Politeia, Bd. X/5, Bonn 2000, 353 Seiten .

역자는 번역문에서 가능한 대로 원서의 의미를 살리려고 노력했으나, 독자가 얼마나 이해할 수 있을지 우려하지 않을 수 없다. 역자는 모든 비평을 겸허하게 받아들이고자 한다. 원고를 꼼꼼히 읽고 윤문까지도 도와준 가톨릭 대학교 이원봉 교수와 색인 작업을 도운 이정기 박사에게 감사를 드린다. 무엇보다도 이 번역서가 출간되도록 배려하고 도와주신 서강대학교 출판부장 우찬제 교수께 깊은 감사를 드리고 출판부 직원 여러분께도 고마움을 표하고 싶다. 또 번역과정에서 도움말과 교정으로 협력한 아내 신세실리아에게 충심으로 감사의 마음을 전하고 싶다. 아무쪼록 가톨릭 사회윤리학과 사회론의 연구가 미진한 한국의 학계에 이 번역서가 작으나마 학문적인 기여를 할 수 있기를 희망한다.

이름 찾기

M

N

O

P

R

S

T

U

V

W

Z

내용 찾기

보호권

본성(자연)